Buscando identidades

Christiane Heine (ed.)

Buscando identidades
Música de cámara en los países mediterráneos durante el tardío siglo XIX y temprano siglo XX

DOBLE J
MÚSICA
2015

Colección Música. Consejo Editorial

Gemma Pérez Zalduondo, Universidad de Granada
Juan José Carreras López, Universidad de Zaragoza
Manuel Pedro Ferreira, Universidade Nova de Lisboa
Alejandro Madrid, University of Chicago
Roberto Illiano, Centro Studi Opera omnia Luigi Boccherini
María Palacios Nieto, Universidad de Salamanca

Con la colaboración del Ministerio de Economía y Competividad
(Proyecto I+D+i HAR2011-24295: Música de cámara instrumental y
vocal en España en los siglos XIX y XX: recuperación, recepción, análisis
crítico y estudio comparativo del género en el contexto europeo)

MINISTERIO
DE ECONOMÍA Y
COMPETIVIDAD

[HAR2011-24295]

Colaboradores:
Anne-Vinciane Doucet
Torcuato Tejada Tauste

Edita: Editorial Doble J
Avda Cádiz 4, 1º C
41004 Sevilla, España
ISBN: 978-84-96875-49-4

Índice

Prólogo

A finales del siglo XIX y comienzos del siglo XX se observa un llamativo auge de la producción de música de cámara precisamente en aquellos países mediterráneos que –dominados durante más de cien años por la ópera– carecían de una tradición clásico-romántica propia en los principales géneros instrumentales.[1] El empeño de muchos compositores españoles, italianos y franceses en contribuir durante dicho período a la creación de obras camerísticas de gran envergadura se plasma en una considerable diversidad estilística y formal, destacando el singular interés en formaciones de cuarteto y quinteto, preferentemente para instrumentos de cuerda solos o combinados con piano. La súbita proliferación de la música «absoluta» en la Europa meridional plantea cuestiones relativas a las intenciones artísticas,

---

1 Son emblemáticas al respecto las consideraciones de Friedhelm Krummacher en torno al cuarteto de cuerda de Francia, Italia y España, respectivamente (KRUMMACHER, F. *Geschichte des Streichquartetts*, vol. 2 «Romantik und Moderne». Laaber: Laaber, 2005, págs. 343 ss., 393 ss. y 400). Véanse también GUT, S.; PISTONE, D. *La musique de chambre en France de 1870 à 1918* (colección «Musique-Musicologie» dir. por D. Pistone), París. Librairie Honoré Champion, 1985; MARTÍNEZ DEL FRESNO, B. «Nacionalismo e internacionalismo en la música española de la primera mitad del siglo XX». *Revista de Musicología*, 16-1, 1993, págs. 640-657; STOWELL, R. «Traditional and progressive nineteenth-century trends: France, Italy, Great Britain and America». *The Cambridge companion to the string quartet*, edit. por R. Stowell. Cambridge: CUP, 2003, págs. 250-265.

I

recursos compositivos y supuestos modelos estéticos cuya revisión constituye la base para debatir el problema de cómo forjar las respectivas identidades musicales.

Bajo el título *Buscando identidades: música de cámara en los países mediterráneos durante el tardío siglo XIX y temprano siglo XX*, el Proyecto de Investigación I+D+i HAR2011-24295 («Música de cámara instrumental y vocal en España en los siglos XIX y XX: recuperación, recepción, análisis crítico y estudio comparativo del género en el contexto europeo»), subvencionado por el Ministerio de Economía y Competividad, celebró el 14 de diciembre de 2012 en la Facultad de Filosofía y Letras de la Universidad de Granada su primera Jornada Científica Internacional, que contaba con la participación de miembros del equipo investigador y de ponentes invitados. Dicha jornada tenía dos objetivos fundamentales: por un lado, examinar la posición de la música de cámara de origen español en el contexto europeo a través del estudio de un repertorio olvidado que hasta el momento ha ocupado un lugar insignificante en la historiografía musical; por otro lado, mostrar, desde un punto de vista internacional e interdisciplinario, mediante el análisis de obras representativas de España, Italia y Francia, que, a pesar de la diversidad de los enfoques estilísticos, existen múltiples relaciones e interacciones musicales, en parte intrínsecas, entre estas tres culturas mediterráneas.

El presente libro recoge diez textos que abarcan algunos de los contenidos de la mencionada jornada científica, profundizados y ampliados por sus autores para la publicación impresa, la cual queda completada con dos contribuciones adicionales (Doé de Maindreville y Etcharry). Los primeros cuatro artículos están destinados al análisis del panorama español a través del género del cuarteto de cuerda, y los restantes seis tratan, por partes iguales, diferentes aspectos de la búsqueda de identidades en determinadas obras de música de cámara italianas y francesas, respectivamente. Gemma Pérez Zalduondo (a quien agradecemos por su gentil colaboración con el Proyecto I+D+i) sitúa su artículo en el contexto histórico, social y cultural del primer tercio del siglo XX al analizar los «tópicos identitarios» musicales que surgieron en la prensa española de la época con motivo de los conciertos públicos destinados a la interpretación de cuartetos de cuerda, tanto foráneos como autóctonos, enfatizando los ofrecidos en las sociedades musicales. Itziar Larrinaga Cuadra e Isabel Díaz Morlán proceden a sintetizar y evaluar los objetivos, métodos y resultados obtenidos por el «Proyecto Europeo Garat» desarrollado durante la década pasada en la Comunidad Autónoma del País Vasco (con la colaboración de Eresbil-Archivo Vasco de la Música) con el propósito de localizar, recopilar, catalogar y difundir los aproximadamente dos centenares de obras musicales para cuarteto de cuerda creadas por compositores vascos desde 1820. El segundo Cuarteto de cuerda de Eduard Toldrà, titulado *Vistes al mar. Evocacions poëtiques* (1921), sirve a Desirée García Gil de ejemplo para reflexionar sobre las relaciones literario-musicales del llamado «noucentismo», movimiento artístico vanguardista con tendencia europeísta surgido en Cataluña a principios del siglo XX, que dotó la obra camerística de identidad catalana. Christiane Heine hace ver cómo Fernando Remacha conseguía crear en su único Cuarteto de cuerda (escrito en 1924 durante su estancia italiana como becario del Premio de Roma español) un lenguaje musical «universal» sin renunciar a sus raíces hispanas tras asimilar criterios estilísticos cultivados por Stravinsky y Malipiero en el marco de las corrientes contemporáneas europeas de los años veinte. Dicho compositor italiano se encuentra asimismo en el foco del análisis de Sara Ramos Contioso, que busca en *Rispetti e Strombotti* (1920) –primer Cuarteto de cuerda de Gian Francesco Malipiero– la «revalorización» de la música histórica (en este caso de origen renacentista) de Italia en una obra moderna a través de la estilización de los respectivos elementos populares. El Quinteto con piano es objeto del estudio de Christoph Flamm el cual, tras una sinopsis general de la evolución del género en Italia, corrobora sus hipótesis con el análisis de tres obras representativas de la contribución italiana –de Giuseppe Martucci (1870), Ottorino Respighi (1902) y G. F. Malipiero (1934)–, debatiendo eventuales modelos (de procedencia germana, francesa y/o rusa) para averiguar los recursos para el fomento de un «lenguaje internacional», tal como queda asumido por la *Sonata a cinque* del último. Marie Winkelmüller centra su interés en el segundo movimiento del Quinteto con piano Opus 6 (1900) de Ermanno Wolf Ferrari, cuyo título original, *Canzone*, suscita una serie de cuestiones terminológicas y estéticas relativas a los patrones históricos, si bien la pieza experimenta una «síntesis estilística» al englobar recursos compositivos tanto antiguos como nuevos. Henri Gonnard, a su vez, elige el segundo movimiento del Cuarteto de cuerda (1893) de Claude Debussy para demostrar que el supuesto carácter español de este Scherzo –lejos de ser un atributo meramente decorativo conforme a la corriente decimonónica del «hispanismo francés»– resulta de un sutil «diálogo entre las culturas», la francesa y la española, emprendido al efecto de definir su propia identidad musical, deliberadamente opuesta al nacionalismo local. Por otro lado, la función del folklore nacional en la música de cámara francesa de finales del siglo XIX y comienzos del XX es estudiada por Florence Doé Maindreville a través de numerosos cuartetos de cuerda que integran «lo popular» con fines identitarios para diferenciarse de la tradición austro-germana. El libro cierra con el estudio de Stéphan Etcharry en torno al Quinteto para instrumentos de viento (1925) de Henri Collet, *Romería castellana* Opus 76, comprendido de estímulo para la renovación del «hispanismo musical francés» por inspirarse –en vez de en el folklore andaluz, como era habitual desde el siglo XIX– en la música popular de Castilla.

Resumiendo los resultados de esta panorámica selectiva sobre aspectos puntuales de la música de cámara española, italiana y francesa, se concluye que, en el período tratado, la búsqueda de identidades solía implicar, antes que nada, la búsqueda de modelos, ajenos, por lo general, a la tradición austro-germana –al menos en lo que a los contenidos musicales y procedimientos compositivos se refiere– a pesar de la adopción frecuente (sobre todo en el caso del cuarteto de cuerda) de conceptos formales establecidos en el marco de la música absoluta clásico-romántica.

Las principales fuentes de inspiración, definitorias de la «personalidad» del compositor, se encuentran enraizadas en las tradiciones musicales y literarias de índole popular o histórica, tanto autóctonas como foráneas; su sabia integración en un contexto sonoro contemporáneo, de conformidad con las exigencias texturales de los géneros camerísticos, condiciona el grado de «internacionalidad» o «universalidad» de las respectivas composiciones que facilita en última instancia la supervivencia de éstas como obras de repertorio.

Al ser uno de los aspectos fuertes del Proyecto I+D+i HAR2011-24295 la internacionalidad tanto de los miembros del equipo investigador como de sus enfoques científicos, hemos optado por publicar los respectivos textos en la lengua elegida por sus autores; no obstante, el lector interesado pero poco familiar con alguno de los cuatro idiomas empleados encuentra al final de cada capítulo un resumen de los correspondientes contenidos en castellano, inglés y francés (más en alemán en una ocasión).

Merced al apasionado esfuerzo y suma competencia de los once autores, el generoso apoyo técnico de los dos colaboradores y, *last not least*, la imprescindible financiación por parte del Ministerio de Economía y Competividad, podemos presentar este libro, el cual, sin pretender ser exhaustivo, proporciona conocimientos nuevos en torno a la música de cámara española, italiana y francesa, que esperemos sirvan para reservarles a las obras tratadas un merecido lugar dentro de la historiografía musical del período abriendo el camino para su difusión.

Granada, junio de 2015
Christiane Heine

V

I. La identidad en los discursos sobre el cuarteto de cuerda en España a comienzos del siglo XX

Gemma Pérez Zalduondo

La investigación sobre la participación de la música en los procesos identitarios se ha desarrollado considerablemente en los últimos años, tanto en lo relativo al siglo XIX como a la primera mitad del XX español.[1] Los estudios más numerosos se han centrado en la ópera, la zarzuela y en el sinfonismo, pero también han proliferado las reflexiones sobre nacionalismo e internacionalismo[2] y las indagaciones en los discursos y las

---

[1] En lo relativo al siglo XIX, véase un excelente resumen en: SÁNCHEZ DE ANDRÉS, L. «España en música. La búsqueda imposible de una identidad musical nacional durante el siglo XIX». *Historia de la nación y del nacionalismo español*, dir. por A. Morales Moya, J. P. Fusi Aizpurúa y A. de Blas Guerrero. Barcelona: Galaxia Gutemberg, 2013, págs. 464-478. Siguen siendo referencia los trabajos de ALONSO, C. «Nacionalismo». *Diccionario de la música española e iberoamericana*, vol. 7, edit. por E. Casares. Madrid: ICCMU, 2000, págs. 924-944; ALONSO, C. [et al.]. *Creación musical, cultura popular y construcción nacional en la España contemporánea.* Madrid: ICCMU, 2010, págs. 19-142.

[2] Véase el ya clásico trabajo de MARTÍNEZ DEL FRESNO, B. «Nacionalismo e internacionalismo en la música española de la primera mitad del siglo XX». *Revista de Musicología*, 16-1, 1993, págs. 640-657.

prácticas vinculadas al primero de ellos.[3] Las aproximaciones a los estudios teóricos y la crítica musical han examinado los textos y personalidades de muchos de los partícipes en las polémicas que se desarrollaron desde finales del siglo hasta la Guerra Civil.[4] Todo este interés está justificado por el papel central que la música desempeñó en los fenómenos identitarios, por la extensión cronológica del debate en España, sus múltiples formulaciones y, finalmente, por la intensidad con que se esgrimieron los argumentos.

Los géneros musicales en torno a los cuales se debatió sobre la identidad musical fueron, como es sabido, ópera, zarzuela, sainete, canción de concierto y el sinfonismo. Por el contrario, y a pesar de la frecuencia con la que los compositores españoles cultivaron el cuarteto de cuerda, es difícil encontrar en la bibliografía alusiones que lo vinculen a la cuestión nacional o identitaria. Si, como señala Beatriz Martínez del Fresno, «el nacionalismo musical depende en gran medida de los discursos creados alrededor de la música [...] y de la forma en que el material sonoro se percibe y resignifica»,[5] cabría preguntarnos por el espacio que encontró la música de cámara, y específicamente el cuarteto de cuerda, en las mencionadas polémicas, así como por los términos empleados en la recepción del repertorio.

Por otro lado, la historiografía muestra que la difusión de la música de cámara clásico-romántica europea estuvo vinculada al desarrollo del asociacionismo, proceso de institucionalización de

3 RAMOS LÓPEZ, P. (ed.). *Discursos y prácticas musicales nacionalistas (1900-1970)*. Logroño: Universidad de la Rioja, 2012.
4 NAGORE, M.; SÁNCHEZ DE ANDRÉS, L.; TORRES CLEMENTE, E. (eds.). *Música y cultura en la Edad de Plata 1915-1939*. Madrid: ICCMU, 2009; CASCUDO, T.; PALACIOS, M. (eds.). *Los señores de la crítica. Periodismo musical e ideología del modernismo en Madrid (1900-1950)*. Sevilla: Doble J, 2012; CASCUDO, T.; GAN QUESADA, G. (eds.) *Palabra de crítico. Estudios sobre música, prensa e ideología*. Sevilla: Doble J, 2014.
5 MARTÍNEZ DEL FRESNO, B. «Música e identidad nacional en la España de entreguerras: los conciertos populares del Círculo de Bellas Artes (1914-1924)». *Quintana*, 10, 2011, pág. 30.

la música –tanto en el ámbito privado como en el oficial[6]– estrechamente unido, a su vez, al nacionalismo y regionalismo.

Partiendo de las anteriores consideraciones, este artículo pretende indagar en torno a los términos de signo identitario asociados al género cuartetístico empleados en textos teóricos y en la crítica musical escrita en los años precedentes y posteriores a la Primera Guerra Mundial, momento de inflexión tanto para los procesos de construcción cultural nacionales y regionales como para el debate estético y la creación musical. Para ello se ha utilizado la *Revista Musical* de Bilbao, foro privilegiado de los debates estéticos e ideológicos entre 1911 y 1913, y la crítica sevillana que siguió la programación camerística de la Sociedad Sevillana de Conciertos desde 1920 a 1923, los primeros años de vida de la innovadora asociación, en la que se manifiestan las polémicas propias de la época. Finalmente, el artículo propone una interrogación sobre la posible presencia del cuarteto de cuerda en los discursos relacionados con la identidad de clase que se pueden observar durante la Segunda República.

Crítica musical y cuarteto de cuerda en la *Revista Musical* de Bilbao

En la *Revista Musical*,[7] tal y como apunta Ignacio Olábarri, colaboraron «los mejores musicólogos, críticos musicales y músicos

---

6 A este respecto véase por ejemplo el siguiente artículo: PÉREZ ZALDUONDO, G. «Los 'concursos musicales' en las exposiciones de artes (1910-1914): post-romanticismo, nacionalismo y entramados institucionales». *Campo artístico y sociedad en España (1836-1936). La institucionalización del arte y sus modelos*, edit. por I. Henares y L. Caparrós. Granada: Editorial Universidad de Granada, CEDODAL – Ministerio de Economía y Competitividad, 2015, págs. 192-229.

7 La publicación está digitalizada; también hay una edición facsímil, en seis volúmenes: OLÁBARRI GORTÁZAR, I. (dir.). *Revista Musical. Bilbao. 1909-1913*. Bilbao: Diputación Foral de Bizkaia, 2003. El presente texto ofrece como referencias las paginaciones en ambos formatos (en el caso de la edición facsímil, en adelante *RMB*, está precedida del número del volumen).

de toda España».[8] La publicación fue portavoz de la recepción de obras e intérpretes que visitaban las sociedades filarmónicas de distintas capitales, por lo que su literatura está vinculada a este fenómeno. Los propios críticos relacionaron la extensión del asociacionismo con la del género camerístico y el cambio de gusto del público. Por ejemplo, Enrique de Benito escribía la historia de las filarmónicas y valoraba su importancia. Al referirse a la de Bilbao, apuntaba: «[...] el público va cansándose ya de los virtuosos y prefiere la música severa de cuarteto y la música grandiosa sinfónica; con lo cual demuestra haber entrado en el verdadero camino de su regeneración artística».[9] Por su parte, Gibert saludaba el inicio de la temporada 1913-14 en la nueva Asociación de Música de Cámara de Barcelona deseándole «muchos años de vida, que buena falta nos hace ilustrarnos en una rama de la música que, no por no exigir dos y trescientos ejecutantes echando los bofes y sudando el quilo, pesa menos en la balanza del arte».[10]

Las ideas expresadas sobre la música de cámara y el cuarteto así como los términos de su recepción son los mismos que se habían difundido desde los años sesenta del siglo XIX, cuando se inauguró en Madrid la Sociedad de Cuartetos, que celebró su última reunión el 5 de enero de 1894.[11] Las más reiteradas son las alusiones a la erudición y la dificultad intrínseca al género, razón por la cual los críticos se detuvieron más en cuestiones

---

8 OLÁBARRI GORTÁZAR, I. «Una revista bilbaína de Música». *Revista Musical. Bilbao. 1909-1913...,* vol. 1, pág. XVI. Fueron colaboradores: Felipe Pedrell, Eduardo López-Chavarri, Miguel Salvador, Cecilio de Roda, Joaquín Turina, Nemesio Otaño, Enrique de Benito, Rafael Mitjana, Joaquín Fesser, Tomás Bretón, Conrado del Campo, Joaquín Nin, Rogelio Villar, Julio Gómez, Oscar Esplá, Ludwig Bonvin, Henri Collet y Henri de Curzon.

9 BENITO, E. de. «Las Sociedades Filarmónicas en España». *Revista Musical,* 3, marzo de 1909, pág. 2 (*RMB,* vol. I, pág. 48).

10 GIBERT, V. M. de. «Barcelona». *Revista Musical,* 12, diciembre de 1913, pág.11 (*RMB,* vol. V, págs. 271-272).

11 Para la Sociedad de Cuartetos ver: AGUADO SÁNCHEZ, E. «El repertorio interpretado por la Sociedad de Cuartetos de Madrid (1863-1894)». *Música. Revista del Real Conservatorio de Música de Madrid,* 7, 8 y 9, 2000-2002, págs. 27-142 (agradezco a Christiane Heine las referencias sugeridas para la elaboración del artículo).

interpretativas que estéticas. No obstante, el subjetivismo fue otra de las características que se le atribuyeron, y su apreciación se realizó desde el pensamiento romántico. Por ejemplo, H. Barroso apunta que «su cualidad [de la música de cámara] es la belleza absoluta», y que los «Genios» de la música dejaron en el cuarteto «su alma».[12] El mismo autor aplica la dialéctica que E. T. A. Hoffmann utilizara para elevar a Beethoven a la categoría de «genio»[13] para diferenciar los cuartetos escritos por la escuela vienesa: si los de Haydn son «risueños y poéticos», los del «etéreo» Mozart son «purísimos», mientras que los del maestro de Bonn se adjetivan con los términos «profundos, celestiales, sublimes».[14]

La perfección de los maestros vieneses, tan celebrada en las sesiones de los salones privados medio siglo antes,[15] se perpetuó también como elemento identitario del género. Como consecuencia, los articulistas fueron unánimes a lo largo de los años al considerar la música de cámara parte de la tradición centroeuropea, hecho posiblemente debido a que los miembros de las sociedades musicales habían accedido a su repertorio a través de las obras de Beethoven y Mozart que, según apunta García Laborda para la Filarmónica de Madrid y Asociación de Música de Cámara de Barcelona, «fueron los dos compositores más interpretados en ambas sociedades desde finales de siglo XIX», y cuya presencia se mantuvo constante hasta la Guerra Civil.[16]

---

12 BARROSO, M. H. «El cuarteto de cuerda y el Cuarteto Español». *Revista Musical*, 7, julio de 1911, pág. 10 (*RMB*, vol. III, pág. 166).

13 HOFFMANN, E. T. A., citado en LOCKE, A. W. «Beethoven's instrumental music: Translated from E. T. A. Hoffmann's 'Kreisleriana' with an introductory note». *The Musical Quarterly*, 3-1, enero de 1917, pág. 128.

14 *Ibid*.

15 Ver AGUADO SÁNCHEZ, E. «El repertorio interpretado por la Sociedad de Cuartetos de Madrid...», pág. 45.

16 GARCÍA LABORDA, J. M. «Presencia y recepción de Mozart en España a comienzos del siglo XX (Mozart en la Sociedad Filarmónica de Madrid y la Asociación de Música de Cámara de Barcelona)». *En torno a Mozart: Reflexiones desde la universidad*, edit. por J. M. García Laborda y E. Arteaga Aldana. Salamanca: Ediciones Universidad de Salamanca, 2008, págs. 16-35.

La identidad entre tradición centroeuropea y cuarteto de cuerda se extendió también a los intérpretes. Por ejemplo Gibert, desde Barcelona, unía la pericia del Cuarteto Rebner a su procedencia alemana: «nos viene del país de la música de cámara y sabe su obligación», apuntaba.[17] En definitiva, los términos con los que los críticos definieron el género y desde los que se juzgó el repertorio coincidieron con los de sus antecesores, los analistas de la vida de la Sociedad de Cuartetos de Madrid para quienes la «música clásica» o «culta», como señala Ester Aguado, estaba ligada a las figuras «idealizadas» del clasicismo, y a otras como «Weber, Mendelssohn, Spohr, Hummel, Schubert, Cramer o Moscheles».[18] La «escuela alemana», tanto a comienzos del XX como en las décadas centrales del XIX, se identificaba con la música instrumental y, para el público, con la erudición.

Lo expuesto hasta aquí explica la razón por la que los discursos sobre el cuarteto de cuerda se cruzan solo en muy contadas ocasiones con los argumentos de índole nacionalista. Una excepción relativa es la relacionada con la obra de Arriaga a quien, de acuerdo con una arraigada costumbre, Cecilio de Roda vincula con Haydn y Mozart. Sin embargo, al referirse al Menuetto del Primer Cuarteto señala que «en este trío [es] donde hace lo que más intensamente siente su alma española», aludiendo a un bolero de carácter andaluz.[19] Como señala Christiane Heine, aunque la primera audición, en España, de la obra del compositor tuvo lugar en 1884, no fue hasta 1908 cuando se comenzó a impulsar su recepción por parte de los estudiosos,[20] muy poco antes de que

---

17 GIBERT, V. M. de. «Barcelona». *Revista Musical*, 2, febrero de 1912, pág. 16 (*RMB*, vol. IV, pág. 40).

18 AGUADO SÁNCHEZ, E. «El repertorio interpretado por la Sociedad de Cuartetos de Madrid...», pág. 38.

19 RODA, C. de. «Los Cuartetos de Arriaga». *Revista Musical*, 2, febrero de 1909, pág. 11 (*RMB*, vol. I, pág. 31).

20 HEINE, C. «Ressenyes. Winkelmüller, Marie (2009). 'Die Drei Streichquartette' von Juan Crisóstomo de Arriaga». *Recerca Musicològica*, 20-21, 2013-2014, pág. 380. La musicóloga se refiere al artículo de BELAUSTEGUI, J. J. «Los cuartetos de Arriaga. Estudio crítico». *Euskal-Erria*, 58, 1908, págs. 312-316. Este extenso artículo

De Roda finalizara su crítica no sin detenerse en las cualidades de las líneas melódicas, características rítmicas, lenguaje armónico y formas musicales de la partitura mencionada, sin que el análisis formal volviese a cruzarse con alusiones identitarias.

Recepción

En lo relativo a la aceptación o rechazo del repertorio camerístico, fue frecuente atribuir el alejamiento del público al desconocimiento. En 1866 José de Castro y Serrano había achacado las opiniones negativas de la «multitud indocta» sobre la «música clásica o *sabia*, como algunos le dicen, o *alemana*,[21] como la apellidan otros»,[22] a la ausencia de oportunidades de escucharla. Transcurridos más de cuarenta años, pese a la actividad de la Sociedad de Cuartetos y a la dedicación de compositores españoles al género, Rogelio Villar, Catedrático de Música de Cámara del Conservatorio de Madrid, denunciaba en 1911 la falta de tradición musical en España en comparación con otros países y, al hacerlo, defendió las voces que estaban reclamando la extensión del género camerístico:

> Abajo la ignorancia, y la falta de afición, arriba los super-pedantes de la crítica, que exige y pretende compararnos con las grandes figuras musicales de Alemania y Francia aquí donde no tenemos tradiciones y donde todo está por hacer en la música de cámara, sinfónica y en el drama lírico nacional.[23]

de revisión informa asimismo del estado actual de los estudios sobre la obra del compositor vasco.

21 Subrayados en el original.

22 CASTRO Y SERRANO, J. de. *Los Cuartetos del Conservatorio. Breves consideraciones sobre la música clásica*. Madrid: Centro General de la Administración, 1866, págs. 26-34, cit. en AGUADO SÁNCHEZ, E. «El repertorio interpretado por la Sociedad de Cuartetos de Madrid ...», pág. 39.

23 VILLAR, R. «Sociedad Nacional de Música». *Revista Musical*, 8, agosto de 1911, p. 19 (*RMB*, vol. III, pág. 195).

Los críticos reflexionaron con frecuencia sobre la mayor accesibilidad de la música sinfónica en relación a la de cámara, y estimaron aquélla como paso previo para apreciar esta última. En el mismo sentido, Antonio Elías aludía a la dificultad propia de la literatura del cuarteto para justificar su carácter minoritario, y afirmaba que la «alta calificación» de obras e intérpretes «nunca son las más a propósito para conducir a los principiantes a una íntima compenetración con el género». A pesar de ello, apuntaba el deslizamiento de los aficionados «desde el afecto del género sinfónico al amor de la música de cámara»,[24] gracias a la labor de la Sociedad de Música Clásica de Bilbao. Aquélla –la música sinfónica– precisa de la «sólida iniciación» pero, en cualquier caso, es el reducido número de audiciones las que finalmente determinan, según el autor, el carácter minoritario del público del cuarteto.[25] El convencimiento de la existencia de un fuerte contraste entre la recepción de la música instrumental de cámara y los conjuntos orquestales más amplios es tal que el cronista de Zaragoza, al escribir sobre los conciertos del Cuarteto Español en otoño de 1913, consideraba insuficiente un periodo de doce o catorce días de diferencia entre dos audiciones –«la grandiosidad de una orquesta nutrida» y «las delicadezas de una música exquisita interpretada por un excelente Cuarteto»– puesto que suponía para el oyente una «brusca transición» que no beneficiaba la escucha de este último.[26] En tales condiciones, el éxito del cuarteto entre el público de las filarmónicas durante los años inmediatamente anteriores a la Primera Guerra Mundial parecía difícil, si bien es necesario advertir que, según se deduce de los textos escritos sobre su actividad, existían realidades distintas. Así, el optimismo arriba mencionado con el que se expresaba De Benito respecto a la de Bilbao parece equi-

---

24 ELÍAS, A. «Bilbao. Sociedad de Música Clásica». *Revista Musical*, 12, diciembre de 1913, pág. 9 (*RMB*, vol. V, pág. 269).

25 Apunta el dato de que entre 1909 y 1913 se escucharon en Bilbao veinticinco obras de música de cámara (*ibíd.*).

26 Z. «Zaragoza. Cuarteto Español». *Revista Musical*, 11, noviembre de 1913, pág. 17 (*RMB*, vol. V, p. 257).

librarse con las opiniones de los críticos de Oviedo –que aludía a un auditorio «frío» y «reservado»[27]– y León –que hablaba de un público «poco habituado» a la música de cámara.[28] A pesar de que Rogelio Villar había puesto como ejemplo a seguir las sociedades de Bilbao, Barcelona y Madrid en orden a la creación de «ambiente» y oyentes, en 1913 Jorge de Olávezar opinaba que la capital vasca estaba

> *aún lejos* de llegar al grado de cultura musical necesario para que los refinamientos de la *música di camera*, las emociones eminentemente líricas del cuarteto y el quinteto, las manifestaciones más serenas [...] de arte puro, reinen en nuestro público, entiéndase, en el gran público, en el público que paga, no en el grupo escogido, y por fortuna cada vez más numerosos de *iniciados*.[29]

El crítico reitera el vínculo entre el fenómeno asociacionista y la extensión del cuarteto al apuntar el avance que supuso la labor de la recién creada Sociedad de Música Clásica y el éxito de los cuartetos Capet y Rosé; analiza la dificultad del género en base a su propia simplicidad de elementos –la música está «reducida a sus elementos esenciales»–, explica que la depuración del gusto se ha de obtener mediante la «familiarización» con esta modalidad de la música instrumental, e incorpora el repertorio de cámara a los debates estéticos de la época al exigir que se programen obras pertenecientes «al movimiento musical moderno». Además, Olávezar introduce otras cuestiones que jugaron un importante papel en los discursos identitarios, como la intervención de músicos locales en las sesiones.[30]

27 X. «Oviedo. Sociedad Filarmónica». *Revista Musical*, 2, febrero de 1909, pág. 17 (*RMB*, vol. I., pág. 37).
28 ARCHET. «León. Sociedad de Conciertos». *Revista Musical*, 2, febrero de 1909, pág. 18 (*RMB*, vol. I, pág. 38).
29 OLÁVEZAR, J. de. «Bilbao. Después de los conciertos de 'Música Clásica'». *Revista Musical*, 3, marzo de 1913, pág. 11 (*RMB*, vol. V, pág. 67). En cursiva el original.
30 *Ibid.*

Debates estéticos

Como en el caso del crítico vasco arriba mencionado, una parte de los autores de los textos demandaron la interpretación de repertorio desconocido o del perteneciente a las nuevas corrientes compositivas, aunque fueron pocas las ocasiones en las que se exigió la programación de compositores españoles, hecho que muestra la disociación existente entre el cuarteto y el discurso identitario, constantemente presente en la *Revista Musical* cuando de otros géneros musicales se trataba. Por ejemplo, Antonio Elías, al referirse al cuarteto de la Sociedad de Música Clásica de Bilbao,[31] insistía en que la «cualidad» fundamental que se ha de exigir es «la corrección y la ejecución sólida y precisa» pero, al final de su extensa crónica, solicitaba «una segunda serie de conciertos solo de música moderna, a base de Smetana, Borodin, Reger, tal vez Debussy (al que hemos perdido el miedo desde que oímos a Capet su Cuarteto en sol), D'Indy, Ravel, etc. etc.».[32] Por el contrario BU-HAR, desde Gijón, se confesaba incapaz de interesarse por el «modernismo», por lo que se felicitaba de que el Cuarteto en la mayor de Strauss, interpretado por el Cuarteto Rosé en la Sociedad Filarmónica de la capital, perteneciese a la primera época de su autor, y alabó la «generosidad» del público al aplaudir el Opus 127 de Beethoven.[33] En el caso de la música francesa, en 1913 el Cuarteto Capet suscitó la controversia entre público y crítica con los respectivos cuartetos compuestos por Debussy y Ravel. Eduardo López-Chávarri se limitó a destacar la ejecución del primero de ellos pero, respecto al segundo, al relatar la reacción del público y su propio pensamiento, mostró la polémica existente:

31 Osorio (violín primero), Arnillas (violonchelo), ambos profesores; Cebrián (violín segundo), Isusi (viola), «jóvenes recién salidos de la Academia». Las obras programadas por la Sociedad en noviembre y diciembre fueron del repertorio clásico, Schubert y Brahms. ELÍAS, A. «Bilbao. Sociedad de Música Clásica». *Revista Musical*, 12, diciembre de 1913, págs. 9-10 (*RMB*, vol. V, págs. 269-270).

32 *Ibid.*, pág. 11 (*RMB*, vol. V, pág. 271).

33 BU-HAR. «Gijón». *Revista Musical*, 3, marzo de 1912, pág. 20 (*RMB*, vol. IV, pág. 68).

Los diletantes de buena fe mirábanse ahora compungidos, los maestros del arte que por entre el público había, fruncían el ceño, los timbres sonoros sorprendían momentáneamente el ánimo y, al último tiempo, la atención general estaba positivamente fatigada. Creo que esta clase de obras (aparte el 'esnobismo') no se hacen simpáticas por el gran fondo de insinceridad que encierran. Por ello, sin duda, del cuarteto de Ravel produjo mejor efecto el tiempo segundo, en donde hay deliciosos momentos de acuarela.[34]

Frente al mismo conjunto instrumental –esta vez desde Zaragoza– y repertorio, J. Olano mostró la dificultad de recepción de las partituras del compositor francés:

[...] y en cuanto a Debussy, con sus procedimientos distintos a lo que acostumbran a escucharse, un poco difíciles de comprender, y no aclimatados todavía en un público que no está más que iniciado en los modernismos de escuela, fue bastante discutido, cosa muy natural y que dice mucho a favor de este autor, pues lo bueno siempre es, al principio, discutido.[35]

Por su parte, Ignacio Zubialde expresó su incomodidad, como muchos de sus compañeros críticos de la *Revista Musical*, ante la mezcla de obras: «Mozart y Debussy rabiaron de verse juntos y Schumann, que debió interponerse entre ellos como mediador, se reservó para el final». Respecto a la obra del francés, relata: «A Debussy se aplaudió después [de Mozart] calurosamente, o, por lo menos a sus intérpretes». Al referirse a esta obra, reflexiona sobre el «ensanchamiento» del «horizonte armónico para

---

34 LÓPEZ-CHÁVARRI, E. «Valencia». *Revista Musical*, 1, enero de 1913, pág. 25 (*RMB*, vol. V, pág. 25).

35 OLANO, J. «Zaragoza. Cuarteto Capet». *Revista Musical*, 1, enero de 1913, pág. 26 (*RMB*, vol. V, pág. 26).

nuestros oídos»: «Lo que antes nos hería hoy nos halaga, y nuestro conducto auditivo se hace cada vez más sumiso a las estridencias que les place inventar a los compositores.» La aparente buena acogida que tal frase expresa de forma implícita no desemboca, sin embargo, en la aceptación del crítico, que afirma sobre el cuarteto de Debussy y sobre su autor:

> [...] me pareció ahora tan frívolo, tan glacial y tan inútil como hace diez años, cuando le ponían cara fosca los mismos que ahora le aplauden. Sin la poesía, la vaporosidad (excepto en el andantino) de otras obras posteriores del mismo autor, solo le queda la acritud y la afectación. Y lo bueno es que este antiguo matasiete no asusta ya a nadie. Otros le han superado en audacias y no hacen efecto sus baladronadas.[36]

La durísima crítica de Zubialde finaliza expresando que, para que una obra «merezca llamarse 'un cuarteto'», no basta que esté escrita para cuatro instrumentos, conste de cuatro partes y «éstas tengan una distribución interior determinada». Y, precisamente, para el crítico vasco, la obra de Debussy «cae de lleno en esta excepción».

Un tono menor, aunque también rodeado de polémica, fue el que presidió la recepción de una parte de la obra de Brahms, autor muy frecuentado en estos años.[37] En todos los casos, su música de

---

36 ZUBIALDE, I. «Filarmónica: Conciertos del 10 y 11 de Enero». *Revista Musical*, 1, enero de 1913, pág. 15 (*RMB*, vol. V, pág. 15). La firma es el seudónimo de Juan Carlos de Gortázar Manso de Velasco (Bilbao, 1864 - Laguardia, Álava, 1926), miembro fundador de la revista y participante activo en las instituciones musicales de su ciudad (Sociedad Coral, Filarmónica, Conservatorio Vizcaíno de Música, Orquesta Sinfónica de Bilbao). Ver: OLÁBARRI GORTÁZAR, I. «Una revista bilbaína de Música», vol. 1, pág. XIV.

37 José María García Laborda lo coloca en el cuarto lugar entre los más interpretados en la Filarmónica de Madrid, solo detrás de Beethoven, Schubert y Schumann. GARCÍA LABORDA, J. M. «Presencia y recepción de Mozart en España a comienzos del siglo XX (Mozart en la Sociedad Filarmónica de Madrid y la Asociación de Música de Cámara de Barcelona)». *En torno a Mozart: Reflexiones desde la universidad*, edit. por J. M. García Laborda y E. Arteaga Aldana. Salamanca: Ediciones Universidad de Salamanca, 2008, pág. 8.

cámara se identifica al mismo tiempo con la dificultad, la «modernidad» de sus aspectos formales y su contenido expresivo. Por ejemplo, Olávezar considera el Cuarteto con piano en sol menor Opus 25, la «obra más definitiva, originalísima y atrevida [a] pesar de sus sonoridades orquestales y hasta vocales». Según el crítico, el autor, aunque «enamorado de la forma», no sacrifica «el fondo, lleno siempre de ideas, sin ripios ni flaquezas y árbitro al mismo tiempo de la elegancia y de la distinción».[38] Antonio Elías vio en esta misma obra el «avance musical» del programa ejecutado,[39] mientras BU-HAR opinó que el Cuarteto de cuerda n.º 3 Opus 67, era «mucho más difícil que el de Strauss».[40] Para López-Chávarri fue la «magnífica y rotunda arquitectura» del Opus 51 n.º 1, la que «hizo desarrugar los ceños que frunciera Ravel».[41] Las obras de Brahms y Beethoven sirvieron a Miguel Salvador como medida para evaluar la evolución de los gustos del público de la Filarmónica de Madrid en relación a la música de cámara: en enero de 1911, tras la actuación del Cuarteto Rosé, apuntaba que el Cuarteto en si bemol mayor Opus 67 del primero y el Cuarteto en do# menor Opus 131 del segundo fueron los que hicieron «vibrar la sala con mayor entusiasmo», por encima de obras como los Cuartetos de cuerda en fa mayor de Haydn (Opus 3 n.º 5), en mi bemol mayor de Mendelssohn (Opus 44 n.º 3), y en sol mayor de Schubert (Opus 161), «dato digno de apuntarse por revelar la orientación que lleva nuestra Sociedad», reflexionaba el crítico aludiendo quizás a la mayor complejidad de los compuestos por los dos primeros.[42]

En contraposición a las polémicas de carácter estético apuntadas, muy pocas críticas repararon en la escasa inclusión en el

---

38 OLÁVEZAR, J. «Bilbao. Después de los conciertos de 'Música Clásica'». *Revista Musical*, 3, marzo de 1913, pág. 14 (*RMB*, vol. V, pág. 70).

39 ELÍAS, A. «Bilbao. Sociedad de Música Clásica». *Revista Musical*, 12, diciembre de 1913, pág. 10 (*RMB*, vol. V, pág. 270).

40 BU-HAR. «Gijón». *Revista Musical*, 3, marzo de 1912, pág. 21 (*RMB*, vol. IV, pág. 69).

41 LÓPEZ-CHÁVARRI, E. «Valencia». *Revista Musical*, 1, enero de 1913, pág. 25 (*RMB*, vol. V, pág. 25).

42 SALVADOR, M. *Revista Musical*, 1, enero 1911, pág. 14 (*RMB*, vol. III, pág. 14).

repertorio de obras de autores españoles; por ello, la reivindicación que realiza Miguel Salvador de la incorporación de «lo español» en los «programas de nuestras fiestas musicales» es particularmente interesante. La interpretación en el Conservatorio de Madrid del Cuarteto en re mayor de Rogelio Villar y Cuarteto en mi menor de Conrado del Campo,[43] a cargo del Cuarteto Español en la primavera de 1912, le condujo al aplauso de la iniciativa,[44] aunque las críticas que sobre la obra de este último se pudieron leer en la *Revista Musical* distan de ser unánimes.[45]

Es posible que la fuerte identidad del género con la tradición centroeuropea explique no ya la disociación entre cuarteto y creación musical «nacional» sino la aparente discordancia entre ambos, contradicción sugerida por Ester Aguado quien, al detenerse en la recepción crítica de las obras interpretadas por la Sociedad de Cuartetos durante el siglo XIX, apunta el descenso del interés de los aficionados ante las escritas por compositores españoles con la excepción ya señalada de Arriaga,[46] hecho al que volveremos en epígrafes siguientes.

Intérpretes

Con motivo de la presentación del Cuarteto Renacimiento [Quartet Renaixement] en el Ateneo de Madrid en la primavera de 1913, Miguel Salvador definió la formación cuartetística en

---

43 El texto solo indica Cuarteto en mi, pero sin duda se refiere al Cuarteto en mi menor n.º 7, escrito en 1911, que el Cuarteto Español estrenó en el Conservatorio de Madrid en febrero de 1912. Ver ALONSO, M. *Catálogo de obras de Conrado del Campo*. Madrid: Fundación Juan March, 1986, pág. 35.

44 SALVADOR, M. «Madrid. Cuarteto Español». *Revista Musical*, 5, mayo de 1912, pág. 20 (*RMB*, vol. IV, p. 128).

45 Cuando el Cuarteto Español interpretó la obra de Conrado del Campo en Zaragoza, el cronista consideró su *Scherzo* como «de compresión dificilísima»: Z. «Zaragoza». *Ibid.*, p. 21 (*RMB*, vol. IV, pág. 129). Por el contrario, Joaquín Turina, tras haberla escuchado en París ejecutada por el Cuarteto Lejeune, la calificó de «genial». Ver TURINA, J. «París». *Revista Musical*, 3, marzo de 1912, pág. 27 (*RMB*, vol. IV, pág. 75).

46 AGUADO SÁNCHEZ, E. «El repertorio interpretado por la Sociedad de Cuartetos de Madrid»…, pág. 109.

general como «organismo superior» que solo se logra cuando sus integrantes han hallado «su mutua ponderación y equilibrio y entienden del mismo modo las interpretaciones por existir la comunión espiritual de los cuatro en la entraña de las obras».[47] El saludo del Presidente de la Sección de Música de la institución madrileña y la ocasión ponen de manifiesto los términos y las ideas de la crítica frente a la recepción de los intérpretes y el momento de proliferación de formaciones españolas dedicadas al cuarteto.

Los autores de los textos que se hicieron eco de los conciertos ofrecidos por intérpretes españoles concedieron la excelencia a formaciones como el Cuarteto Español,[48] cuya presencia fue constante en las críticas de la *Revista Musical*. Tras su presentación en Zaragoza, Z. señala el «estudio minucioso y profundo» que la formación realiza de las obras, pero también su «tinte sentimental, delicado», razón por la cual triunfó con los tiempos lentos, «quizá porque el temperamento artístico del Cuarteto Español se adapte mas a la expresión, dulzura y delicadeza de los tiempos lentos que al arrebato y vehemencia de los apasionados y vivos».[49] Por su parte, Gibert había informado de las dos primeras actuaciones del Cuarteto Renacimiento de Barcelona –en la sala de ensayos del Orfeó Catalá, en sesión «íntima», y en el Palacio de la Música Catalana–, y de su repertorio –Haydn, Beethoven, Schubert, Franck. El crítico había alabado los logros de sus integrantes al «fundirse en un conjunto homogéneo» a

---

47 SALVADOR, M. «Ateneo». *Revista Musical*, 4, abril de 1913, págs. 15-16 (*RMB*, vol. V, págs. 99-100). En esta ocasión, el público sí pudo escuchar, además de cuartetos de Haydn, Mozart y Beethoven, repertorio romántico de Schubert, Mendelssohn, Schumann y Brahms junto a autores más nacionalistas como Borodin y Smetana, de la escuela francesa como Franck, poco frecuentados como Dittersdorf, y españoles como Bretón.

48 Formado por Corvino, Cano, Alcoba y Taltavull. El entusiasmo de, por ejemplo, Mateo H. Barroso es notable ante su presentación; considera que se trata de «un cuarteto hecho que no promete sino que realiza», y asegura que «será pronto famoso y su fama pasará las fronteras»: BARROSO, M. H. «El cuarteto de cuerda y el Cuarteto Español». *Revista Musical*, 7, julio de 1911, págs. 10-11 (*RMB*, vol. III, págs. 166-167).

49 Z. «Zaragoza. Cuarteto Español». *Revista Musical*, 11, noviembre de 1913, pág. 17 (*RMB*, vol. V, pág. 257).

la vez que, de nuevo, resaltaba su mérito al calificar su dedicación como «una difícil especialidad artística».[50]

No obstante, los críticos otorgan la mayor calificación a las formaciones extranjeras. Por ejemplo, Ignacio Zubialde definía al Cuarteto Capet como «un organismo admirable que puede sostener la comparación con los más afamados cuartetos de allende el Rhin»; al líder del grupo lo estima como «un místico del arte, un iluminado» y no oculta su admiración ante la interpretación de la obra beethoveniana.[51] Por su parte, Eduardo López-Chávarri consideró sus ejecuciones en la Filarmónica valenciana como las «más interesantes», apuntando la «sonoridad pura de los instrumentistas» y la «variedad de estilos» de sus programas.[52] La atención preferente hacia las formaciones extranjeras coincide con apuntes realizados por musicólogos como José María García Laborda respecto a la política de la Sociedad Filarmónica de Madrid, «que siempre tuvo preferencia por las grandes formaciones europeas especializadas en el repertorio clásico de la música de cuarteto».[53]

Las visitas constantes de las mismas formaciones a todas las filarmónicas determinaron que los propios colaboradores de la publicación reparasen en la reiteración de adjetivos con que definían sus actuaciones. Tal es el caso de Miguel Salvador quien, al referirse al Cuarteto Rosé en enero de 1911, apuntaba que los lectores «están ya habituados a leer el elogio de este incomparable cuarteto».[54] La homogenización de intérpretes, repertorio y crítica se multiplicará en los años veinte por el aumento de la importancia del asociacionismo musical.

50 GIBERT, V. M. de. «Barcelona». *Revista Musical*, 3, marzo de 1912, pág. 19 (*RMB*, vol. IV, pág. 67).

51 ZUBIALDE, I. «Filarmónica: Conciertos del 10 y 11 de Enero». *Revista Musical*, 1, enero de 1913, pág. 15 (*RMB*, vol. V, pág. 15).

52 LÓPEZ-CHÁVARRI, E. «Valencia». *Revista Musical*, 1, enero de 1913, pág. 24 (*RMB,* vol. V, pág. 24).

53 GARCÍA LABORDA, J. M. «Presencia y recepción de Mozart en España a comienzos del siglo XX...», pág. 8.

54 SALVADOR, M. «Madrid. Sociedad Filarmónica». *Revista Musical*, 1, enero de 1911, pág. 14 (*RMB,* vol. III, pág. 14).

Durante la Primera Guerra Mundial se heredaron los tópicos señalados. Uno de los principales protagonistas del debate sobre el nacionalismo musical, Rogelio Villar, articuló su libro *El sentimiento nacional en la música* como respuesta a las preguntas que había formulado Ruperto Chapí, autor, a su vez, de una serie de cuartetos en la primera década del siglo.[55] Villar, al reflexionar sobre la supuesta ausencia de «tradiciones de verdadera afirmación en la música sinfónica, dramática y de cámara»[56] en España, reiteró la perfección de los procedimientos técnicos de las escuelas del Norte *versus* el carácter latino. El crítico considera que es la técnica compositiva la que otorga la dimensión universal a la creación de los genios europeos:

> La armonía, el contrapunto, la fuga, las formas musicales adoptadas por la música europea como resultado de las obras producidas por los grandes genios, que son los que realmente transforman la técnica de las artes, son universales.[57]

No obstante, situado en el ámbito de la recepción, señala que el público asimila con mayor facilidad «las obras de los compositores españoles [en las que] predomina algún rasgo característico que refleje el sentimiento nacional comprensible, no desnaturalizado [...]».[58]

---

55 VILLAR, R. *El sentimiento Nacional de la Música*. Madrid: Artes Gráficas «Mateu», 1918.

56 *Ibid.*, págs. 36-37.

57 *Ibid.*, pág. 29. En 1911, desde las páginas de la *Revista Musical* de Bilbao, ya había citado «la escasez de conciertos de música de cámara y sinfónica» como uno de los males de la música en España. Ver VILLAR, R. «Sociedad Nacional de Música». *Revista Musical*, 8, agosto de 1911, pág. 18 (*RMB*, vol. III, pág. 194). En el mismo texto, que concluye con un llamamiento a favor de la organización de una sociedad nacional de música, proponía, entre otras cuestiones, organizar «conciertos de obras de compositores españoles, ejecutadas por artistas y agrupaciones del país, como el 'Cuarteto Español', 'Cuarteto Francés' [...]»; *Ibid.*, págs. 19-20 (*RMB*, vol. III, págs. 194-195).

58 VILLAR, R. *El sentimiento Nacional de la Músia*, pág. 22.

En la misma línea, Manuel de Falla, pro-impresionista, pro-francés, defensor de las vanguardias del Sur de Europa vinculadas al concepto «moderno» o «nuevo» y, como consecuencia, antítesis de Rogelio Villar desde el punto de vista estético, defendía en 1916 que los «procedimientos puramente musicales de Beethoven y Wagner no pueden aplicarse de un modo general a la música que escriben los compositores de otras razas sin detrimento de su carácter individual y nacional».[59] Tales contraposiciones –entre el Norte y el Sur, entre lo germano y lo latino– han sido reiteradamente observadas en la historiografía. Fueron, como señala Ruth Piquer, «convenciones heredadas de la retórica que acompañaba al nacionalismo en Francia al finalizar el siglo XIX y que tuvo gran difusión antes de la Primera Guerra Mundial».[60] Tras la contienda, el debate no hará sino radicalizarse hasta que, ya durante la Segunda República, según apunta María Cáceres, la «oposición germano-francesa matizada en términos de una mediterraneidad opuesta al Norte se acentuó extraordinariamente en España en el cargado ambiente ideológico de los años treinta».[61]

En todo caso, la relación secular entre el cuarteto de cuerda con el clasicismo centroeuropeo por un lado, y el supuesto carácter intelectual atribuido al género por otro –que implica la priorización del subjetivismo sobre la música colectiva (folklore)–, podrían explicar, de nuevo, la disociación establecida por los discursos nacionalistas entre dicho repertorio y los símbolos musicales que definían la identidad nacional.

---

59 FALLA, M. de. «Introducción a la Música Nueva». *Revista Musical Hispano-americana*, diciembre de 1916, reproducido en FALLA, M. de. *Escritos sobre música y músicos*. Introducción y notas de F. Sopeña. Madrid: Austral, 1988, pág. 38.

60 PIQUER, R. «El neoclasicismo musical francés según la *Revue Musicale*: un modelo para Adolfo Salazar y la crítica española». *Los señores de la crítica. Periodismo musical e ideología del modernismo en Madrid (1900-1950)*, edit. por T. Cascudo y M. Palacios. Sevilla: Doble J, 2012, pág. 120.

61 CÁCERES-PIÑUEL, M. «'Una posturita estética que no representa sino un frenazo'». *Los señores de la crítica...*, pág. 257.

Crítica, cuarteto de cuerda
y Sociedad Sevillana de Conciertos

Finalizada la Primera Guerra Mundial, en Sevilla, ciudad que desde el siglo XIX había desarrollado una vida musical pujante, la Sociedad Sevillana de Conciertos[62] inauguraba sus sesiones en octubre de 1920 con dos actuaciones del Quinteto de Madrid, que interpretó obras de Fauré, Mendelssohn y Franck.[63] Esta primera temporada incluyó actuaciones del Trío Ciampi-Hayot-Hekking,[64] Cuarteto Wendling[65] y Quinteto de La Haya.[66] El interés por la música de cámara de una parte del público sevillano queda en evidencia porque estos mismos meses otra sociedad cultural, el Ateneo, dedicó un ciclo de cuatro conciertos al cuarteto de cuerda con la intervención de los intérpretes locales Fernando Palatín (violín primero), Francisco Infante (violín segundo), Segismundo Romero (violonchelo) y Antonio Pantión (viola), que abrieron la serie en

---

62 La música en las sociedades musicales sevillanas durante el primer tercio del siglo se ha tratado en: PÉREZ ZALDUONDO, G. «Apuntes para la evaluación de la actividad de las sociedades musicales en España». *Anuario Musical*, 51, 1996, págs. 203-216; *Ibid.* «El auge de la música en Sevilla durante los años veinte». *Revista de Musicología*, 20-1, enero-diciembre de 1997, págs. 654-668; *Ibid.* «Las sociedades musicales en Almería, Granada y Sevilla entre 1900 y 1936». *Cuadernos de Música Iberoamericana*, 8-9, 2001, págs. 323-335.

63 FRITZ. «Sociedad Sevillana de Conciertos». *El Liberal*, 31-10-1920. FRITZ era el seudónimo de Luis de Rojas, violonchelista de la Orquesta Bética. El Quinteto de Madrid estaba compuesto por Julio Francés, Odón González, Conrado del Campo, Luis Villa y Joaquín Turina. El crítico alabó su técnica, la pureza y la calidad del sonido en la interpretación.

64 «Sociedad Sevillana de Conciertos». *El Liberal*, 26-12-1920. Actuaciones los días 28 y 29 de diciembre de 1920; obras de Mozart, Rachmaninov, Brahms, Beethoven, Franck y Lalo.

65 «Sociedad Sevillana de Conciertos». *El Noticiero Sevillano. Diario independiente de noticias y avisos*, 18-01-1921 (en adelante *El Noticiero Sevillano*). Actuaciones los días 21 y 22 de enero de 1921; obras de Haydn, Beethoven, Schubert, Borodin y Schumann.

66 «Sociedad Sevillana de Conciertos». *El Noticiero Sevillano*, 13-05-1921. Actuaciones los días 11 y 12 de mayo; obras de Mozart y Beethoven.

febrero de 1921 con obras de Haydn y Mozart.[67] La prensa local reflejaba el empeño de las instituciones de la ciudad al señalar: «La presente temporada musical sevillana ha estado consagrada a la música de cámara.»[68] Por su parte, la Sociedad Sevillana de Conciertos extraía conclusiones sobre la relación entre el público y el cuarteto de un tono similar al de los textos que redactaron años atrás los críticos que seguían la vida de la Filarmónica bilbaína:

> El público, que en número cada vez más creciente asiste a las audiciones, no es ya aquel de antaño que solamente iba a pasar el rato lo más agradablemente posible; hoy juzga, aquilata el mérito de obras y artistas, y aunque siempre correctísimo, da su sanción severa o entusiasta con perfecto conocimiento de causa.[69]

Una bisoña pero exitosa y creciente Sociedad Sevillana[70] preparaba su segunda temporada en otoño de 1921 y anunciaba las interpretaciones del Trío Hispania, que inauguraba las audiciones,[71]

---

67 *El Noticiero Sevillano*, 25-02-1921. La segunda audición tuvo lugar el 11 de marzo con los mismos intérpretes y obras de Schubert y Beethoven (*ibid.*, 12-02-1921). La tercera se suspendió por enfermedad de Infante y fue reemplazada por una velada musical junto a Anita Jiménez, discípula del maestro de capilla de la Catedral, Eduardo Torres (*ibid.*, 16-04-1921). Se llevó a cabo el día 28 con obras de Beethoven y Mendelssohn (*ibid.*, 27-04-1921). La última sesión también corrió a cargo del Cuarteto Hispalense (*ibid.*, 11-05-1921).

68 *Ibid.*, 12-05-1921.

69 *Ibid.*, 12-06-1921.

70 «Sociedad Sevillana de Conciertos». *El Noticiero Sevillano*, 11-10-1921. Se informa de que la Sociedad Sevillana de Conciertos «termina las combinaciones artísticas para la actual temporada» y ofrece datos: cuenta con 502 socios; desde el 20 de octubre, la cuota de entrada asciende a 25 pesetas, aunque se advierte de que, de seguir aumentando el número de socios, se verá precisada «a suspender la admisión de otros nuevos por falta de capacidad en el teatro». De hecho, se traslada al teatro San Fernando, por tener mayor capacidad (*ibid.*, 15-10-1921).

71 «Sociedad Sevillana de Conciertos». *El Noticiero Sevillano*, 15-10-1921. Audiciones los días 21 y 22-10-1921. Obras de Beethoven, Mozart, Schubert y Saint-Saëns. La crítica al primero de ellos la firmó TORRES, E. *Ibid.*, 22-10-1921.

seguido por el Quinteto Rosé,[72] Cuarteto de Londres[73] y Quinteto Wendling.[74] Los resultados de esta programación en términos de aceptación por parte de los socios fueron excelentes, puesto que en junio de 1923 contaba ya con 818 miembros, sin que el aforo del Teatro San Fernando, donde tenían lugar los conciertos, pudiese dar cabida a más de mil personas.[75]

La crítica, de acuerdo con el compromiso de la propia Sociedad Sevillana de Conciertos con la educación del gusto del público –uno de los argumentos transversales de los debates regeneracionistas desde finales del XIX hasta la Guerra Civil–, exigió a la institución dar voz a las nuevas tendencias musicales, entre las cuales fue la obra de Ravel una de las que suscitaron polémicas.[76] Por ejemplo, el maestro de capilla de la Catedral hispalense, Eduardo Torres, al hilo de las obras de Beethoven, Mozart y Schubert interpretadas por el Trío Hispania, escribía:

---

72 «Sociedad Sevillana de Conciertos». *El Noticiero Sevillano*, 06-01-1922; la crítica del concierto se publicó en: FRITZ. «Sociedad Sevillana de Conciertos. Quinteto Rosé, de Viena». *El Liberal*, 19 y 21-03-1922. Obras de Borodin, Glazunov, Dvořák, Franck y Schumann. El crítico definía el segundo concierto como un «verdadero acontecimiento» tanto por la interpretación como por el «soberbio programa».

73 Audiciones en noviembre de 1922: *Memoria presentada por la Junta directiva a los Socios en la Junta General Ordinaria de 25 de junio de 1923*. Archivo Manuel de Falla, sig. 6619.

74 «Sociedad Sevillana de Conciertos». *El Liberal*, 12-01-1923. Audiciones los días 23 y 24 de enero. El anuncio señala que la formación ya era conocida en la Sociedad y vuelve a visitarla atendiendo a los requerimientos de muchos socios. Igualmente ensalza el eclecticismo del programa.

75 En este momento estaba presidida por Juan Parias González, el Secretario era Felipe Cubas Albéniz y el Tesorero Rafael Romero Rodríguez.

76 Por ejemplo, el estreno del Trío en la menor de Ravel en la Sociedad Filarmónica de Granada, a cargo del Trío Hispania, provocó, según la prensa, «controversias entre profesores y aficionados» (MIRIMÓ. «La Filarmónica de Granada». *El Noticiero Granadino*, 21-10-1921). Tras su ejecución, el mismo cronista dio cuenta de la «expectación» del público –«causa de que la concurrencia fuera más numerosa que la tarde anterior»–, y del cálido recibimiento–«el público se mostró convencido y satisfecho, y el público es el juez supremo»–, a pesar de lo cual el autor reprochó a la obra la ausencia de «sentimiento musical» (*ibid.*, 30-10-1921).

[...] son obras conocidísimas de todos los públicos, incluso del nuestro, y como la misión de la Sociedad Sevillana de Conciertos debe ser educativa a la par que de esparcimiento y goce espiritual, debiera su Junta directiva haberse fijado un poco, antes de dar el visto bueno a los programas presentados por los artistas. La eliminación del *Trío* de Ravel, hecha a petición de un grupo numeroso de socios que no simpatizan con las modernas tendencias de la música francesa nos parece una equivocación lamentable. Comprendemos que el público de Sevilla en general no pueda aun saborear y gozar las delicias de las audacias modernísimas del gran músico francés [...]. En el arte, como en todas las esferas de lo humano, es precisa la lucha, el choque rudo de las diversas tendencias estéticas: sin esto, vendrían el estancamiento y la muerte.[77]

Tras afirmar su admiración por los grandes de la música, el maestro reclamaba la inclusión de las tendencias más modernas en el género del cuarteto:

Somos creyentes fervorosos de Bach, Beethoven y Mozart, y es para nosotros un dogma que las formas musicales por ellos creadas son cosa definitiva e inconmovible, pero creemos que a estas formas, inmutables en el fondo, pueden añadirse modalidades nuevas, nuevos aspectos de belleza, facetas inesperadas, que produzcan la sensación de algo nuevo y desconocido. Por eso reclamamos de la [Sociedad] Sevillana de Conciertos que en la primera ocasión incluya en sus programas el *Cuarteto* de Franck, el de Debussy, y el de Ravel, y otros modernos autores.

77 TORRES, E. «Sociedad Sevillana de Conciertos». *El Noticiero Sevillano*, 22-10-1921. Finaliza con un elogio a los intérpretes, que ejecutaron obras de Beethoven, Mozart y Schubert.

Torres explica la influencia musical de Wagner y el peligro que en ella vieron Debussy y Ravel, su lucha por desembarazarse de la misma, para concluir:

A Debussy y Ravel hay que hacerles el honor de incluirlos en nuestros programas, pues con ello nos honraremos nosotros, y daremos pruebas de un eclecticismo necesario, si queremos avanzar por los caminos del arte. Si el debussysmo y ravelismo son un avance o un retroceso, no es cosa que hayamos de discutir, ni éste el sitio ni la ocasión propicia para ello; lo que importa consignar es que tenemos derecho perfecto a pedir que sean oídos y esperamos que será atendida nuestra demanda.[78]

Las reticencias del público frente a las tendencias mencionadas por el crítico no paralizaron a los gestores de la Sociedad Sevillana de Conciertos. Sus dirigentes consideraron que el «desarrollo progresivo de nuestra cultura musical» obligaba a la institución a «exigir elementos superiores», es decir a «procurar que ante nosotros desfile todo aquello que constituye novedad artística o cuanto en el mundo musical revista caracteres resonantes».[79] Como consecuencia, durante los años siguientes visitaron la entidad el Quinteto Schachtebeck[80] y el Quinteto Instrumental de París, este último con obras de Scarlatti, Beethoven, Mozart y Rameau además de otras de compositores «modernos» –Eugène Goossens y Joseph Jongen–,[81] en su primera actuación, y de Debussy, Couperin y Roussel en la segunda.[82] No obstante, Fritz, el crítico que seguía

---

78 *Ibid.*
79 *Ibid.*
80 FRITZ. «Sociedad Sevillana de Conciertos. Quinteto Schachtebeck». *El Liberal*, 20-12-1925.
81 *Ibid.*. «Sociedad Sevillana de Conciertos. Quinteto Instrumental de París». *Ibid.*, 24-03-1926.
82 *Ibid.* «La Sevillana de Conciertos. Quinteto Instrumental de París». *Ibid.*, 25-03-1926.

habitualmente la vida de la Sociedad Sevillana de Cuartetos en *El Liberal*, se lamentaba de que la mayor parte de los socios de la institución sevillana seguía gustando de «la tradición más trasnochada de la antigua ópera, o lo que es peor, comulga con los procedimientos de la bulliciosa y enfática escuela 'verista'».[83]

Los textos de Luis de Rojas son ejemplos de actitud militante, de compromiso con los problemas de su tiempo. Buen conocedor de los escritos de Adolfo Salazar, cuando de ópera o de música sinfónica se trata, Fritz solicita y apoya todo cuanto sea novedad. En sus críticas sobre el repertorio camerístico no cita los temas, ideas o argumentos asociados con el discurso identitario, aunque es posible esgrimir que, como en los casos apuntados hasta aquí, los compositores que formaban parte de este repertorio fueron raramente españoles. Como consecuencia, de manera similar a lo que señalamos en la *Revista Musical* de Bilbao, la crítica se extendió sobre la ejecución y el estilo de las obras.

Las únicas excepciones en las que el sentimiento local o regional se refleja con fuerza, como en años precedentes, son las que se refieren a formaciones musicales. En efecto, los artículos resaltaron la excelencia de los instrumentistas en general, pero al mencionar a los integrantes del Quinteto Clásico, creado en Sevilla en 1931 por la Sociedad Sevillana de Conciertos con miembros de la Orquesta Bética de Cámara, la crítica se refirió a ellos como «sevillanísimos profesores».[84] No obstante, el texto programático de la formación, probablemente redactado por la propia Sociedad, reiteraba las ideas y términos propios de la estética romántica ya apuntados al comienzo del trabajo al referirnos al cuarteto y la música de cámara:

---

83 *Ibid.* «De Musica». *Ibid.*, 23-12-1922.
84 «Sociedad Sevillana de Conciertos. Quinteto Clásico». *El Liberal,* 28-11-1931. Los integrantes fueron Joaquín Fons (violín primero), Fernando Oliveras (violín segundo), Luis Rivas (viola), Segismundo Romero (violonchelo) y Manuel Navarro (piano).

[...] género de orden elevado, en el que los grandes genios expresan sus íntimas confidencias, sus pensamientos más sublimes y los más ocultos sentimientos de su vida, razón por la cual son obras escritas en la madurez, cuando los autores poseen la consciencia de su potencia creadora.[85]

Por el contrario, Fritz vertía los principios básicos del nacionalismo cuando se trataba de música histórica, que sirvió tan eficazmente a los discursos sobre identidad. Por ejemplo, en 1925 exaltaba la patria y la nación al hilo de dos actuaciones de Joaquín Nin y María Gar con obras españolas y francesas de los siglos XVIII y XIX. El concepto romántico de canción y las propias frases de Pedrell están entre las líneas redactadas por el crítico: «La canción popular estilizada es la unión de poesía y de la música; el ritmo poético transformado en acentos musicales.»[86] María Cáceres ha apuntado las distintas funciones atribuidas a la música histórica como elemento de contraste entre las sociedades musicales, hecho que relaciona a su vez con la diversidad de opiniones existentes sobre el papel social de la música.[87] Confronta las ideas de socios significativos de la Sociedad Nacional de Música, a la que estaba vinculado Adolfo Salazar, con las de la Asociación de Cultura Musical de José Subirá, que alcanzó una gran implantación incluso en localidades muy pequeñas con programación mayoritariamente de cámara. Cáceres señala que este último «pensaba que las ediciones prácticas y los conciertos de música de géneros populares como la tonadilla, podían ayudar

85 *Ibid.*
86 FRITZ. «En el Teatro San Fernando. Sociedad Sevillana de Conciertos. Joaquín Nin - María Gar». *El Liberal*, 23-12-1925. De hecho, para los recitales de canciones sí se buscan compositores andaluces como Turina. Véase, por ejemplo, el recital de canto y piano ofrecido por el compositor en el Ateneo de Sevilla en mayo de 1932 (FRITZ. «Sección de Música del Ateneo. Recital de canto y piano». *El Liberal*, 20-05-1932).
87 CÁCERES-PIÑUEL, M. «'Una posturita estética que no representa sino un frenazo'». *Los señores de la crítica...*, pág. 269.

a fomentar la conciencia nacional y de clase» y que, como consecuencia, «la recuperación de la música histórica, por tanto, no tenía para Subirá una función estética sino una función ética».[88] De esta forma, el asociacionismo musical habría contribuido a la construcción del aparato simbólico de las identidades culturales desde un ámbito social frecuentado no solo por aficionados de la alta burguesía sino también por las clases medias acomodadas, que atendieron, con mayor o menor constancia y satisfacción, a las llamadas de los líderes del movimiento y a las iniciativas de los agentes que pusieron en marcha las entidades y se encargaron de su programación.

Sociedades culturales, identidades de clase y música de cámara

Otras sociedades culturales –distintas de las musicales aunque también de carácter burgués– hicieron aportaciones de mayor envergadura al proceso de construcción regional o nacional. Por ejemplo, el Centro Artístico de Granada, institución socialmente elitista en el marco ciudadano en el que se situaba, incluyó en sus programaciones géneros folklóricos y populares, y promovió eventos como el Concurso de Cante Jondo de 1922, con un fuerte sentido simbólico. También organizó veladas de música de cámara, que los granadinos estaban conociendo gracias a la labor de la Sociedad Filarmónica y posteriormente de la Asociación de Cultura Musical. No obstante, en las audiciones de *Las siete últimas palabras de Cristo* de Haydn y del concierto ofrecido por el «Quinteto de Turina», ambas en 1923,[89] encontramos fuertes contenidos identitarios arraigados en la tradición, en el caso de la obra de Haydn, y en la procedencia andaluza, en el del autor

---

88 *Ibid.*, pág. 269.
89 La obra de Haydn fue interpretada por los músicos granadinos Antonio Henares, Antonio Gómez, Enrique Romero y Manuel Romero («Centro Artístico». *El Noticiero Granadino*, 29-03-1923). Con la denominación «el Quinteto de Turina» se hace alusión, sin duda, al Quinteto de Madrid, del que formó parte el compositor sevillano (*ibid.*, 14-11-1923).

sevillano. Otras sesiones de cámara estuvieron protagonizadas por socios aficionados que ofrecieron partituras clásicas, «adaptadas para cuarteto de cuerda y piano».[90] La prensa reproducía las distintas finalidades y prácticas de dichas asociaciones y de las específicamente musicales, e identificaba cada una de ellas con los caminos aparentemente divergentes de lo propio y lo «universal»: en 1922, un redactor anónimo señalaba la «misión» asumida por el Centro Artístico «de restaurar nuestros cantos populares en los que hay tesoros de poesía y sentimiento», mientras que la Real Sociedad Filarmónica «ha acometido la meritoria labor de defender la ilustración musical, casi completamente desaparecida en esta ciudad, que fue catedral y aún Meca del Arte».[91]

En la cambiante sociedad española de las primeras décadas del siglo XX, el movimiento asociativo fue unánime al considerar la educación como propósito prioritario. En el caso de las entidades relacionadas con el ocio de los trabajadores, las prácticas musicales populares tuvieron protagonismo en la tarea marcada, y la crítica que siguió la actividad de los eventos aludió constantemente a conceptos y estrategias vinculados al nacionalismo, regionalismo y localismo. Por ejemplo, en septiembre de 1923 *El Liberal* denunciaba la precaria situación económica del Real Orfeón Sevillano y, para ilustrarla, acudía a la comparación con otras formaciones similares. Se refería particularmente al «sitio preferente en ferias y concursos» del que disfrutaban las masas corales compuestas por voces mixtas, que «honran y enaltecen a Cataluña, a Vizcaya y Navarra».[92] Por su parte, la Masa Coral Sevillana se creó en 1925 con la finalidad de «aprender el repertorio clásico, para que nuestro público no se vea privado de saborear las bellezas de las obras de género vocal» pero con una

---

90 Obras, sin especificar, de Mozart, Mendelssohn, Gluck y Beethoven. *La Gaceta del Sur*, 13-03-1928.
91 *El Noticiero Granadino*, 05-03-1922.
92 S. P. «El Real Orfeón Sevillano». *El Liberal*, 11-09-1923.

«misión expresa: la exaltación del canto popular sevillano».[93] Estos ejemplos ilustran fenómenos vinculados al regionalismo que, como señaló Celsa Alonso, en algunas ocasiones confluyó con la conciencia social.[94] No obstante, es interesante apuntar otras sugerencias realizadas en torno a este asociacionismo de carácter popular como la de Pilar Valero, según la cual el acercamiento de otras clases sociales al ocio y las costumbres de la burguesía acomodada, consumidora habitual de las sesiones de las sociedades musicales, trajo consigo que el uso y consumo de los géneros cultos y populares estuviesen sujetos a un criterio mucho menos estandarizado del que la bibliografía dio por hecho.[95]

Durante la República, cuando los discursos reclamaban un arte «social», la educación se consideró el vehículo necesario para alcanzar la cohesión colectiva y la regeneración. Así, las finalidades formativas presidieron la creación de formaciones como la Orquesta Sinfónica Sevillana a la que, a diferencia de lo observado en las filarmónicas y en la Sociedad Sevillana de Conciertos, en 1932 se incorporaron de manera preferente compositores sevillanos como Luis Mariani.[96] De hecho, el Ateneo hispalense definió este concierto de presentación como «Fiesta del Arte Musical Español», que sugiere un sentimiento colectivo en torno a la nación.[97] Unos meses después, la misma formación preparaba un repertorio con obras «rusas y españolas» al lado de otras de «orientación moderna» para llegar al gusto de todos:[98] junto a Saint-Saëns, Tchaikovsky y Wagner

93 *Ibid.*, 11-11-1925.
94 ALONSO, C. «Modernización, nacionalización y cultura popular». *Creación musical, cultural popular y construcción nacional...*, pág. 108.
95 VALERO ABRIL, P. «La música en los cafés y en las asociaciones obreras: aproximación a un mapa sonoro de Murcia en el primer tercio del siglo XX». *Discursos y prácticas musicales nacionalistas (1900-1970)*, edit. por P. Ramos López. Logroño: Universidad de la Rioja, 2012, pág. 318.
96 «Orquesta Sinfónica Sevillana». *El Liberal*, 03-05-1932.
97 «Ateneo. Sección de Música». *Ibid.*, 12-05-1932.
98 «Orquesta Sinfónica Sevillana. Sección de socios protectores». *Ibid.*, 19-10-1932. Entre los protectores de la Orquesta está Eduardo Torres.

encontramos a los españoles Guridi, Palau, Mariani, Usandizaga y López-Chávarri.[99] Pero el afán educativo iba más allá de la promoción de los autores nacionales y de los compositores y géneros más extendidos para llegar a la música trascendente e «ideal»: en 1932, las intervenciones del Quinteto Clásico dieron pié a la siguiente reflexión de Fritz en torno al tema:

Sacrosanto oficio, encomendado a muy pocos, el de difundir entre las gentes el gusto a la música puramente ideal, llamaba el erudito crítico Filippo Filippi al que ejercía la 'Sociedad de Cuartetos' de Florencia. Otro tanto podemos decir de la meritísima labor de la Sociedad Sevillana de Conciertos, cuyo fin puramente ideal lo persigue con fe y entusiasmo dignos de todo encomio, difundiendo el amor a la buena música y depurando el harto extraviado gusto del público, atrofiado por el mercantilismo 'industrial', reflejado en la equívoca, insustancial y chabacana 'musiquilla organillera' con que a diario se atrofia y martiriza el oído.[100]

En este nuevo contexto ideológico, social y político que marca la primera parte de los treinta, la música de cámara no solo sería para Fritz una forma de educación o elevación para los afiliados a la sociedad musical sino que cumpliría una finalidad de gran impacto social: la erradicación de la música urbana de masas que, unida a la industrialización, suscitó el rechazo de buena parte de los músicos de estos años. En consecuencia, proliferaron los eventos que, partiendo de la consideración de la música como cultura, querían «formar» al público popular y conseguir cierta cohesión en torno al ideario republicano. Esta vez fueron todos españoles los autores que integraron el programa que la Orquesta Sinfónica Sevillana ofreció en el concierto organiza-

---

99 «Orquesta Sinfónica Sevillana». *Ibid.*, 19-11-1932.
100 FRITZ. «Sociedad Sevillana de Conciertos. Quinteto Clásico». *Ibid.*, 26-02-1932.

do por el Centro de Estudios Andaluces: Albéniz, Granados, Turina, López-Chávarri, Jiménez, Bretón, además de Chabrier quien:

> [...] aunque francés, merece ser español por haber recogido tan admirablemente algunos de nuestros cantos populares y llevarlos al pentagrama de la manera tan magistral como lo hace en su poema sinfónico *España*, que será interpretado en este concierto.[101]

Este repertorio confirma que, como señala Martínez del Fresno, los discursos identitarios asumieron como eje el sinfonismo, tras la música escénica, la canción y el piano.[102] Habría que añadir que los compositores españoles asumieron un papel prioritario, mientras que siguieron siendo los centroeuropeos los que lideraron las programaciones en el caso del cuarteto. Es significativo que, cuando en enero de 1930 el Cuarteto Rafael se presentó en la Sociedad Filarmónica de Madrid, la crítica se hizo eco de los reproches recibidos por un repertorio «de un carácter pintoresco», compuesto por obras de Eduard Toldrà y Joaquín Turina, acompañados de Edvard Grieg y el «lindísimo Cuarteto en re mayor [*sic*] de Arriaga»,[103] reproduciendo lo que Ester Aguado señaló en referencia a la antigua Sociedad de Cuartetos. El autor de la reseña aplaudía la nueva formación y defendía su repertorio apostillando:

> [...] hacemos votos porque la vida de esta agrupación no se malogre y dure muchos años, que ya tendremos ocasión de saborear sus interpretaciones de los grandes Cuartetos de Haydn, Mozart, Beethoven, Schubert,

---

101 «Orquesta Sinfónica Sevillana». *Ibid.*, 12-06-1932.
102 MARTÍNEZ DEL FRESNO, B. «Música e identidad nacional en la España de entreguerras...», pág.30.
103 «El Cuarteto Rafael». *Ritmo*, 5, 01-01-1930, pág. 14. Sin duda el crítico se refiere al Cuarteto en re menor n.º 1 del compositor vasco.

Schumann, Brahms, Franck y Debussy, sin olvidar a los contemporáneos más avanzados.[104]

Las tendencias vanguardistas de principios de siglo habían triunfado en los programas, las formaciones cuartetísticas españolas se habían sumado a las de procedencia europea en las sociedades musicales y los compositores nacionales habían logrado su puesto en la programación; pero en 1930, como cincuenta años atrás, el cuarteto de cuerda mantenía tan arraigado su carácter de género «elevado y espiritual»[105] y su identidad centroeuropea como la figura de Arriaga conservaba su identificación con el clasicismo vienés.

En todo caso, las distintas aproximaciones a la recepción del cuarteto expuestas hasta aquí muestran que la cuestión nacional o regional es sólo una de las posibilidades por donde transitan los discursos identitarios; la segunda es la de clase, que se encuentra en la filosofía de una parte de las actividades musicales desarrolladas desde los años veinte, justo en el momento en el que las sociedades habían divulgado el repertorio cuartetístico clásico-romántico y difundían las vanguardias. Es posible suponer que, a pesar de la tradicional idea que vinculaba la música de cámara –y más concretamente el cuarteto de cuerda– con un auditorio erudito y minoritario, el subjetivismo y el virtuosismo, el público «no iniciado» que acudía a las «fiestas de arte español» –aún faltas de estudios específicos– bien pudo escuchar, en un entorno popular y «nacional», repertorio camerístico –y cuartetístico– español. En ese caso, retomando el punto de partida de este artículo, el género, asociado a la tradición centroeuropea, al cambiar el contexto y el auditorio, pudo haber sido objeto de «resignificación».

---

104 *Ibid.*
105 *Ibid.*

* * *

El artículo analiza la presencia de los tópicos identitarios en la recepción de las formaciones que visitaron las sociedades musicales en España y de las obras para cuarteto de cuerda que interpretaron durante los años inmediatamente anteriores y posteriores a la Primera Guerra Mundial, momento de inflexión tanto en los debates nacionalistas como en la creación musical. Las fuentes utilizadas han sido la *Revista Musical* de Bilbao (1911-1913) y la recepción crítica de la programación de la Sociedad Sevillana de Conciertos (1920-1923). Lejos de los argumentos nacionalistas o regionalistas, los tópicos se situaron, como había sido habitual hasta ese momento, en el ámbito de la estética, la técnica y el virtuosismo, apuntaron la tradición centroeuropea del cuarteto y vincularon su recepción con el progreso de la educación musical y la depuración del gusto. El argumentario identitario solo se utilizó en referencia a los intérpretes de nacionalidad española. Finalmente, el artículo pone en cuestión la existencia de una identidad de clase en el público – presuntamente erudito– de cuartetos, a medida que avanzan los años veinte y particularmente en los treinta, dada la extensión que adquirieron las sociedades musicales y la inclusión del repertorio en conciertos organizados en entornos sociales populares.

The article analyses the presence of identity topics in the reception of ensembles which visited music societies in Spain, and the works for string quartet they performed, in the years immediately before and after World War I, a turning point in both the nationalist debates and the creation of music. The *Revista Musical* of Bilbao (1911-1913) and the critical reception of the programme of the Sevillian Concert Society (1920-1923) have been the sources used. Far from nationalist or regionalist arguments, the topics lay, as had been customary up to that time, within the fields of aesthetics, technique and virtuosity, they pointed out the Central European tradition of the quartet and linked its reception with progress in music education and the refinement of taste. The identity argument was only used in reference to the interpretations of Spanish nationality. Finally, the article calls into question the existence of a class identity among the audience – presumably erudite – of quartets, through the course of the twenties and, particularly, the thirties, given the growth achieved by music societies and the inclusion of the repertoire in concerts organised in popular social settings.

L'article analyse la présence de stéréotypes d'identité dans l'accueil des formations et œuvres pour quatuor à corde que les sociétés musicales ont connu en Espagne dans les années précédant et suivant immédiatement la Première Guerre mondiale, moment charnière au niveau des débats nationalistes et de la création musicale. Les sources utilisées sont les suivantes : la *Revista Musical* de Bilbao (1911-1913) et la critique de la programmation de la Sociedad Sevillana de Conciertos (1920-1923). Loin des arguments nationalistes ou régionalistes, on trouve des stéréotypes, comme il était habituel jusqu'à cette période, dans le domaine de l'esthétique, la technique et la virtuosité ; ils ont marqué la tradition d'Europe centrale du quatuor et ils ont relié la diffusion du quatuor au progrès de l'éducation musicale et l'épuration du goût. L'argumentation identitaire s'utilise seulement en référence aux interprètes de nationalité espagnole. Finalement, l'article remet en cause l'existence d'une identité de classe dans le public – présumé érudit – de quatuors, à mesure qu'avancent les années vingt et particulièrement les années trente, due à l'extension que les sociétés musicales ont acquis et à l'inclusion du répertoire dans des concerts organisés dans des milieux sociaux populaires.

II. Cuartetos de cuerda de compositores vascos: la recuperación de un patrimonio olvidado

Itziar Larrinaga Cuadra e Isabel Díaz Morlán

La recogida sistemática de obras y su catalogación son el paso previo para el estudio de la evolución de un género musical en un tiempo y lugar dados. Constituyen herramientas necesarias para abordar posteriormente diferentes tipos de análisis musicológicos y establecer tendencias generales. La búsqueda metódica del material y las acciones emprendidas para su correcta conservación permiten la fijación y preservación del corpus de trabajo, y posibilitan un primer conocimiento objetivo de la producción y difusión del repertorio. Además, ponen al servicio de intérpretes, empresas editoriales y discográficas, programadores, centros educativos y otras entidades musicales un repertorio que acercar al conjunto de la sociedad.

Este estudio trata, precisamente, de la labor de recuperación de cuartetos de cuerda de compositores vascos iniciada en la Comunidad Autónoma del País Vasco hace aproximadamente una década, a través del Proyecto Europeo Garat (2003-2005).[1] Este Proyecto tenía como objetivo principal desarrollar un

---

1 Proyecto financiado por la Unión Europea y las entidades participantes.

programa de colaboración, en el marco de la Eurorregión Aquitania-Euskadi, entre Musikene-Centro superior de música del País Vasco y el Conservatoire National de Région (CNR) de Bayonne-Côte Basque, y contaba con la participación de Eresbil-Archivo Vasco de la Música y del Institut Culturel Basque. Perseguía desarrollar hábitos de trabajo en común por parte de los protagonistas culturales implicados, con la convicción de que dicha colaboración incrementaría la importancia cultural de esta región transfronteriza.

El proyecto daba continuidad a diversas iniciativas que venían siendo fomentadas a pequeña escala por Musikene y el CNR de Bayonne, las cuales habían mostrado el potencial de una colaboración más ambiciosa. Los esfuerzos se centraron en el conocimiento, la difusión y el enriquecimiento del repertorio vasco para cuarteto de cuerda. La elección de la temática se basó en la importancia del género en la historia de la cultura musical europea y en su exigencia técnica, tanto desde el punto de vista interpretativo como creativo, y en la hipótesis inicial de que dicho repertorio había tenido en el País Vasco una dedicación relevante.

Se emprendieron siete acciones principales:

1. De recuperación musicológica: conllevó una búsqueda y recogida sistemática de obras para cuarteto de cuerda, así como la elaboración de una base de datos y de un catálogo.
2. De conservación y accesibilidad: se depositaron en Eresbil-Archivo Vasco de la Música copias digitalizadas o en papel de las partituras halladas.
3. De interpretación: agrupaciones de prestigio, como los Cuartetos Arditti, Casals, Quiroga y Arriaga, interpretaron tanto en Musikene como en el CNR de Bayonne obras de autores vascos.
4. De educación: dichas agrupaciones ofrecieron clases magistrales a los alumnos de ambos conservatorios de música.

5. De creación: Laurent Martin (1959-) fue seleccionado a través de un concurso como compositor en residencia, y compuso, a lo largo de un curso académico, un cuarteto de cuerda (*Quatuor n.º 2*). Además, interactuó en la vida académica de ambos centros, ofreciendo diferentes conferencias y seminarios.

6. De edición: se editaron, con el sello CM Ediciones Musicales y bajo la revisión musical de Eresbil-Archivo Vasco de la Música, hasta seis cuartetos de autores vascos compuestos en las primeras décadas del siglo XX. Estas publicaciones han servido de estímulo para que ambas entidades continúen con la labor de edición de cuartetos de cuerda.

7. De difusión: se proyectó un concurso internacional de interpretación de cuartetos de cuerda, con un primer premio de 6.000 € más 1.000 discos compactos promocionales, que finalmente no se llevó a cabo por falta de participantes.

Como puede observarse, el Proyecto Garat puso en marcha un complejo engranaje de recuperación patrimonial en el que intervinieron musicólogos, documentalistas, intérpretes, compositores, centros de enseñanza musical, archivos y editoriales. Esta experiencia ha permitido extraer conclusiones útiles, extrapolables a otros contextos y repertorios, sobre cómo organizar un proceso de recuperación patrimonial de un género musical en un lugar dado, y, sobre todo, ha servido de acicate para la continuidad del proceso global de revalorización del conjunto de cuartetos de cuerda de compositores vascos.

El presente estudio tiene como objeto exponer dicho proceso de recuperación y realizar un primer acercamiento al conjunto de obras. Se estructura en dos partes: la primera explica los criterios y la metodología de la búsqueda y catalogación sistemática de las obras, que constituye el paso preliminar de la acción de recuperación musicológica, y la segunda ofrece una descripción del repertorio a través de la observación de los principales datos recabados.

Recuperación musicológica

Equipo investigador

El primer paso consistió en la formación de un equipo investigador, que estuvo constituido por seis musicólogos, que se organizaron en tres células de trabajo. La coordinación general fue llevada a cabo por dos de los miembros del equipo, que supervisaron y recogieron los resultados de los distintos trabajos realizados. La tarea de búsqueda de obras fue realizada por dos investigadores vinculados a las dos áreas geográficas implicadas, española y francesa. Por último, en la catalogación intervinieron tres musicólogos documentalistas y miembros del *staff* de Eresbil-Archivo Vasco de la Música, que se dedicaron a las tareas de coordinación, diseño y explotación de la base de datos, e implementación de la misma.[2]

Búsqueda

Criterios

El trabajo de búsqueda de cuartetos se realizó siguiendo dos criterios básicos: la plantilla instrumental y la procedencia geográfica de los autores. Las partituras que se buscaban debían estar escritas para dos violines, viola y violonchelo; asimismo, debían estar compuestas por autores vascos. Este último criterio era flexible y amplio, pues además de los compositores nacidos en las provincias de Álava, Gipuzkoa y Bizkaia, que son las que conforman la actual

---

2 He aquí los nombres de los miembros del equipo investigador. Coordinación general: Itziar Larrinaga e Isabel Díaz, Musikene-Centro superior de música del País Vasco; Búsqueda: Itziar Larrinaga (obras de autores de la Comunidad Autónoma del País Vasco y Comunidad Foral de Navarra) y Stéphan Etcharry, Université de Reims-Champagne-Ardenne (obras de autores de Labourd, Basse Navarre y Soule – Pyrénées-Atlantiques); Catalogación: Jon Bagüés (coordinación), Pello Leiñena (diseño y explotación de la base de datos), Mark Barnés y Pello Leiñena (implementación de la base de datos).

Comunidad Autónoma del País Vasco, se incluyeron, por razones de afinidad cultural e historia compartida, dada la dimensión transfronteriza del proyecto, a los autores de la Comunidad Foral de Navarra y de las provincias francesas de Labourd, Basse Navarre y Soule, pertenecientes al departamento francés de Pyrénées-Atlantiques. También se consideró de interés incluir en el catálogo a autores no nacidos en dicha área geográfica pero que hubieran desarrollado en ella su trayectoria profesional y hubieran fijado allí su residencia (caso de Ermend Bonnal, nacido en Bordeaux y establecido en Bayonne; de Emma Chacón, catalana afincada en Bilbao; o María Eugenia Luc, argentina afincada en Bizkaia).

Un requisito necesario para la inclusión de una obra en el catálogo fue la recuperación de su partitura o, en su defecto, la documentación de su estreno. A este respecto, es preciso poner de relieve que se realizó un esfuerzo por recuperar casi el 100% de las partituras (y de las grabaciones) de las obras, así como para documentar la fecha de composición y los datos de estreno de las mismas.

Asimismo, se optó por respetar la voluntad de algunos compositores y dejar fuera del catálogo final algunas de sus obras de juventud.[3] Es el caso de cuartetos descatalogados de Iñaki Estrada, Ramón Lazkano, Zuriñe F. Gerenabarrena y Luis de Pablo.

Metodología

El punto de partida de la búsqueda sistemática de obras fue Eresbil-Archivo Vasco de la Música, debido al volumen de obras allí conservadas y dada también su implicación activa en el proyecto. Posteriormente, se procedió a la consulta de los principales catálogos y obras de referencia publicados así como de los fondos de los principales archivos y bibliotecas musicales ubicados en la Comunidad Autónoma del País Vasco, la Comunidad Foral de Navarra, el País vasco francés, Madrid y París. También se contactó directamente con los compositores actuales para

---

3 No obstante, se ha dejado constancia de la creación de estas obras en Eresbil-Archivo Vasco de la Música.

conocer el estado de sus composiciones para cuarteto de cuerda y recabar las partituras.

A continuación se ofrecen, por orden alfabético, los listados de las publicaciones, archivos y bibliotecas consultados:

Catálogos y obras de referencia

- ACKER, Y. et al. *Archivo Histórico de la Unión Musical Española: Partituras, Métodos, Libretos y Libros*. Madrid: SGAE, 2000.
- CASARES, E. et al. *Diccionario de la Música Española e Hispanoamericana*. Madrid: ICCMU, 2002.
- CASTINEL, N. *Catalogue des fonds musicaux anciens conservés à la Bibliothèque Municipale de Bordeaux, série «Patrimoine musical régional»*, vol.1. Bordeaux-Paris: ARMD-Minkoff, 2000.
- *Catálogo de obras: Asociación de Compositores Sinfónicos Españoles*. Madrid: Asociación de Compositores Sinfónicos Españoles, 1987.
- *Catálogo general de compositores (Musikagileen Katalogo orokorra)*. Errenteria: Euskal Herriko Musikagileen Elkartea / Asociación de Compositores Vasco-Navarros, 2000.
- *Catálogos de compositores*, serie publicada por la Sociedad General de Autores y Editores de España.
- *Catalogue général des manuscrits*. Bayonne: Archives municipales de Bayonne, s.d.
- GUTIÉRREZ, P. y MARCOS, C. (ed.). *15 años de estrenos de música, 1985–1999*. Madrid: Centro de Documentación de Música y Danza, 2000.
- IGLESIAS, N. et al. *La música en el boletín de la Propiedad Intelectual (1847–1915)*. Madrid: Ministerio de Educación y Ciencia, Biblioteca Nacional de España, 1997.
- *La Biblioteca de Música Española Contemporánea*. Madrid: Fundación Juan March, 2001.
- MAILLARD, J.-C. (dir.). *Catalogue des fonds musicaux anciens conservés en Midi-Pyrénées Toulouse, série «Patrimoine musical régional»*, 2 vol. Toulouse: Addocc Midi-Pyrénées, 2000.
- MAILLARD, J.-C. *Bibliothèque musicale des Ducs d'Aiguillon (Agen), série «Patrimoine musical régional»*. Agen: Archives départementales de Lot-et-Garonne, 1999.
- NEVEU, B. «Catalogue des quatuors à cordes de musiciens français de 1750 à 1993, suivis de notes biographiques». *Le Quatuor à cordes en France de 1750 à nos tours*. [Lyon]: Biennale de la Musique française de Lyon, Association Française pour le Patrimoine Musical, 1995.

• PIERRE, C. *Le Conservatoire national de musique et de déclamation* (documents historiques et administratifs recueillis ou reconstitués par Constant Pierre, sous-chef du secrétariat, lauréat de l'Institut). Paris: Imprimerie nationale, 1900.

• POPOFF, M. (dir.). *Index général des manuscrits décrits dans le Catalogue général des manuscrits des bibliothèques publiques de France*, 3 vols. Paris: éditions Références, 1993.

Archivos y bibliotecas

• Archivo Foral de Bizkaia (Bilbao)

• Archivo Real y General de Navarra (Pamplona)

• Archivo Sinfónico del Centro de Documentación y Archivos de la Sociedad General de Autores y Editores (Madrid)

• Archivo Sonoro del Centro de Documentación de Radio Nacional de España (Madrid)

• Archivo-Biblioteca de la Real Academia de Bellas Artes de San Fernando (Madrid)

• Archivos privados de compositores

• Biblioteca de la Escuela Municipal de Música «Andrés Isasi» (Getxo, Bizkaia)

• Biblioteca de la Escuela Municipal de Música y Danza (Donostia-San Sebastián)

• Biblioteca del Real Conservatorio Superior de Música de Madrid

• Biblioteca Española de Música y Teatro Contemporáneos de la Fundación Juan March (Madrid)

• Biblioteca Nacional de España (Madrid)

• Biblioteca-Archivo del Conservatorio Profesional de Música «Francisco Escudero» (Donostia-San Sebastián)

• Bibliothèque municipale de Bayonne (Bayonne)

• Bibliothèque Nationale de France (París)

• Centro de Documentación de Música y Danza del INAEM-Instituto Nacional de Artes Escénicas y de la Música (Madrid)

• Eresbil-Archivo Vasco de la Música (Errenteria, Gipuzkoa)

• Library of Congress (Washington)

• Médiathèque Hector Berlioz du CNSM-Conservatoire National Superieur de Musique (París)

La catalogación

Ficha catalográfica

Paralelamente al trabajo de búsqueda, el equipo investigador se enfrentó al problema del diseño de una ficha modelo adecuada para la catalogación del material que se estaba recogiendo. Fue un trabajo complicado, ya que el volumen de información que se preveía recoger por obra era grande. Se pretendían plasmar tanto los datos de identificación (autor, título y subtítulo, número de catálogo, número de opus, fecha y lugar de composición, movimientos, tonalidad) como el aspecto físico de las partituras (ejemplares manuscritos e impresos, dimensiones, localización de los diferentes ejemplares, datos de edición) y el aspecto interpretativo (estreno, y grabaciones comerciales e inéditas). Además, se buscaba que la ficha modelo fuera lo suficientemente flexible como para poder ser utilizada en un futuro para la catalogación de obras pertenecientes a otros géneros musicales.

Una vez establecida la ficha, se creó la base de datos con el programa FileMaker y se procedió a su implementación conforme a unos criterios de descripción sistemática que se definieron con anterioridad. Por cuestiones de homogeneidad y uniformidad, el control principal de la base de datos recayó en una única persona. De esta forma, los investigadores se ocupaban de la búsqueda de partituras y de la recogida de los datos de identificación e interpretación. Seguidamente, enviaban lo hallado al documentalista responsable, que era quien implementaba la base de datos definitiva. Este modo de proceder resultó ser muy eficaz, pues evitaba la manipulación de la base de datos por parte de personas diferentes y facilitaba el control y la corrección de la misma.

Véase una muestra de la ficha catalográfica en la siguiente imagen:

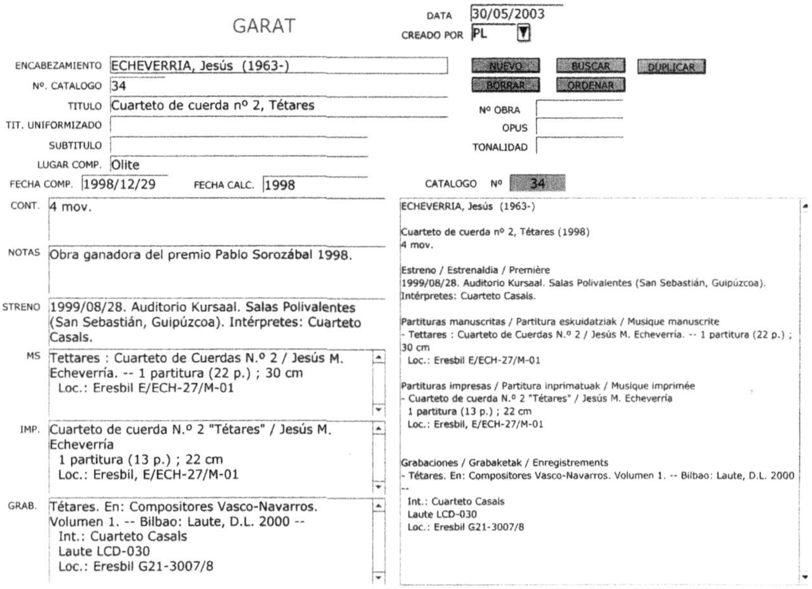

Figura 1: Ficha catalográfica de la base de datos correspondiente a Cuarteto de cuerda n.º 2, *Tétares*, de Jesús Mª Echeverría

Ficha de edición

Paralelamente a la implementación de la base de datos, el equipo investigador acometió la tarea de la creación de un modelo de ficha específico que sirviera para la futura edición impresa del catálogo de obras. La ficha debía contener los datos de los campos más importantes, y al mismo tiempo debía ser fácil de observar y de leer a primera vista. Finalmente se optó por una ficha trilingüe (en español, euskera y francés, con predominio no obstante del español), en la que los datos de cada obra (identificada por el título y la fecha de composición) aparecen ordenados en cuatro bloques: Estreno, Partituras manuscritas, Partituras impresas, y Grabaciones.

He aquí un ejemplo de ficha de edición, correspondiente a la misma obra de Jesús Mª Echeverría:

Cuarteto de cuerda nº 2, *Tétares* (1998)

Estreno / Estrenaldia / Première

1999/08/28. Auditorio Kursaal. Salas Polivalentes (San Sebastián, Gipuzkoa). Intérpretes: Cuarteto Casals.

Partituras manuscritas / Partitura eskuidatziak / Musique manuscrite

Tétares: Cuarteto de cuerda N.º 2
1 partitura (22 p.); 30 cm
Loc.: Eresbil (FOT.MS)

Partituras impresas / Partitura inprimatuak / Musique imprimée

Cuarteto de cuerda N.º 2 "Tétares"
1 partitura (13 p.); 22 cm
Loc.: Eresbil (COP.INF)

Grabaciones / Grabaketak / Enregistrements

Tétares. En: Compositores Vasco-Navarros. Volumen 1. -- Bilbao: Laute, D.L. 2000 --
Int.: Cuarteto Casals
Laute LCD-030
Loc.: Eresbil

Figura 2: Ficha de edición del catálogo correspondiente a Cuarteto de cuerda n.º 2, *Tétares*, de Jesús Mª Echeverría

Descripción del repertorio localizado

El principal resultado de la investigación ha sido un catálogo que reúne las referencias de obras para cuarteto de cuerda de compositores vascos escritas a lo largo de un periodo de casi doscientos años. Estas obras estaban dispersas en diversos archivos y bibliotecas y en manos de particulares, y hasta ahora se desconocía la dimensión real del corpus.

El presente apartado tiene como objeto establecer, a través del recuento y comparación de los datos recogidos en el catálogo de obras, ciertas tendencias generales del repertorio localizado. La exposición de las mismas se ordena de acuerdo a cuatro preguntas básicas que se realizan al corpus general: ¿cuánto?, ¿dónde? ¿cuándo? y ¿cómo? A través de ellas se ofrece una aproximación al volumen de la producción, el contexto geográfico y cronológico de creación y a la difusión de las obras, respectivamente.

Producción (¿cuánto?)

Se puede afirmar que a lo largo de los casi dos siglos que median entre 1820 y 2013, un total de noventa y dos compositores del País Vasco, Navarra y País Vasco-francés compusieron al menos ciento setenta y siete obras para cuarteto de cuerda. Esta cifra nos está indicando que la composición de música para cuarteto de cuerda ha ocupado un lugar considerable en la creación musical vasca de los dos últimos siglos, aunque no ha alcanzado, por ejemplo, la cantidad producida para otros géneros camerísticos o de salón, como la canción para voz y piano.[4]

Como punto de partida, obsérvese en la siguiente tabla la distribución de obras por autor, para detectar el grado de dedicación de los compositores al género:

N.º de piezas para cuarteto por autor	1	2	3	4	5	6	9	17
N.º de autores	58	17	5	7	2	1	1	1

Tabla 1: Número de piezas para cuarteto de cuerda por compositor, en orden creciente de piezas

Del modo en que cabría esperar, el número de autores disminuye a medida que aumenta el número de piezas para cuarteto. La mayor parte de los noventa y dos compositores cuenta con una sola obra para cuarteto en su haber, algo que puede establecerse como tendencia general y que es en cierto

---

4 Solo hasta la Guerra Civil Española y solo en el ámbito vasco-navarro se compusieron alrededor del millar y medio de canciones, que en su mayor parte se agrupan en tipologías que se limitaron a copiar los mismos patrones compositivos hasta la saciedad, constituyendo un género tremendamente popular, un vehículo de comunicación y entretenimiento con una fuerte repercusión social, cuyo filón no se agotó hasta viene entrado el siglo XX. Véase DÍAZ MORLÁN, I. *La canción para voz y piano en el País Vasco, 1870-1939*. Madrid: Bubok, 2013.

modo habitual en el ámbito de la creación musical, sobre todo en el siglo XX. En efecto, en el catálogo de un autor podemos encontrar solo un cuarteto, o solo una sinfonía, o solo un álbum de canciones y, a veces, esa única muestra es una obra relevante. En la Tabla 1 se advierte cómo el número de compositores decrece a más de la mitad si se buscan dos piezas para cuarteto en el conjunto de su creación, y mucho más aún si buscamos tres o cuatro, aunque no deja de mantenerse en estos últimos casos un grado apreciable de dedicación. Cabría preguntarse quiénes son estos autores que han llegado a romper la tendencia general de limitarse a componer uno o dos cuartetos. En la Tabla 2 se ofrecen los nombres de los compositores con tres o más piezas para cuarteto, por orden cronológico de fecha de nacimiento:

Autores	Fechas de nacimiento y muerte	N.º de piezas para cuarteto
Juan Crisóstomo Arriaga	1806-1826	5
Felipe Gorriti	1839-1896	3
Aita Donostia	1886-1956	3
Andrés Isasi	1890-1940	9
Jesús García Leoz	1904-1953	4
Rodrigo A. de Santiago	1907-1985	4
José Luis Iturralde	1908-1985	4
Francisco de Lazkano	1911-1967	5
Agustín González Acilu	1929-	4
Luis de Pablo	1930-	6
Tomás Aragüés	1935-	3
Mª Luisa Ozaita	1937-	4
Jesús Mª Muneta	1939-	17

Juan Carlos Pérez	1958-	4
Imanol Bageneta	1962-	3
Jesús Echeverría	1963-	3
Mikel Mate	1971-	4

Tabla 2: Autores con tres o más obras para cuarteto de cuerda, ordenados por fecha de nacimiento

De entre todos estos autores, destaca, por ejemplo, Juan Crisóstomo de Arriaga (1806-1826), el caso más temprano que se ha podido catalogar. Entre las cinco piezas catalogadas de este autor se hallan los célebres tres cuartetos compuestos en París y editados en 1824 por Ph. Petit. Desde entonces estas obras han conocido hasta siete ediciones impresas diferentes, cuatro de ellas en el siglo XXI, y hasta trece grabaciones comerciales realizadas por diferentes agrupaciones, como los cuartetos Rasumovsky, Guarneri, Quiroga o Casals.[5] Otro caso singular es el de Andrés Isasi, pues en él podemos hablar de una verdadera predilección por el género del cuarteto de cuerda, nacida al calor de su formación germánica, y que dio como resultado nueve obras para cuarteto de cuerda, entre ellas algunas de gran complejidad y belleza. Estas piezas, que han estado durante mucho tiempo ausentes del circuito de conciertos y grabaciones, y que aún se encuentran en su mayor parte sin editar, están siendo por fin recuperadas para el gran público gracias al Isasi Quartet. Por último, es digna de mención especial, por prolija, la producción cuartetística del músico y sacerdote Jesús Mª Muneta, que ha sido estrenada en su mayor parte.

---

5 Nos referimos solo a las ediciones y grabaciones de la integral de los tres cuartetos. Existen, por otro lado, algunas grabaciones parciales, de solo uno o dos de los cuartetos, y al menos dos ediciones del Cuarteto n.º 1.

Procedencia (¿dónde?)

La pregunta «¿dónde?» se refiere a la procedencia de los compositores, que no coincide en todos los casos con el lugar en el que realizan su trabajo creativo o lo difunden. Sin embargo, la observación de este dato permite plantear cuestiones interesantes relativas al contexto de creación de las obras. Para simplificar la observación de la información recabada, se han reducido los ámbitos geográficos a cinco: las tres provincias de la Comunidad Autónoma del País Vasco (Álava, Bizkaia y Gipuzkoa), Navarra y el País Vasco francés. Han sido incluidos en una sexta categoría (Otros) los compositores que, habiendo nacido fuera de este ámbito geográfico (en Aragón, Madrid, Burgos, Cantabria, Cataluña, Argentina), sin embargo han desarrollado su actividad profesional en él, afincándose definitivamente en la mayor parte de los casos.

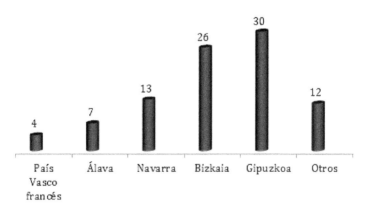

Gráfico 1: Distribución de número de compositores de cuartetos por procedencia geográfica

Como puede observarse, la mayor parte de la producción de cuartetos de cuerda corresponde a los compositores nacidos en las dos provincias septentrionales de la Comunidad Autónoma del País Vasco: Bizkaia (28%) y Gipuzkoa (33%), que capitalizaron el despegue económico y cultural de la región, que se estaba produciendo ya desde las últimas décadas del siglo XIX.[6] Efectivamente, a partir de la abolición de los Fueros en 1876, y cada vez con más fuerza en las primeras décadas del XX, florecieron los negocios en el sector minero, la siderurgia y la construcción naval, lo que potenció un enriquecimiento de ciertos sectores sociales. La nueva casta empresarial, junto con las Diputaciones y algunos ayuntamientos impulsaron la creación de instituciones culturales, y específicamente musicales, se consolidó un público que acudía a las temporadas estables de conciertos, aumentó el negocio de la edición y venta de partituras e instrumentos, y nació también un potente movimiento coral. Este crecimiento no se dio por igual en las dos provincias, siendo Bizkaia la más pujante económicamente hablando, y la que ha contado también con una infraestructura musical mayor y más temprana: desde las capillas musicales y maestros organistas de los siglos XVIII y XIX, a las sociedades musicales, orquestas, agrupaciones instrumentales y corales, teatros, academias y centros de enseñanza y empresas editoriales que surgieron ya desde finales del siglo XIX y que perduraron en el XX. Fue en Bizkaia, en la villa de Bilbao, donde J. C. Arriaga inició a principios del siglo XIX su brillante aunque cortísima andadura musical, y en su temprana vocación tuvieron que influir instituciones arraigadas como la Capilla musical de Santiago. Cuando sus descendientes descubrieron un siglo más tarde su figura, trataron con ello de revitalizar la práctica de una música de altura, elitista, de tendencia europea. Un buen síntoma de ello es la conferencia que dio en 1916 precisamente Emiliano de Arriaga (sobrino-nieto del compositor y artífice de su recuperación) en el Círculo de Bellas Artes y Ateneo de Bilbao, que trató sobre el cuarteto clásico, abordando principalmente la producción de los maestros vieneses en un tono claramente encomiástico del

---

6 Como estudio de referencia para este tema, véase FERNÁNDEZ DE PINEDO, E.; HERNÁNDEZ MARCO, J. L. (eds.). *La industrialización del norte de España (Estado de la cuestión)*. Barcelona: Crítica, 1988.

género.[7] Fue también en Bilbao donde se fundaron, a lo largo del siglo XIX, una Sociedad de Conciertos (impulsada por un cuarteto de cuerda estable), la Sociedad Coral (1886) y la Sociedad Filarmónica (1896), que aún perduran. En la programación de «la Filarmónica», como es conocida entre los bilbaínos, desde el primer momento cada temporada contó con varios conciertos dedicados íntegramente a la interpretación de cuartetos de cuerda. Solo en los diez primeros años de vida de la institución, entre 1896 y 1905, un total de cinco agrupaciones diferentes interpretaron veinticuatro conciertos en los que se programaron hasta cuarenta y siete cuartetos de Haydn, Mozart y Beethoven, Arriaga, Schubert y Schumann, Borodin, Smetana, Glazunov y Franck.[8]

Además de estos acontecimientos, a principios del siglo XX se funda en Bilbao la Academia Vizcaína (1903), germen del futuro Conservatorio, y se crea una revista especializada, la *Revista Musical* (1909-1913), de corta vida pero de elevadas pretensiones, que mantenía a la Villa al corriente de la vida musical tanto nacional como internacional.[9] También surge, entre 1911 y 1913, una nueva Sociedad de Conciertos, de nuevo unida a una

---

7 ARRIAGA, E. de. *El Cuarteto: su origen, desarrollo, y encantos, conferencia con ejemplos dada en el Círculo de Bellas Artes y Ateneo de Bilbao el miércoles 5 de Abril de 1916.* Bilbao: Garmendia y Viciola Impresores, [s.f.]; ORTEGA, J. «Introducción». *Juan Crisóstomo de Arriaga. Obras completas,* vol. 1, edit. crítica por C. Rousset. Madrid: ICCMU, 2006, págs. XIII-XXI; RODRÍGUEZ SUSO, C. «La leyenda de Arriaga». *Resurgimiento de las obras de Arriaga, por Juan de Eresalde.* Edición facsímil. Bilbao: Diputación Foral de Bizkaia, 2006, págs. 9-39; RODAMILANS, R. *En busca de Arriaga* (colección «Minima», 1). Bilbao: Ikeder, 2006.

8 RODAMILANS VELLIDO, R. *La Sociedad Filarmónica de Bilbao,* vol. II «Documentación». Bilbao: Fundación Bilbao Bizkaia Kutxa, 1998. Ordenación y revisión de programas: Patricia Sojo.

9 A esta publicación pueden sumarse otras revistas y periódicos, tanto vizcaínos como guipuzcoanos, como *Hermes, Euskalerriaren alde, Euskal-Erria, El pueblo vasco* o *El Nervión.* Estas publicaciones periódicas recogieron los principales eventos musicales, informaron sobre compositores, intérpretes y estrenos, e incluyeron entre sus páginas reproducciones de partituras, y su estudio permite rastrear la vida musical que se desarrolló en el País Vasco en estos años, particularmente en Bizkaia y Gipuzkoa.

formación estable de cuarteto de cuerda, y en 1920 tiene lugar la fundación de la actual Orquesta Sinfónica de Bilbao.

En el caso de Gipuzkoa, que conoció también un cierto despegue económico desde finales del siglo XIX, ha existido una tradición musical que arrancó en el siglo XVIII de la ingente labor de la Real Sociedad Bascongada de Amigos del País (RSBAP) y del Seminario Patriótico de Bergara. Jon Bagüés, en su estudio sobre estas dos instituciones,[10] ofrece unas listas de obras procedentes de inventarios, y una serie de noticias de su actividad musical, que muestran un grado apreciable de interés por el cuarteto de cuerda. Estos datos nos indican que los miembros de estas sociedades se interesaron por estar al día de las últimas novedades en el género camerístico, y que además las interpretaron en concierto o las utilizaron para la enseñanza. Si bien existe un gran vacío en la investigación en torno a la vida musical guipuzcoana entre 1830 y 1880, puede afirmarse que a finales del siglo XIX esta se enriqueció con un pujante movimiento coral (el Orfeón Donostiarra, fundado en 1897, es una buena muestra de ello), y el surgimiento de variadas instituciones que impulsaron la práctica musical en la bisagra de los siglos XIX y XX: salones de concierto como el del Gran Casino (inaugurado en 1887), la Sociedad de Bellas Artes (cuya actividad musical se puede datar entre 1895 y 1898), teatros como el Teatro Victoria Eugenia (inaugurado en 1912) y el Teatro Bellas Artes (1913), instituciones educativas como la Academia Municipal de Música, luego Conservatorio (constituida en 1912 a partir de las primeras Academias de 1879 y 1897), la Banda Municipal (1886), y diferentes agrupaciones orquestales.[11]

Por su parte, la Comunidad Foral de Navarra es cuna de un 14% de los autores, lo cual puede explicarse por el escaso pobla-

---

10 BAGÜÉS ERRIONDO, J. *Ilustración musical en el País Vasco*. Donostia-San Sebastián: Real Sociedad Bascongada de Amigos del País, 1990-1991.

11 Véase ANSORENA, J. L. «La tambaleante historia de las orquestas en San Sebastián». *Txistulari*, 138, 1989, págs. 8-9.

miento de Navarra, a pesar de su tradicional riqueza cultural, sobre todo en torno a la ciudad de Pamplona y a su Capilla musical. Álava, con una participación del 8%, es la región geográfica del País Vasco que menos compositores para cuarteto aporta al conjunto. Lo cierto es que Álava une a su escaso poblamiento una tardía incorporación a la modernización de sus instituciones musicales, aunque en la segunda mitad del siglo XX fue protagonista de la renovación del conservatorio «Jesús Guridi» de Vitoria, que bajo la dirección del compositor Carmelo Bernaola se convirtió en un hervidero de nuevas ideas y de creatividad musicales, que no ha dejado de crecer. Por último, el País Vasco-francés es la zona geográfica de la que menos compositores para cuarteto de cuerda han surgido (4%), lo cual guarda relación con el hecho de que fuera una de las zonas menos desarrolladas económicamente de Francia, y por lo tanto contara con menos instituciones culturales y consecuentemente con un contexto menos favorable para la creación musical.

Cronología (¿cuándo?)

En el siguiente gráfico se observan los contrastes en la cantidad de obras para cuarteto producidas entre 1820 y 2013, en particiones de cuarenta y cincuenta años.

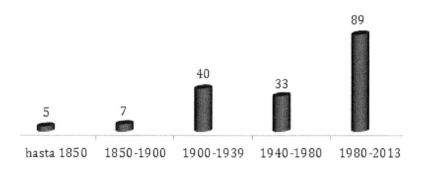

Gráfico 2: Número de obras para cuarteto de cuerda compuestas entre 1820 y 2013

El gráfico muestra que hay dos periodos que contrastan fuertemente con los que les preceden: las décadas previas a la Guerra Civil Española (1936-1939), y las décadas finales del siglo XX y primera del XXI. Es decir, según estos datos y como punto de partida, parece que se puede afirmar por un lado que la composición para cuarteto de cuerda despertó un fuerte interés en los compositores de este repertorio a partir de 1900. Convendría matizar esta idea, pues debido a la preocupación tardía por la recuperación patrimonial en nuestro entorno, la producción musical vasca del siglo XX está bastante mejor documentada que la del XIX. No es fácil saber qué música de cámara se habría conservado si hubieran llegado hasta nosotros más legados de compositores activos en el siglo XIX. Además, incluso aquella música que se ha conservado no siempre puede datarse con exactitud.

No obstante lo anterior, lo cierto es que este periodo que se inicia hacia 1900 coincide con una etapa de efervescencia e innovación en todas las artes, no sólo en el País Vasco sino en la mayor parte de España, de manera especial en Madrid y Barcelona. De hecho, en el País Vasco se puede hablar de un auténtico renacimiento cultural y musical, impulsado por el enorme crecimiento económico al que ya nos hemos referido anteriormente.

Asimismo, en el Gráfico 2 se observa un período de ligero descenso entre los años cuarenta y ochenta del siglo XX, que coincide con la etapa de la posguerra y la dictadura franquista. Resulta tentador asociar esta situación política con la merma en la producción artística. Sin embargo, al menos para el País Vasco, está pendiente aún una investigación que determine hasta qué punto la situación de falta de democracia y el exilio de artistas propició efectivamente un descenso en la producción musical, ya sea en cantidad como en calidad. Lo cierto es que en el repertorio que se estudia no se observa un decaimiento acusado, sino en todo caso un estancamiento.

Antes de comentar la última de las franjas cronológicas del gráfico (1980-2013), conviene de nuevo realizar una precisión para la correcta lectura de sus datos. Hay que ser cautos con ellos, porque pueden no estar reflejando fielmente la realidad de lo que ha sido la creación musical en el área geográfica que nos ocupa en fechas anteriores a 1970. La labor de recogida y conservación de obras musicales llevada a cabo por Eresbil-Archivo Vasco de la Música (fundado en 1974) ha permitido desde luego conocer mucha música anterior a la fecha de creación del archivo, pero sobre todo ha permitido recopilar fuentes e información exhaustiva sobre lo que se ha compuesto en las últimas décadas. Algo parecido puede decirse, por ejemplo, de la información recogida por el Centro de Documentación de Música y Danza del Instituto de Artes Escénicas y Musicales (INAEM), en su base de datos «Estrenos de música en España desde 1985».[12] Es decir, que aunque poseemos abundante documentación de la producción musical relativa al País Vasco, ésta es más exhaustiva a partir de los años setenta, lo cual relativiza necesariamente cuanto podamos afirmar de épocas anteriores. En cualquier caso, esta relativización no impide poder detectar tendencias generales en el repertorio, ya que los datos de que disponemos son el resultado de un cuidadoso trabajo de investigación y recuperación.

En efecto, una de estas tendencias que se afirma claramente es que la dedicación a la música para cuarteto habría resurgido con fuerza desde 1980, sin que el interés por este género parezca haber disminuido hoy día. Esta tesis preliminar se refiere a la cantidad de obras producidas, dato que muestra el Gráfico 2. Este dato se contrastará posteriormente en este estudio con los datos de las ediciones, estrenos y grabaciones de los últimos treinta años que se han documentado, para comprobar si la frecuencia de estos medios de comunicación y difusión aumenta en correspondencia con el incremento en la creación de obras. Desde luego, se pueden citar algunas iniciativas recientes de promoción del género, como el Concurso de Composición «Pablo Sorozábal» para cuarteto de cuerda,

---

12 [En línea] <http://musicadanza.es/_es/021es_estrenos_musica.html> [Consulta: 03-09-2014].

instaurado por la Diputación de Gipuzkoa en el año 1990, el propio Proyecto Garat de recuperación y difusión de cuartetos del que partió esta investigación, o la labor pionera de algunos intérpretes.

Indudablemente, este nuevo impulso está en relación con el gran desarrollo que la vida musical ha tenido en el País Vasco en las últimas décadas, tanto en materia educativa, como en el de la práctica musical, la documentación, la investigación o la divulgación, desde la creación de la Orquesta Sinfónica de Euskadi en 1982, hasta el nacimiento de Musikene-Centro superior de música del País Vasco en 2001, por citar solo dos momentos emblemáticos. Es cierto que aún queda mucho por hacer (por ejemplo, introducir la titulación en Musicología en los estudios superiores en el País Vasco), pero si echamos la vista atrás, no cabe duda de que la infraestructura musical se ha enriquecido notablemente, y con ello las posibilidades tanto de nueva creación como de recuperación del patrimonio cultural.

Difusión (¿cómo?)

Los datos recabados nos permiten afirmar que la edición en partitura de obras para cuarteto de cuerda parece haber sido para los autores y editores una empresa difícil durante casi todo el siglo XIX y el XX. Por ejemplo, el nada desdeñable número de cuarenta cuartetos que se escribieron en el área geográfica estudiada en las primeras décadas del siglo XX (Gráfico 2) no tuvo la divulgación impresa correspondiente. Y esto ocurrió a pesar del relativo éxito que conocieron en las salas de concierto y en las emisiones radiofónicas: sabemos que entre 1900 y 1939 se estrenaron en diferentes salas de San Sebastián, Bilbao, Madrid y París al menos once cuartetos de los cuarenta que compusieron autores vascos, navarros y vasco-franceses en esos años, y tres más en la década de los cuarenta. Algunos han sido además grabados múltiples veces y, sin embargo, una buena parte no ha llegado nunca a editarse, o lo ha hecho sólo recientemente.

Es el caso del Cuarteto n.º 1 en sol de Guridi, compuesto en 1933 y estrenado en 1934 en la Sociedad Filarmónica de Bilbao. Este cuarteto se ha escuchado en RNE varias veces desde 1986, y se ha grabado en disco tres veces también desde 1986 (Ensayo, Elkar, Naxos), pero no había sido nunca editado en partitura hasta el año 2007, por CM Ediciones Musicales y con el patrocinio de Eresbil. Del Cuarteto n.º 2 podría decirse otro tanto: compuesto en el año 1949 y ganador del Concurso Nacional de Música celebrado ese mismo año, se estrenó en 1951 también en la Sociedad Filarmónica de Bilbao, ha sido emitido en RNE en más de diez ocasiones desde los años sesenta y editado en disco cinco veces desde 1986 (Ensayo, Elkar, Emi Classics, BBK, Naxos), y, sin embargo, de él sólo poseíamos una edición impresa del año 1957, hasta que en 2013 la violinista Anne Marie North, en colaboración con el Cuarteto Bretón del que forma parte, y con el apoyo de Eresbil, ha preparado una edición del cuarteto con Unión Musical Ediciones. Precisamente, esta misma agrupación musical ha sido la que ha grabado los dos cuartetos en un disco compacto con el sello Naxos, que ha salido editado en 2013.

En la misma línea de colaboración entre diferentes agentes musicales y culturales puede citarse el caso de la recuperación patrimonial de los cuartetos de Andrés Isasi. Fue precisamente la investigación sobre el repertorio de cuartetos de autores vascos que partió del Proyecto Garat la que llamó la atención del músico e investigador alemán Karsten Dobers sobre la producción de Isasi. Desde hace varios años Dobers está indagando sobre sus cuartetos, clarificando la accidentada historia de su producción y recepción. Junto a los músicos del Isasi Quartet (antes Novalis Quartet), está grabando con el sello Naxos la integral de los cuartetos del compositor guechotarra. El primer volumen, publicado en 2012, fue seleccionado por la revista *Ritmo* entre los diez mejores discos del mes de marzo de 2013, y ese mismo año vio la luz el segundo volumen. Ambos discos compactos han sido patrocinados por el Gobierno Vasco y el Ayuntamiento de Getxo (Bizkaia). El proyecto de recuperación, grabación y edición de los cuartetos de cuerda de Isasi que lleva a cabo esta agrupación fue presentado en mayo de 2013 en el I Encuentro en torno a las publicaciones de música en el País Vasco, organizado por Musikaste-Semana de la música vasca, en colaboración con Musikene.

Podríamos citar otros casos similares, como el de Francisco Escudero, cuyo Opus 1, *Hojas de álbum*, terminado hacia 1933 y estrenado en emisión radiofónica ese mismo año en Unión Radio San Sebastián, no ha sido sin embargo editado hasta 2006, por la Editorial Tritó y Eresbil, con el patrocinio de la Diputación Foral de Gipuzkoa; o Cuarteto en sol del mismo autor, concluido en 1937 y estrenado en 1942, que fue grabado en tres ocasiones en los años inmediatos, pero que no ha conocido la difusión impresa hasta el año 1999 (EMEC, con el patrocinio del Gobierno Vasco).[13] Últimamente también han sido editados por CM Ediciones Musicales (en su colección «Chamber Music») algunos cuartetos compuestos en la primera mitad del siglo XX, como Primer Cuarteto en fa sostenido menor de Jesús García Leoz (en 2005), Cuarteto en mi, y *Lied* (para cuarteto de cuerda) de Aita Donostia[14] (ambos en 2009) y *Quatuor à cordes sur des thèmes populaires basques* de José Mª Usandizaga (en 2012), que fue presentado en el citado I Encuentro en torno a las publicaciones de música en el País Vasco, y está en preparación la edición del *Quatuor* de Jesús Arámbarri. Algunas de estas ediciones han sido auspiciadas por Eresbil-Archivo Vasco de la Música o han recibido la colaboración de instituciones como el Gobierno Vasco.

En definitiva, asistimos a una intensa historia actual de recuperación patrimonial, con un remarcable apoyo institucional, en la que el esfuerzo conjunto de intérpretes, investigadores, editoriales, sellos discográficos e instituciones educativas y culturales ha dado

---

13 Para una descripción exhaustiva de las obras de F. Escudero puede consultarse LARRINAGA, I. *Francisco Escudero. Catálogo razonado de obras.* Errenteria (Gipuzkoa): Eresbil, 2013. [En línea en la web temática «Francisco Escudero» de Eresbil-Archivo Vasco de la Música] < http://www.eresbil.com/web/escudero/presentacion.aspx> [Consulta: 15-08-2015].

14 Padre Donostia o Padre José Antonio de San Sebastián, sobrenombre religioso de José Gonzalo Zulaica (1886-1956).

como resultado la recuperación de unas obras musicales (cuartetos de Isasi, Donostia, Usandizaga, Guridi, Escudero, García Leoz, Arámbarri) que habían sido prácticamente relegadas al olvido.

Entre las complejas causas de este olvido quizás pueda subrayarse, al menos por lo que respecta a las dificultades para editar en partitura obras para cuarteto de cuerda, la escasez en la demanda de música impresa por parte de cuartetos profesionales y de profesores y estudiantes de los centros educativos musicales, que habrían encontrado suficiente la copia manuscrita para el estudio y la interpretación o que, por unas razones u otras, no habrían prestado la suficiente atención al repertorio camerístico español, mostrando una clara preferencia por el repertorio clásico-romántico centroeuropeo. Este y otros motivos pudieron influir en el ánimo de la industria musical, que durante décadas prefirió invertir sus esfuerzos en el fomento de otros géneros de mayor proyección social.[15]

Queda que nos preguntemos cuál es el estado de la difusión de los cuartetos de cuerda compuestos en la actualidad. Ya se ha señalado que en solo treinta y tres años, desde 1980 hasta hoy, se han compuesto hasta ochenta y nueve obras nuevas. Si bien han sido estrenadas siempre en fechas cercanas a su creación, hay que decir que del total de estas obras, solo doce han aparecido en grabaciones comerciales, y en la misma proporción han sido grabadas en concierto y retransmitidas por la radio (RNE). La edición comercial es también minoritaria en este género, pues, como puede verse en la Tabla 3, solo siete autores han publicado un total de trece obras con editoriales comerciales, cinco de ellas extranjeras, en las últimas décadas hasta 2013.

---

15 De hecho, la escasa divulgación impresa de cuartetos en las primeras décadas del siglo XX contrasta por ejemplo con la de determinados tipos de canciones para voz y piano o la de la pieza para piano, que fue muy abundante durante este periodo, en consonancia con la gran demanda del público aficionado. Es llamativo el caso de la editorial de música Casa Dotésio (después Unión Musical Española), creada en Bilbao en 1885, y que expandió enormemente su negocio por toda la península en las primeras décadas del siglo XX absorbiendo a otras editoriales, gracias en parte a su dedicación intensiva a los géneros de la canción para voz y piano y la pieza para piano. Véase DÍAZ MORLÁN, I. *La canción para voz y piano...*

Autor	Título	Fecha de composición	Fecha de edición	Editorial
Luis de Pablo	*Fragmento*	1985	1986	Subini Zerboni
Ramón Lazkano	*Izotz*	1993	1993	Éditions du chant du monde
Luis de Pablo	*Caligrafía serena*	1993	1993	Subini Zerboni
Luis de Pablo	*Flessuoso*	1996	1996	Subini Zerboni
Félix Ibarrono	*Quatuor à cordes*	1997	1998	Éditions Jobert
J. Vicent Egea	Cuarteto n.º 1	1998	2001	Piles Editorial de música
Martín Zalba	*Impresiones de un viaje a Viena*	1999	2002	Real Musical
Gabriel Erkoreka	*Duduk IV*	2002	2003	Oxford University Press
Juan Carlos Pérez	*Waltz*	1998	2005	CM Ediciones Musicales
Juan Carlos Pérez	*Blues for string quartet*	1997	2006	CM Ediciones Musicales
Tomás Aragüés	*Cuarteto modal*	1989	2007	CM Ediciones Musicales
Juan Carlos Pérez	Cuarteto de cuerda n.º 1	1996	2010	CM Ediciones Musicales
Ramón Lazkano	*Lurralde*	2011	2011	Éditions du chant du monde

Tabla 3: Ediciones comerciales de obras para cuarteto compuestas entre 1980 y 2013, ordenadas por fecha de edición

Podemos ver cómo la afirmación con la que se abría este apartado, que publicar ha sido una empresa difícil durante casi todo el siglo XIX y el XX, puede extenderse también hasta nuestros días, aunque, al menos aparentemente, ha sido más fácil gracias a la proyección internacional de ciertos compositores, a apuestas decididas como la de la editorial bilbaína CM Ediciones Musicales, y al apoyo institucional. Esta situación en la difusión comercial impresa comienza a compensarse con la autopublicación, un fenómeno actual que está cambiando sin duda la concepción tradicional de la transmisión impresa.

Consideraciones finales

Un trabajo de recuperación patrimonial que comenzó con el empuje de un proyecto de investigación interinstitucional y transfronterizo, ha dado como resultado la localización y recogida de casi doscientas partituras (ahora accesibles al público general gracias a la colaboración de Eresbil-Archivo Vasco de la Música), la elaboración de una base de datos con abundante información sobre las obras, la creación de un catálogo que reúne cerca de dos centenares de obras para cuarteto de cuerda escritas desde 1820 hasta nuestros días, y la edición, interpretación y grabación de numerosos cuartetos, además de su uso en la enseñanza musical, acciones estas que aún siguen vivas más allá del proyecto que las impulsó.

Un resultado así anima positivamente a iniciar nuevos esfuerzos de recuperación en el País Vasco y, de manera general, en España. Lamentablemente, es todavía mucho el patrimonio musical que permanece disperso, cuyo corpus general se desconoce, y que tenemos la responsabilidad de preservar, estudiar y dar a conocer.

Entre otros trabajos de investigación musicológica, ahora es el momento de abordar diferentes tipos de estudios para establecer, por ejemplo, la conexión entre el repertorio de cuartetos de compositores vascos y las nuevas instituciones culturales que nacieron a finales del siglo XIX y comienzos del siglo XX (sociedades de conciertos, sociedades de cuartetos, editoriales musicales, prensa especializada); para observar en qué medida el interés por este género camerístico estaba revelando las preferencias elitistas de una sociedad que ansiaba conectarse con la alta cultura del resto de Europa, una vez alcanzada la prosperidad económica; o para conocer si algunas obras han sido asociadas con ideologías diversas, particularmente con las de carácter vasquista. Del mismo modo, estamos en disposición de analizar hasta qué punto la recepción en España de composiciones provenientes de otros países de Europa, así como la formación en el extranjero de los principales autores, influyeron en sus actitudes y tendencias estilísticas con respecto al género que nos ocupa. Todas estas cuestiones atañen a la temática de la identidad, ya sea artística, cultural, social o política, y dilucidarlas permitiría comprender su sentido plural en relación a este repertorio concreto de cuartetos de cuerda.

Pero, volviendo al punto de partida de este trabajo, queda claro que cualquier proyecto de recuperación patrimonial que se inicie tendrá mayores posibilidades de éxito si parte de la colaboración estrecha entre el ámbito de la conservación patrimonial y el ámbito de la investigación musicológica, y si logra la imbricación de diferentes profesionales de la música, particularmente de intérpretes, agentes de difusión y docentes. Ejemplo de ello son los resultados obtenidos con el proyecto Garat.

* * *

El presente estudio tiene como objeto exponer el trabajo de recuperación de cuartetos de cuerda de compositores vascos iniciado en la Comunidad Autónoma del País Vasco hace aproximadamente una década a través del Proyecto Europeo Garat. Se estructura en dos partes: la primera explica los criterios y la metodología de la búsqueda y catalogación sistemática de las obras, y la segunda ofrece una descripción del repertorio a través de la observación de los principales datos recabados. El trabajo de recopilación realizado muestra que existe un extenso repertorio de obras para cuarteto, compuestas desde 1820 hasta nuestros días por compositores vascos, que permanecía disperso y casi desconocido. Ahora, organizado y disponible, puede volver a incorporarse a la vida musical, a través de la interpretación, la edición, la grabación, la enseñanza y la investigación. En este sentido, el trabajo aporta algunas ideas para nuevos estudios que se podrían emprender para dilucidar la problemática de la identidad en relación a este repertorio de cuartetos de cuerda.

The subject of this paper is to show the recovery work of string quartets created by Basque composers, which was initiated in the Autonomous Community of the Basque Country approximately a decade ago through the Garat European Project. This is divided into two parts: the first one explains the research criteria, methodology and systematic cataloguing of the works; and the second one offers a description of the repertoire through the study of the main information collected. The research shows that exists an extensive repertoire of string quartets written from 1820 to the present by Basque composers, which remained dispersed and almost unknown. Now this repertoire, organized and available, could be returned to musical life through performance, edition, recording, education and researching. At this respect, the paper provides some ideas for new studies that might be started to explain the problematic of identity relating to this repertoire of string quartets.

Cette étude présente le travail de récupération de quatuors à cordes de compositeurs basques commencé il y a environ dix ans à la Communauté Autonome du Pays Basque par le Projet Européen Garat. Cette étude est structurée en deux parties : la première explique les critères de recherche et la méthodologie employée ainsi que le catalogage systématique des œuvres ; la deuxième fournit une description du répertoire basée sur l'observation des données principales recueillies. Le travail de compilation montre qu'il existe un vaste répertoire d'œuvres pour quatuor à cordes, composées de 1820 à nos jours par des compositeurs basques. Ce répertoire était dispersé et presque inconnu. Maintenant qu'il est organisé et disponible, il peut se réincorporer à la vie musicale par le biais de l'interprétation, de l'édition, de l'enregistrement, de l'enseignement et de la recherche. En ce sens, ce travail fournit quelques idées pour de nouvelles études qui pourraient être entreprises pour élucider le problème d'identité par rapport à ce répertoire de quatuors à cordes.

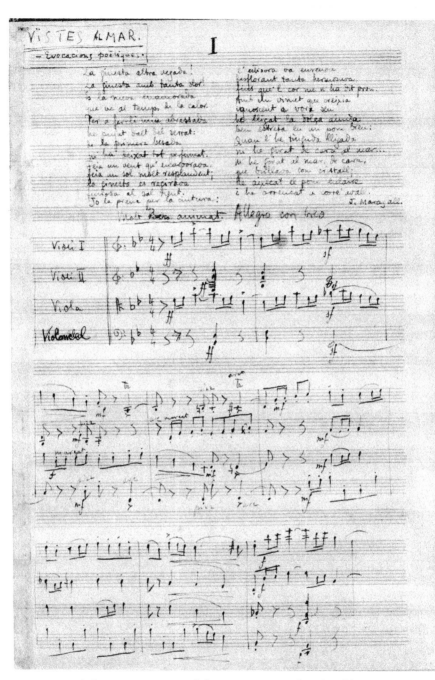

Fragmento de la partitura autógrafa (cortesia «Fons Eduard Toldrà», Biblioteca Museu Víctor Balaguer, Vilanova i la Geltrú)

III. El sustrato noucentista musical y literario de *Vistes al mar. Evocacions poëtiques* (1921) de Eduard Toldrà

Desirée García Gil

La corriente noucentista surgió como un movimiento políti-co, social y artístico en la Cataluña de principios del siglo XX, extendiéndose hasta bien entrada la Dictadura Franquista[1] y conjugando la idea «modernista» de apertura a Europa con el «deseo» de los intelectuales locales de «permanecer fieles a [su propia] identidad y a las inmanencias culturales mediterráneas».[2] Su líder ideológico fue el filósofo y escritor barcelonés Eugenio d'Ors (1881-1954), quien, desde los *Glosari*, las columnas que firmó como periodista entre 1906 y 1954,[3] defendió que la

---

1 Según el historiador Narcís Comadira, la corriente noucentista se desarrolló en Cataluña desde «1906 a 1959», aunque no encontró la misma aceptación durante todo el período (COMADIRA, N. *Forma i prejudici: papers sobre el Noucentisme*. Barcelona: Editorial Empúries, 2006, pág. 21).

2 LORENTE, J. P. (ed.). *Historia de la crítica del arte: textos escogidos y comenta-dos*. Zaragoza: Prensas Universitarias de Zaragoza, 2005, pág. 364.

3 De 1906 a 1920, bajo el seudónimo de «Xènius», d'Ors escribió «más de tres mil artículos periodísticos», conocidos como *Glosari*, para el diario *La Veu de Catalunya* en los que «enseñaba a sus numerosísimos lectores [...] la doctrina noucentista»; entre

proyección internacional de su región se podía alcanzar a través de una «renovación cultural»[4] que supondría la modernización de la sociedad. Su propuesta se basaba en potenciar el ideal de belleza del siglo XVIII, reconocido dentro y fuera de las fronteras nacionales, fomentando al mismo tiempo la recuperación de «lo popular» e incrementando la «reflexión sobre la tradición».[5] El teórico estaba apostando, en definitiva, por una amalgama de reminiscencias catalanas y europeas dentro de la misma producción artística.

Por lo que respecta al arte musical, los *Glosari* señalaron que toda obra que quisiera considerarse noucentista debía configurarse dentro del orden y del equilibrio propios del «clasicismo», rechazando a su vez cualquier implicación con el «wagnerismo y [...] lo germano»,[6] en el que se evidenciara la «mediterraneidad de inspiración, [el] intelectualismo de concepción y [el] anti-localismo de intención» sumando además, el concepto de «tradición».[7] Los compositores catalanes apoyaron esta idea y así lo hizo la crítica, como fue el caso de Manuel Valls Gorina (1920-1984), quien afirmó que la producción gestada especialmente durante las décadas de los años veinte y treinta se caracterizó por su «mesura», «equilibrio» y «ponderación» que, sin dejarla «limitada» ni «constreñida» a unos estrechos márgenes de actuación, le otorgaban cierta «universalidad»,

1920 y 1921 estas crónicas, «a raíz de su ruptura definitiva con Lliga Regionalista», pasaron a escribirse en castellano (esta vez como «Glosario») para *El Día gráfico* de Barcelona y, por último, «una vez instalado en Madrid en el año 1923» y hasta aproximadamente 1954, se publicaron en diarios de tirada nacional como el *ABC* (CARBÓ, F.; SIMBOR, V. *Literatura catalana del siglo XX*. Madrid: Síntesis, 2005, pág. 64).

4 ARDAVÍN, C. X. «Eugenio d'Ors entre nosotros». *Oceanografía de Xènius. Estudios críticos en torno a Eugenio d'Ors*, edit. por C. X. Ardavín, E. E. Merin y X. Pla. Kassel: Reichenberger, 2005, pág. 15.

5 VIDAL i JANSÀ, M. *Teoría i crítica en el noucentisme: Joaquim Folch i Torres*. Barcelona: Publicacions de l'Abadia de Montserrat, 1991, pág. 15.

6 PIQUER, R. *Clasicismo moderno, neoclasicismo y retorno en el pensamiento musical español (1915-1939)*. Sevilla: Doble J, 2010, pág. 61.

7 CALMELL, C. «Un ideari per a la música del nou-cents». *Recerca Musicològica*, 14-15, 2004-2005, pág. 98.

reflejo de una «sensibilidad» concreta y distintiva.[8] La nueva poética se tradujo entonces en una marcada simplificación de recursos compositivos, producto de una intencionada austeridad y contención de medios que, combinados con una estructura musical transparente y clara, determinarían al mismo tiempo su aceptación más allá de los Pirineos.

Entre los máximos representantes del noucentismo musical, la historiografía señala como figuras cumbres del movimiento a los compositores Jaume Pahissa (1880-1960), Joan Lamote de Grignon (1872-1973) y Eduard Toldrà (1895-1962).[9] Según Calmell, especialista en la vida y obra de este último, el músico supo adaptar su estilo «a las exigencias cosmopolitas y culturales propias del sentir colectivo de Barcelona»,[10] es decir, al noucentismo, como evidencian la «naturalidad, transparencia, [...] y claridad» emanadas por sus obras.[11] El catálogo general del músico muestra la presencia de composiciones de corte localista junto con otras más universales, eclecticismo muy al gusto de la época: glosas y armonizaciones de canciones y danzas catalanas, sardanas y música para cobla junto a composiciones operísticas, sinfónicas y camerísticas.[12] Al mismo tiempo, las investigaciones coinciden en subrayar que estas formas europeas manifestaban un eminente carácter local, aún cuando este no era reconocible en el «uso de un material musical» concreto sino en su «intención» de recrear la atmósfera propia de su región: la catalanidad de su partitura fue entonces, para ellos, «más esencial que anecdótica».[13]

---

8 VALLS, M. *La música catalana contemporània*. Barcelona: Editorial Selecta, 1960, pág. 87.

9 AVIÑOA, X. *Història de la Música Catalana, Valenciana i Balear, IV: del Modernisme a la Guerra Civil (1900-1939)*. Barcelona: Edicions 62, 1999, pág. 223.

10 CALMELL, C. «Toldrà, Eduard». *Diccionario de la música española e hispanoamericana*, vol. 10, edit. por E. Casares. Madrid: ICCMU, 2002, pág. 319.

11 CHAVARRIA, X. «Eduard Toldrà. El noucentisme fet música (II)». *Serra d'Or*, 622, octubre de 2011, pág. 54.

12 CAPDEVILA, M.; CALMELL, C. *Eduard Toldrà* (Col·lecció «Compositors Catalans», 5). Barcelona: Boileau, 1995, págs. 132-143.

13 CHAVARRIA, X. «Eduard Toldrà. El noucentisme fet música (II)..., pág. 54.

Dentro de esta línea, el Segundo Cuarteto de cuerda de Toldrà,[14] *Vistes al mar* (fechado según la partitura autógrafa en 1921),[15] se ha identificado como ejemplo de composición noucentista.[16] Aunque se trate de una obra puramente instrumental, destaca que cada uno de sus tres movimientos vaya precedido por un texto del poeta Joan Maragall (1860-1911), perteneciente a la colección *Seguit de les vistes al mar*.[17] Su adhesión al movimiento artístico en boga en la Cataluña de los años veinte podría verse confirmada por dos rasgos de su partitura que coincidían de forma explícita con los dos requisitos que la nueva corriente reclamaba. Por un lado, la alusión a la identidad catalana a través del título y de la transcripción de los textos de Maragall. Por otro lado, su pretensión europeísta evidenciada en la utilización del género del cuarteto de cuerda. Dicha conjunción hizo que *Vistes al mar* fuese entendido, desde su gestación, como un producto artístico del movimiento que gustó tanto a los conservadores como a los europeístas catalanes.

La presente investigación se propone estudiar el contexto en el que surgió la obra y, teniendo en cuenta las implicaciones que supone el hecho de incluir en la partitura un texto literario, realizar un análisis exhaustivo de la misma para demostrar su pertenencia al filón noucentista del autor, tanto por su concepción como por su elaboración interna. Al efecto, se han revisado, junto con estudios musicológicos de índole historiográfica y analítica, las siguientes fuentes primarias: en primer lugar, una serie de documentos depositados en los «Fons Toldrà» (FT) de la Biblioteca Nacional de Catalunya (BNC), en Barcelona, a saber,

---

14 Su Primer Cuarteto de cuerda está fechado en 1914 y, tras ser condecorado en 1919 «por el Ayuntamiento y Cuerpo de Adjuntos del Certamen Literario-artístico de Olot», fue estrenado en el Teatre Principal de dicha ciudad el 12 de septiembre de 1919 por el Quartet Renaixement, del que el propio Toldrà fue el primer violín (CAPDEVILA, M.; CALMELL, C. *Eduard Toldrà...*, pág. 140).

15 El manuscrito original se encuentra depositado en la Biblioteca Museo Víctor Balaguer de Vilanova i la Geltrú (Barcelona).

16 AVIÑOA, X. *Història de la Música Catalana, Valenciana i Balear*, IV, pág. 225.

17 Véase: MARAGALL, J. *Seqüències*. Barcelona: L'Avenç, 1911.

por un lado, la correspondencia cruzada entre el compositor y su esposa Maria Sobrepera[18] y, por otro lado, los programas de mano del Quartet Renaixement,[19] agrupación encargada del estreno de la obra en 1921 en el Palau de la Música Catalana en Barcelona.[20] En segundo lugar, un conjunto de recortes de prensa referidos a la actividad instrumental y compositiva de Toldrà,[21] junto con la partitura autógrafa del cuarteto *Vistes al mar*,[22] otros programas de mano del Quartet Renaixement,[23] además del epistolario de la agrupación[24] y crónicas periodísticas sobre los conciertos y estrenos de esta,[25] custodiados en los «Fons Eduard Toldrà» (FET) de la Biblioteca Museo Víctor Balaguer (BMVB) de Vilanova i la Geltrú, tierra natal del músico.

Gestación y estreno de *Vistes al mar*

La partitura autógrafa de *Vistes del mar* está fechada por Toldrà en enero de 1921, mes en el que finalizaba el plazo de presentación a los premios «Concepció Rabell», cuyas bases aparecieron, con fecha del 8 de mayo, en los números 193-197 de la *Revista Musical Catalana* de 1920.[26] Según podía leerse en el edicto, la intención del concurso era premiar cada año (o cuando la fundación dispusiera de dinero suficiente) una «gran variedad de temas, desde la canción lírica hasta el oratorio y el drama lírico», decidiendo gratificar en aquella ocasión «la

---

18 TOLDRÀ, E. Correspondència enviada a Maria Sobrepera. «Fons Toldrà» (FT), Biblioteca Nacional de Catalunya (BNC), M 5099/13.
19 *Ibid*. Programes de mà del Quartet Renaixement. FT, BNC, M 5099/10.11.
20 CAPDEVILA, M.; CALMELL, C. *Eduard Toldrà...*, pág. 140.
21 TOLDRÀ, E. Dossiers de premsa. «Fons Eduard Toldrà», Biblioteca Museu Víctor Balaguer.
22 *Ibid*. *Vistes al mar* (Partitura autógrafa). FET, BMVB, Tols/ Ms 89.
23 *Ibid*. Programes de concerts del Quartet Renaixement. FET, BMVB.
24 *Ibid*. Correspondència del Quartet Renaixement. FET, BMVB.
25 *Ibid*. Dossiers de premsa. FET, BMVB.
26 CABOT, J.; BOADA, P. «Fundació Concepció Rabell i Cibils (Vda. Romaguera). Premis Musicals». *Revista Musical Catalana*, 193-197, enero a mayo de 1920, págs. 32-34.

mejor y más importante composición para cuarteto de instrumentos de arco».[27] En cuanto a las exigencias requeridas eran bastante abiertas, puesto que «los compositores eran libres de adoptar la forma y división clásica de cuarteto, o cualquier otra forma que la inspiración y el buen gusto les sugiriese», estando sin embargo los concursantes obligados «a ser hijos de tierras en lengua catalana» o tener en estas «al menos dos años de residencia».[28]

Para Toldrà presentarse a un concurso era una práctica habitual. Los biógrafos del compositor, citando al artista, explican que sus motivaciones a la hora de enfrentarse al papel pautado estuvieron condicionadas principalmente por factores extramusicales, como «celebracion[es] hogareña[s]» y «convocatorias y concursos sustanciosos».[29] Sin embargo, lo singular de dicha obra fue la presencia de tres textos del poeta Joan Maragall, cuya circunstancia puede hallarse en la convergencia, en aquella época, entre la labor compositiva de Toldrà y su actividad concertística dentro del Quartet Renaixement. Así, por un lado, el 5 octubre de 1920, tres meses antes de la finalización de la partitura, el compositor comunicó por carta a Maria Sobrepera que en ese momento se sabía «casi de memoria» algunos poemas de la colección «Vistes al mar» de Maragall ya que había terminado de poner en música dos de ellos (refiriéndose a las canciones «L'hort» y «Matinal»)[30] y que no se había atrevi-

---

27 El jurado estuvo compuesto por Antonio Nicolau (en nombre de la Escuela Municipal de Música de Barcelona), Lluís Millet (representante del Orfeó Català) y Marian Vinyas i Vinyas (miembro de la entidad promotora) (CALMELL, C. *Eduard Toldrà, compositor*. Tesis doctoral, Universitat de Barcelona, 1991, pág. 990).

28 CABOT, J.; BOADA, P. «Fundació Concepció Rabell i Cibils (Vda. Romaguera). Premis Musicals»..., pág. 33.

29 FERNÁNDEZ-CID, A. *Eduardo Toldrà*. Madrid: Servicio de Publicaciones del Ministerio de Educación y Ciencia, 1977, pág. 75. Otros ejemplos de la misma motivación son los *Sis sonets* para violín y piano de 1922, galardonados con el tercer premio «Eusebi Patxot i Llagutera» convocado en 1921 (CAPDEVILA, M.; CALMELL, C. *Eduard Toldrà*..., pág. 140).

30 CAPDEVILA, M.; CALMELL, C. *Eduard Toldrà*..., pág. 132.

do con «Jugant», uno de sus favoritos, puesto que «otro» se le había adelantado y, «como lo ha hecho tan bien, no sabría encontrar otra forma», refiriéndose a la canción homónima con piano de Francesc Pujol (1919).[31]

El interés de Toldrà por la obra de Maragall, de quien se consideraba «devoto» al ser éste «el más grande poeta contemporáneo»,[32] se acompaña, por otro lado, al bagaje camerístico que el compositor fue adquiriendo gracias a su participación en Renaixement. La agrupación cuartetística se propuso entre sus objetivos fundamentales paliar las «inquietudes de la nueva etapa cultural de Cataluña [...] divulga[ndo] las obras de los grandes maestros universales de la música de cámara».[33] De ahí que, como miembro del conjunto, Toldrà fuese progresivamente adquiriendo conocimiento de una gran variedad de repertorio para cuarteto de cuerda.[34] A esto debe sumarse el hecho de que ya en 1915 se había iniciado en la escritura cuartetística con su Cuarteto en do, obteniendo el «premio al mejor cuarteto de cuerda convocado en 1919 por el Ayuntamiento y Cuerpo de Adjuntos del Certamen Literario-artístico de Olot».[35] Entonces, familiarizado con el género y con suficiente conocimiento del mismo tanto a nivel compositivo como interpretativo, el músico utilizó para aquella segunda ocasión, aunque con diferentes pretensiones, un recurso que podría haber retomado del Cuarteto de cuerda n.º 5, *Caprichos románticos* (1907-1908) de Conrado del Campo, inspirado en las *Rimas*

31 TOLDRÀ, E. Correspondència enviada a Maria Sobrepera. FT, BNC, M 5099/13.
32 *Ibid.*
33 ALEMANY i MOYA, J. *Retrat Eduard Toldrà y Soler*. Vilanova i la Geltrú: Ajuntament de Vilanova i la Geltrú, 1999, pág. 47.
34 En el repertorio tradicional del conjunto primaron los dieciséis cuartetos de cuerda de Beethoven –que de esta forma pudieron ser escuchados en España (gracias a su interpretación de «la integral [...] en el Ateneo de Madrid entre 1911 y 1912»)–, Schubert y Schumann, sin olvidar los de músicos españoles como Conrado del Campo o Joaquín Turina (TOLDRÀ, E. Programes de mà del Quartet Renaixement. FT, BNC, M 5099/10.11).
35 CALMELL, C.; GARCÍA ESTEFANÍA, A. *Eduard Toldrà*. *Catálogos de Compositores*. Madrid: Fundación Autor, 1995, pág. 16.

de Gustavo Adolfo Bécquer.[36] Así, la citada obra formó parte del repertorio habitual de Renaixement desde final de la década de los años veinte,[37] aunque la relación y la admiración entre ambos compositores era ya evidente desde 1912, cuando el propio Del Campo escribió a Toldrà para solicitarle, a él y a sus «compañeros del cuarteto», que «estudia[sen] [su] último cuarteto» para incluirlo en las «sesiones históricas»[38] celebradas en repetidas ocasiones por Renaixement y a las que el madrileño definió como «en verdad, interesantísimas».[39]

---

36 Aunque es un procedimiento poco habitual en la escritura cuartetística, algunos compositores europeos de ámbito nacional e internacional tomaron como base de su inspiración diversos textos poéticos. Así junto al mencionado Cuarteto n.º 5 de Conrado del Campo, publicado bajo el título «Caprichos románticos» (CAMPO, C. del. *Caprichos románticos para dos violines, viola y violoncello. Inspirados en algunos momentos de las 'Rimas' de Gustavo A. Becquer*. Madrid: UME, 1923), pueden citarse «Echo of Songs» (1887) compuesto por Dvořák sobre su ciclo de canciones líricas *Cypresses* e, incluso, el Cuarteto de cuerda n.º 1 de Janáček (1923) inspirado en la «Sonata a Kreutzer» de Tolstoi.

37 En 1928 interpretaron los «Caprichos románticos» al menos en dos ocasiones (TOLDRÀ, E. Programes de mà del Quartet Renaixement. FT, BNC, M 5099/10.11).

38 TOLDRÀ, E. Correspondència del Quartet Renaixement. FET, BMVB, n.º 59. Debido a la fecha de la misiva, Del Campo se debería estar refiriendo a su Cuarteto de cuerda n.º 7 en mi menor (1911) y a las «cinco sesiones [en las que Renaixement] abarc[ó], [...] la historia del cuarteto de cuerda [...] desde Haydn hasta César Franck», cuyas primeras representaciones tuvieron lugar en el Palau de la Música Catalana los días 7, 11, 15, 18 y 23 de noviembre de 1912 («Primera audición del ciclo histórico del cuarteto de cuerda». *La Tribuna*, 08-11-1912).

39 A esta oferta contestó el propio Toldrà dos meses después, el 25 de enero de 1913, excusándose por el retardo y «agradec[iendo] vivamente» el ofrecimiento, pues tenían la idea de programar cuartetos de compositores españoles «[...] y deseamos que sea Vd., que tan preeminente lugar ocupa entre ellos, sea uno de los primeros» (TOLDRÀ, E. Epistolari personals. FET, BMVB, n.º 7). Así, fue el mismo Del Campo quien hizo llegar a Renaixement su Cuarteto en mi, cuya copia se custodia en los Fons Eduard Toldrà (BMVB), proponiéndoles incluso, sucesivas cartas para concretar los «detalles de interpretación» (TOLDRÀ, E. Correspondència del Quartet Renaixement. FET, BMVB, n.º 70). En definitiva, el contenido de las cartas explicitadas pone de manifiesto que Toldrà debía conocer el trabajo de Del Campo de manos del mismo compositor madrileño, quien además estuvo interesado en promocionar su trabajo a través del ya por entonces famoso cuarteto de cuerda catalán.

Tras serle otorgado el premio, fue el mismo Quartet Renaixement el encargado de estrenar la obra en el Palau de la Música Catalana el 31 de mayo de 1921, bajo el auspicio de la «Associació d'Amics de la Música».[40] Calmell recoge algunas de las críticas emitidas tras la primera presentación pública de la partitura: Frederic Lliurat desde *La veu de Catalunya* subrayó «las constantes de naturalidad, sentimiento y sencillez expresiva» de *Vistes al mar*, mientras que desde la *Revista Musical Catalana* se enfatizó el agrado del auditorio, destacando la «firme construcción del primer tiempo, la intensa emoción que respira todo el segundo, y la gracia ingenua [...] del tercero».[41] Es decir, el secreto de su éxito fue el acuerdo entre expertos y público general motivado, según demuestran los términos empleados por estas plumas, por su alineación con la corriente en boga en ese momento, el noucentismo, rasgo que determinó la entrada de la obra dentro del circuito camerístico español,[42] consolidando a su vez a Toldrà como uno de los compositores más aclamados y respetados del momento.

La elección de Joan Maragall: el texto poético de *Vistes al mar*

Una de las críticas más importantes que recibió el Segundo Cuarteto de cuerda de Toldrà a raíz de su estreno fue la del

---

40 CAPDEVILA, M.; CALMELL, C. *Eduard Toldrà...*, pág. 140.

41 CALMELL, C. *Eduard Toldrà...*, págs. 990-991.

42 Desde su estreno, el cuarteto fue interpretado en varias ocasiones, en diferentes salas de cámara españolas: el 16 de marzo de 1924 por el Quartet Xapelli en Barcelona; el 20 de octubre de 1925 por el Cuarteto Casals en el Teatro Principal de Sabadell; el 19 de junio e 1926 por el Cuarteto de Cuerda de Igualada en el Ateneu Igualadí; el 16 de diciembre de 1929 por el Cuarteto Rafael en el Teatro de la Comedia en Madrid y por esta misma agrupación el 26 de julio de 1930 en el Salón de Novedades del Círculo de San Ignacio de San Sebastián. En los programas de mano guardados en el Biblioteca Museo Jacinto Balaguer se pueden encontrar otras ejecuciones de *Vistes al mar* hasta aproximadamente el año 2000 (TOLDRÀ, E. Programes de concerts. Fons Eduard Toldrà. Biblioteca Museo Víctor Balaguer).

«compositor más relevante del noucentismo»,[43] Jaume Pahissa, calificativo que el propio d'Ors atribuyó al citado músico.[44] En efecto, en una reseña aparecida en el diario *La Publicidad* de Barcelona el 1 de junio de 1921, este subrayó y exaltó el carácter catalán de la partitura aunque, al mismo tiempo, llamó negativamente la atención sobre la referencia literaria presente a partir del mismo título de la obra (*Vistes al mar. Evocacions poëtiques*), puesto que, a su juicio, la creación camerística debía limitarse al propio hecho musical, sin aludir a referentes extramusicales:

> La obra no se presenta como «cuarteto», es decir, con la forma sinfónica más pura, y casi obligada por los cuatro instrumentos de cuerda a solo, sino como «evocaciones poéticas». Yo siempre aconsejaría el primer estilo con preferencia absoluta al estilo libre y pintoresco, y no precisamente porque se haya de ceñir el desarrollo a los antiguos moldes de los cuatro tiempos y movimientos, sino porque la creación musical es infinitamente superior y más musical cuando se concibe con la sola idea de escribir música sinfónica, sin motivo ni apoyo literario ni pictórico alguno.[45]

En esta línea, Calmell advierte que, en *Vistes al mar*, Toldrà no pretende representar «la expresión concreta de los sentimientos» referidos por el poeta, ni «ilustrar sonoramente el contenido línea a línea del poema», sino que «es la forma del sentimiento lo que cuenta», sintiéndose atraído, «al igual que

---

43 RABASEDA i MATAS, J. *Jaume Pahissa. Un cas d'anàlisi musical.* Tesis doctoral, Universitat Autònoma de Barcelona, 2006, pág. 365. Todas las referencias escritas en catalán han sido traducidas por la autora del texto.

44 Así, además de la alusión que se reconoce en el estudio de Rabaseda i Matas (ver nota anterior), Calmell señala que d'Ors «decide elegir a Jaume Pahissa –el primer prototipo [en Cataluña] de músico intelectual–, artista del 'noucentismo'; siendo él quien, en realidad, encabeza la larga galería de artistas condecorados con esta medalla que [d'Ors] gentilmente va a ir otorgando desde el Glosari» (CALMELL, C. «Un ideari per a la música...», pág. 93).

45 PAHISSA, J., citado en CALMELL, C. *Eduard Toldrà...*, págs. 991-992.

Maragall» por un sustrato «racial e instintivo».[46] Así, la clave para deducir si la partitura, al menos en su planteamiento, se inspiró, en mayor o menor medida, en el contenido literario que antecede a cada uno de sus movimientos es susceptible de hallarse en el subtítulo de la misma, *Evocacions poëtiques*, que, llamando la atención de Pahissa, podría remitir no tanto a una representación musical descriptiva del texto, sino al intento de aludir o evocar reminiscencias de su espíritu poético. Aún más, el propio Toldrà en su epistolario, concretamente en carta del 5 de octubre de 1920 a Sobrepera, advierte que cuando trabaja con la obra de Maragall, no solo con las canciones líricas sino con el conjunto de su repertorio, intenta «interpretar aquella vida y aquella ternura que respiran»[47] los versos del poeta. En definitiva, la explicación del músico sobre el tratamiento de los textos coincide con la interpretación de los críticos y musicólogos que atribuyen un sentido localista a sus obras:[48] el de sugerir, insinuar y no el de representar al pie de la letra un contenido musical. La semántica del poema, por tanto, es traducida en música, según el propio compositor, como una delicada recreación y no como una exhaustiva transcripción de la misma.

Los estudios de la crítica literaria sobre Maragall subrayan que su poesía se caracteriza por conservar ciertas resonancias tradicionales gracias al uso de versos cortos de cinco o siete sílabas, a la utilización de la cuarteta y del romance como unidad estrófica, así como a un empleo marcado de la rima asonante.[49] En definitiva, se trata de una evocación de matriz popular, sencilla en cuanto a estructura y temas poéticos, por la que el compositor muestra un vivo interés y así se lo comunica a Sobrepera: en la carta anteriormente citada, el compositor le comenta a su futura esposa que lo que le atrae de los poemas de Maragall es «la emoción tan honda

46 *Ibid.*, pág. 994.
47 TOLDRÀ, E. Correspondència enviada a Maria Sobrepera. FT, BNC, M 5099/13.
48 *Cfr.* CHAVARRIA, X. «Eduard Toldrà. El noucentisme fet música (II)..., pág. 54; AVIÑOA, X. *Història de la Música Catalana, Valenciana i Balear*, IV, pág. 223.
49 CARBÓ, F.; SIMBOR, V. *Literatura catalana del siglo XX*. Madrid: Síntesis, 2005, págs. 45-48.

que tienen dentro de una forma tan sencilla».[50] Es decir, la complejidad de contenidos frente a la simplicidad formal.

Para el cuarteto, que incluso fue presentado a concurso bajo el lema «Maragall», el músico eligió los poemas uno, dos y cinco de la colección «Seguit de les vistes al mar» del libro del mismo poeta, *Seqüències*, publicados en 1911, e incluyéndolos en el cuarteto en el orden uno, cinco, dos.[51] El análisis semántico del texto evidencia que en estas tres producciones poéticas el escritor exalta valores locales como el paisaje natural de Cataluña, en especial su mediterraneidad. Así, «Allá en les llunyanies» (n.º V) refleja la puesta de sol sobre el mar a través de varias personificaciones,[52] mientras que, en «La mar estaba alegre» (n.º II), su contemplación adquiere un carácter festivo debido, entre otros recursos, al uso de diminutivos.[53] En cambio, la alusión a la ginesta (la retama), en el romance asonante que antecede al primer movimiento de la composición («La ginesta altra vegada!», n.º I), hace referencia a uno de los símbolos naturales por antonomasia de Catalunya.[54] De esta manera, el manuscrito encabeza cada uno de los movimientos con los poemas sin los títulos en el orden I, II y V, mientras que la única edición impresa hasta la fecha, de manos de la Unión Musical Española (UME) añade para el primer movimiento el título «La Ginesta», en alusión a las primeras palabras del verso inicial.[55]

50 TOLDRÀ, E. *Correspondència* enviada a Maria Sobrepera. FT, BNC, M 5099/13.

51 El citado opúsculo es la ampliación de una colección anterior, «Vistes al mar», que fue publicada por primera vez en el libro *Enllà* de 1906 (MARAGALL, J. *Enllá*. Barcelona: L'Avenç, 1906). Ésta no incorpora los poemas que utiliza Toldrà para el cuarteto de cuerda, sino que dichos textos aparecerán en el mencionado «Seguit de les vistes al mar» de 1911 (MARAGALL, J. *Seqüències*. Barcelona: L'Avenç, 1911).

52 MARAGALL, J. *Seqüències*..., pág. 11.

53 *Ibid.*, pág. 45.

54 *Ibid.*, pág. 7.

55 TOLDRÀ, E. *Vistes al mar*. Madrid: Unión Musical Española, 1963, pág. 3.

Su entusiasmo por los versos de Maragall dio paso a la composición de un cuarteto de cuerda cuyo análisis musical nos permitirá averiguar si, tal como Toldrà señala a Sobrepera en las epístolas analizadas, realmente recrea en él la atmósfera poética y localista de la Cataluña natural sin recurrir a una mecánica traducción sonora del contenido.

El noucentismo en música: la elaboración de la simplicidad

En *Vistes al mar*, Toldrà plantea una relación dialéctica entre el respeto de la tradición y su voluntad de ruptura con la misma que le enmarca de lleno dentro de la corriente noucentista de la época. Su intención es evidente ya desde la organización musical externa de la obra, donde, en efecto, por un lado, y en contra del modelo clásico, escribe solo tres movimientos: *Alegro con brio*, *Lento* y *Molto vivace*; por otro lado, debido a este contraste de tiempos, cumple con los preceptos del canon musical dejando para los movimientos extremos los tempos más rápidos.[56] Además, dicha combinación de concordia y discordia con el estilo clásico-romántico se hace patente también en el empleo de ciertos modelos formales y en el tratamiento del material. Así, con respecto a la forma, los tres movimientos se configuran como una sonata clásica (I), un lied ternario (II) y, para finalizar, de nuevo una forma de sonata (III). En la elaboración interna, en cambio, resulta interesante el provecho que el músico saca de ciertos elementos populares catalanes, connotación ciertamente noucentista, que utilizados para evidenciar algunas de las sonoridades resultantes, dejan entrever el

56 Sin embargo, su Cuarteto n.º 1 en do menor (1914) presenta cuatro movimientos: *Allegro assai agitato*, *Scherzo-Trio*, *Andante sostenuto* y *Alegro quasi presto* (TOLDRÀ, E. *Quartet en do menor*. Barcelona: Catalana d'Edicions Musicals, 1989). No obstante, existe algún precedente español de cuarteto en tres movimientos a comienzos del siglo XX como el Cuarteto en fa mayor Opus 3 (1920) de Pablo Sorozábal (SOROZÁBAL, P. *Cuarteto en fa mayor*. Ms. Errenteria: Eresbil, E/SOR-05/M-01).

genio creativo del compositor: este logra una amalgama entre la tradición (forma y tempo) y lo popular (los contenidos musicales empleados).

Primer movimiento: connotaciones populares
como epicentro de la sección de desarrollo

En el texto que acompaña al primer movimiento del cuarteto, «La ginesta altra vegada!», la voz poética describe el paisaje catalán mediante la alusión a elementos naturales y acciones (ascenso y descenso de la montaña, elaboración de un ramo con retamas y contemplación del mar) en el que los movimientos referidos se presentan de forma enlazada unos con otros, esto es, sin descanso entre ellos. De forma análoga, la partitura no encuentra hasta el final del movimiento, un descanso sonoro debido a enlaces armónicos no resueltos e insistiendo así en la presencia y concatenación de acordes de dominante que, o bien no resuelven, o bien lo hacen en una tonalidad diferente a la propia.

Uno de los rasgos más interesantes del *Allegro con brio* es el uso que el compositor hace de la alteración del séptimo grado en una tonalidad mayor, rasgo que, según recoge Francesc Pujol, es un procedimiento habitual en la música popular de Cataluña:[57] el resultado melódico de alterar el *la*, que aparece por primera vez en el violín primero y en la viola (c. 2) de la exposición (cc. 1- 36), se convierte en el epicentro de toda la sección de desarrollo (cc. 37-71).

Las dos secciones temáticas presentes en la exposición también evidencian el respeto a los criterios clásicos de elaboración, al ser el segundo de ellos más extenso que el primero. De tal

---

57 PUJOL, F. «Cromatismo modalitat i tonalitat en les cançons populars catalanes». *Materials. Obra del Cançoner Popular de Catalunya*, vol. 2, edit. por Fundació Concepció Rabell i Cibils. Barcelona: Fundació Concepció Rabell i Cibils, vda. Romaguera, 1928, pág. 232.

modo, el tema A (cc. 1-11), en si bemol mayor, se caracteriza por su ritmo ligero a través de valores cortos, con abundancia de semicorcheas, y la acentuación de los tiempos débiles. Así, la alusión a la sonoridad catalana queda acentuada gracias al doble *sforzato* del compás 2 (violín I y viola octavadas) que da lugar a la sucesión de quinto con séptima menor (c. 2) y primer grado (c. 3), al transformarse el séptimo rebajado en la tercera menor de la dominante y perdiendo entonces, su carácter conclusivo en la tonalidad principal.

Ejemplo 1: Toldrà, *Vistes al mar*, movimiento I, cc. 1-3 (Exposición)

Al observar el Ejemplo 1, se evidencia además que el asentamiento de la tónica en si bemol mayor tiene lugar a través de una cadencia plagal compuesta, esto es quinto grado (incompleto, 1º y 2º tiempo, unísono del violín I y la viola) – sexto grado (3º tiempo, todas las cuerdas) en el compás 1, y resolución en el primer grado (1º tiempo, todas las cuerdas) del compás 2. Dicho giro aparecerá de forma análoga en la única modulación, a mi bemol mayor, que queda asentada en toda la primera sección temática (tiempos fuertes de los cc. 8-9).

De este modo, ya se encuentran suficientes elementos de juicio para describir por contraste la segunda sección temática, B (cc. 12-36): mayor extensión con respecto a A, perfil melódico *cantabile* (aunque en al acompañamiento de las cuerdas insista en los valores de semicorcheas) y mayor variedad tonal. Así, iniciándose también en si bemol mayor, su idea temática principal (cc. 13 [anacrusa]-17) se repite con sutiles modificaciones en el violoncello (cc. 18-21), antes de aparecer cuatro veces consecutivas a través de la siguiente concatenación de modulaciones: si bemol mayor (cc. 13-21), re menor (cc. 20-21), fa sostenido menor (cc. 25-29) y si bemol mayor de nuevo (cc. 31-36). Esto es, el segundo tema destaca por la riqueza de las tonalidades que presenta, enlazándose mediánticamente una tras otra (*sib-re-fa#*), ya sea a través de cadencias perfectas (1ª modulación), por medio de acordes comunes (2° y 3° modulación), ya sea a través de la concatenación de quinto grados resueltos de forma directa (4° modulación). En la Tabla 1 puede apreciarse todo este movimiento:

1ª Modul.		2ª Modulación		3ª Modulación		4ª Modulación	
Cc.		Cc.		Cc.		Cc.	
11	12	20	21	25	28	29-30	31
V	- I	VI	I	VI dórico = VII7	I6	V9	V9M
SibM		SibM		*Rem*	Fa # m	Fa#m	SibM
		IV	I	*Violín II*	*Todas*		
		Rem			*Cuerdas*		

Tabla 1: Toldrà, *Vistes al mar*, movimiento I (modulaciones tema B)

Además, la idea melódica principal pasa por todas las cuerdas, finalizando en las dobles cuerdas superiores que producen una intensidad sonora destacable (cc. 29-31). Dicho movimiento de tonalidades y variedad de enlaces podría corresponder con el sentido inestable del texto.

Posteriormente, la sección de desarrollo (cc. 37-71) volverá a hacer uso de continuas modulaciones que servirán para ensalzar y dar variedad sonora a la idea melódica de reminiscencia popular surgida tras la alteración del séptimo grado en tonalidades, es decir, la curva melódica que se inicia en la anacrusa del 2° tiempo del compás 2 hasta el 3° tiempo del compás 3 en el violín primero y en la viola (Ej. 1). Así, el paso entre el final del tema B en si bemol mayor y el comienzo del desarrollo en mi bemol mayor (c. 37) se realiza de nuevo gracias a un acorde común: cuarto grado de si bemol mayor o primero de mi bemol mayor, tonalidad que, además, ya había sido presentada, momentáneamente, en el compás 8. En este caso, se introduce en primer lugar el tema A completo en la viola duplicando sus valores rítmicos (cc. 38-42). En este fragmento llama la atención la insinuación de la cadencia frigia de segunda especie sobre el quinto grado de *fa*, que moviéndose a través de quintas paralelas en el violoncello (cc. 41-42), no llega a resolver, al mantenerse en el mismo grado, esta vez con la séptima en el compás 42. A partir de ahora, insistirá cuatro veces más en el motivo popular catalán aludido, duplicando de nuevo las duraciones rítmicas: (1) en el violín segundo (cc. 44-46) enlazando el quinto grado de fa mayor (c. 45), a través de otra cadencia frigia de segunda especie, con el quinto con séptima de re menor (c. 46); (2) en el violín primero (cc. 47- 49), enlazando el quinto con séptima en 3ª inversión de re menor (c. 48), mediante una marcha progresiva modulante (cc. 49-50), con un quinto con séptima en segunda inversión de fa menor (c. 50); (3) en el violín primero (cc. 49 - 51) sobre mencionado quinto con séptima en segunda inversión de fa menor; (4) en el violín primero (cc. 51- 53), sobre la bemol mayor en el que aparecen el quinto con séptima en segunda inversión (primer tiempo, c. 52) y el quinto con séptima en tercera inversión (primer tiempo, c. 53) de dicha tonalidad.

Ejemplo 2: Toldrà, *Vistes al mar*, movimiento I, cc. 49-54 (Desarrollo)

Ya por último, la reexposición (cc. 72-121) no se realiza de manera literal a la exposición, aún cuando sigue enfatizando la sonoridad producida por la alteración del séptimo grado. De tal modo, el tema A presenta una doble entrada en fa mayor (cc. 72-82), con unísono entre los violines, y en la mayor (cc. 82-98), con unísono entre el violín primero y la viola. Durante toda esta sección, la sonoridad catalana sigue presente, ya que además de mantener las distancias interválicas iniciales, juega con el uso del séptimo grado mostrándolo tanto como rasgo catalán como sensible en el registro del violín segundo (cc. 79-82). Por su parte, el tema B también muestra una doble entrada. En primer lugar, en fa sostenido mayor (último tiempo del c. 99 – 3º tiempo del c. 103), con el quinto grado en el bajo, a veces con séptima y otras con novena, pasando a través del quinto con novena a si bemol mayor en su segunda entrada (último tiempo del c. 104 – 3º tiempo del c. 112), alterando entonces la presentación de la tonalidad inicial de la partitura y utilizando como última nota del acorde la primera de la repetición del tema, de forma análoga a lo acontecido en el compás 30. Antes de iniciar la coda (cc. 122-136), Toldrà hará escuchar en la tonalidad principal y en valores de negras y corcheas, la melodía surgida tras la alteración del séptimo grado.

Segundo movimiento: ¿Nocturno con ecos catalanes?

El poema de Maragall se construye como un nocturno poético en el que prima la referencia al mar y la luz que le reportan la luna y las estrellas.[58] Por su parte, según Calmell, el segundo movimiento del cuarteto también puede considerarse como un «nocturno romántico» debido a su tempo, a su estatismo rítmico y melódico y a «la simetría [...] de [su] estructura».[59] En esta línea, debe tenerse en cuenta que una de las piezas más interpretadas por Renaixement fue el nocturno del tercer movimiento del Cuarteto de cuerda n.º 2 de Borodin, ejecutado por la agrupación en veintiocho ocasiones entre 1912 y 1917.[60] Teniendo en cuenta entonces la influencia que podría ejercer sobre la escritura de Toldrà el conocimiento de esta obra y coincidiendo con lo apostillado por Calmell, el presente análisis pretende justificar, también, la idea de que este movimiento se corresponde con un aire del nocturno, atendiendo, además de a los rasgos

---

58 La crítica literaria señala que, además de la alusión a la naturaleza, el género lírico denominado «nocturno» se caracteriza por «la fascinación de la noche y el misterio de la iluminación velada» [GABAUDAN, P. *El romanticismo en Francia (1800-1850)*. Salamanca: Universidad de Salamanca, 1979, pág. 181].

59 CALMELL, C. *Eduard Toldrà...*, pág. 1002

60 TOLDRÀ, E. Programes de mà del Quartet Renaixement. FT, BNC, M 5099/10.11-12-16-19, 10.33-39, 10.46-54-55-64, 10.67-69-75-79-81-82-88-95, 10.105-116-140, 11.17-24-29-43-58, 63, 67.

señalados por el investigador catalán, a su textura, a su compás y, especialmente, a su amplia libertad armónica.[61]

Así, en un compás binario y creando en la mayoría de las secciones una textura homofónica, la organización formal (A: cc. 1-41; B: 42-59; A': cc. 60-80) de la partitura queda enfatizada por la presencia de ciertos elementos populares catalanes que si bien son susceptibles de encontrarse en otras piezas populares, los especialistas en música popular catalana las denotan como rasgos localistas. Así, en la primera sección (cc. 1-41) es notable la austeridad en la línea melódica del violín primero, caracterizada por el reducido ámbito de sus diferentes ideas constituyentes (ejemplo cc. 25-28) y su duplicación a partir de terceras en el violín segundo (ejemplo cc. 33-38),[62] junto con la organización cuadrada de las frases[63] y las cadencias plagales,[64] de las que se pueden observar también algunos ejemplos: concatenación cuarto y primer grado (cc. 10-11) y sexto y primer grado (cc. 40-41) de si menor; mientras que en la tercera sección destacan pasajes homofónicos, (cc. 66-74), evocadores de la interpretación monódica de las canciones populares.[65]

Cabe destacar además que la primera sección juega con la ambigüedad modal-tonal (si eólico-si menor) al presentar la concatenación entre ellos con mínimos momentos de reposo. Así, dicha sección queda organizada a través de dos ideas temáticas *a* (cc. 1-24) y *b* (cc. 25-41), construyéndose cada una de ellas a

---

61 Además, pueden encontrarse puntos en común con el nocturno del segundo movimiento del Concierto para dos pianos de Stravinsky (1935). Véase el análisis de McCALLA, J. *Twentieth-century chamber music*. Nueva York y Londres: Routledge, 2003, págs. 170-173.

62 Dichas características melódicas son consideradas en la música popular de Cataluña como herencia de la composición religiosa de la región (MARTÍ i PÉREZ, J. «Cataluña [Catalunya]». *Diccionario de la música española e hispanoamericana*, vol. 3, edit. por E. Casares. Madrid: ICCMU, 1999, pág. 422).

63 CRIVILLÉ i BARGALLÓ, J. *Música tradicional catalana I. Cançons Narratives*. Barcelona: Clivis, 2007, pág. 65.

64 *Ibid.*, pág. 19.

65 RÖVENSTRUNCK, B. *Singularitats de la Cançó Popular Catalana*. Barcelona: Clivis, 1979, pág. 47.

partir de las diferentes modulaciones del material temático de su primera frase. De tal modo, *a* queda organizada de la siguiente manera:

N.º COMPASES	1-5	6-10	11-14	15-16	17-24
IDEAS TEMÁTICAS	a1	a2	a3	Enlace	a4
MODALIDAD/ TONALIDAD	Si eólico	Si eólico Sim	Sim	Si eólico	Sim
ARMONÍA	I	IV	I	Cromat.	V

Tabla 2: Toldrà, *Vistes al mar*, movimiento II (primera sección temática)

Además, las diferentes frases que componen la primera sección temática se despliegan en las diferentes cuerdas a través de la secuencia *la* (c. 1, violín I) – *sol* (c. 6, viola) – *si* (c. 11, violines), que corresponde con el movimiento retrógrado inverso de las ideas constituyentes de *a4*. De este modo, el resultado sonoro es más interesante que si se hubieran concatenado los sonidos mediante progresiones melódicas ascendentes o descendentes.

Por su parte, la segunda sección temática también consiste en la variación de la primera frase (*b1*: cc. 25-27) a través de diferentes modulaciones y sutiles transformaciones del material: *b2* en fa menor (cc. 29-32) con la presentación no exacta de la melodía de *b1* en el violoncello; *b3* en si menor (cc. 33-36), uniéndose la viola en la presentación de la frase melódica principal, y destacándose la escala menor mixta (cc. 33-34), con arpegios en el violoncello; y por último, *b4* (cc. 37-41) en el modo de si eolio.

La sección B vuelve a presentar las ideas melódicas ya explicitadas con algunas variaciones que otorgan variedad a un discurso de por sí repetitivo y monótono: intervalos de sexta en los registros medios y graves (cc. 42-44), II napolitano de *si* (cc. 45-51) y primera y única aparición de la menor (cc. 52). Por último, la tercera sección presentará en primer lugar la idea descendente de *a4* haciéndola escuchar consecutivamente en todas las cuerdas desde el violín primero hasta el violoncello (cc. 60-65), para posteriormente repetir de manera exacta *b2* y *b3* (cc. 66-74) y volver a escuchar A1 (cc. 75-79) disponiendo el acorde del compás 1 en todas las cuerdas. En definitiva, el poeta y el músico coinciden en el carácter ya poético ya musical de sus composiciones, donde la contemplación del paisaje se acentúa por las descripciones y las alusiones a los elementos naturales, al que corresponde la música con un compás binario (4/4) en tempo *Lento,* enfatizado con duraciones rítmicas de redondas y blancas dentro de una textura eminentemente homofónica, enriquecido con una amplia variedad de modulaciones y recursos armónicos y modales.

Tercer movimiento: Ritmo de sardana

Por su parte, el tercer movimiento vuelve a apostar por la síntesis entre una forma de sonata y la utilización de elementos populares, en esta ocasión referidos al ritmo. En concreto, Toldrà se muestra interesado por la continua repetición de dos células rítmicas ternarias y binarias respectivamente, esto es, patrones tribacos (tres figuras de igual duración) y trocaicos (combinación de figuras largas y cortas), característicos de la música popular catalana.[66] La variedad de dichos esquemas vendrá determinada por las diferentes modulaciones sobre las que se presentarán y, por ende, por las diversas oscilaciones melódicas sobre las que se desplazarán. Al mismo tiempo debe tenerse en cuenta que el ritmo trocaico es distintivo de la danza tradicional de Cataluña, la sardana: el *Molto vivace* final comparte con ésta también la utilización de un compás binario, un 6/8.[67]

---

66 MARTÍ i PÉREZ, J. «Cataluña [Catalunya]», pág. 422.

67 Según Jaume Ayats la «sardana» es una «danza que se desarrolla en un círculo de número indeterminado de participantes de ambos sexos. [...] Está compuesta por dos partes: 'els curts' (o 'seguits curts', es decir, pasos seguidos cortos) y 'els llargs' (o 'seguits llargs', pasos seguidos cortos/largos [...]. El ritmo es siempre binario [...]». Además, la tonalidad es libre, con la «utilización de los procedimientos armónicos de las composiciones occidentales en la época contemporánea» (AYATS, J. «Sardana».

Ejemplo 3: Toldrà, *Vistes al mar*, movimiento III, cc. 1-9

Dicho ritmo alegre sobre un tempo rápido se corresponde con el carácter poético del texto, esto es, la ondulación de las olas del Mediterráneo además de la alegría aludida en el poema, que quedarían configuradas a través de la alternancia de los valores de diferente duración.

Así, los dos grupos temáticos principales (A: cc. 1-34; B: cc. 56-72) de la exposición (cc. 1-81) se caracterizan por la reitera-

Diccionario de la música española e hispanoamericana, vol. 9, edit. por E. Casares. Madrid: ICCMU, 2002, págs. 832-833). En el catálogo de Toldrà aparecen treinta y dos sardanas fechadas entre 1917 y 1950, una para piano y una para flauta, de 1912, y trece reducciones para piano publicadas entre 1963 y 1970 (véase catálogo de obras de Toldrà en CAPDEVILA, M.; CALMELL, C. *Eduard Toldrà...*, págs. 139-143).

ción y la modificación de los dos esquemas rítmicos señalados. El primero de ellos, se muestra tras la doble anacrusa inicial, que hace su aparición en el violín primero y en la viola del compás inicial, y que es contestada a continuación por el violín segundo y el violoncello a través de una cadencia perfecta sobre la tonalidad principal del primer grupo temático, re mayor (cc. 1-3). El segundo patrón rítmico, el trocaico, se hace evidente tan solo un compás después (c. 4) en los tres instrumentos del registro agudo, mientras el bajo insiste en la tónica apareciendo incluso sobre la figura de mayor duración de todo el movimiento (Ej. 3). Por tanto, en los compases 4 y 8 las tres cuerdas agudas se presentan a distancia de tercera y sexta (Ej. 3). Además, el violoncello, que ya había anticipado la sucesión de valores largos y cortos (c. 3), apoyará toda esta frase mediante la reiteración de la tónica, finalizando en una cadencia perfecta, V-I, sobre la tonalidad de re mayor (cc. 11-14). De este modo, el primer grupo temático queda dividido en dos frases de dieciséis compases cada una, de las cuales, la primera (cc. 3-18) se articula sobre cuatro períodos: los dos iniciales son idénticos (cc. 3-6, 7-10), el tercero sirve de contraste con los anteriores (cc. 11-14) y el último (cc. 15.18) se configura como una recapitulación melódica variada, acompañada de un descenso cromático en la viola y el violoncello a modo de lied ternario modificado. En toda esta secuencia, la escasa variedad rítmica vendrá determinada por la presencia e insistencia de los dos patrones rítmicos señalados.

La segunda frase del primer grupo temático (cc. 19-34), con la entrada sucesiva de las cuatro cuerdas (cc. 20-21), insistirá de nuevo en los mismos valores rítmicos. Resultan especialmente interesantes los perfiles melódicos del violín primero (cc. 21-21, 22-23, 23-24) ya que adquieren cierto color popular gracias al estar constituidos sobre el tetracordo de la escala dórica invertida que, según Rövenstrunck, es una organización melódica típicamente catalana (Ej. 4).[68]

---

68 RÖVENSTRUNCK, B. *Singularitats de la Cançó Popular Catalana...*, pág. 20.

Ejemplo 4: Toldrà, *Vistes al mar*, movimiento III, cc. 20-24

Por su parte, el segundo grupo temático (cc. 56-72), sobre la mayor, muy breve en comparación con el primero, está divido en tres períodos (cc. 56-61, 62-65 y 66-72) en los que se pueden apreciar una vez más los valores anacrúsicos, tríbacos y trocaicos. Éstos continuarán durante el período de transición entre la exposición y la sección central (cc.73-81), quedando enriquecidos a través de la sucesión de escalas cromáticas. Al mismo tiempo, el ritmo trocaico será el esquema más abundante durante la sección central (cc. 82-165) en la que destacan la sucesión de diferentes modulaciones como fa sostenido menor (cc. 112-114), mi bemol mayor-menor (cc. 144-147), do mayor (cc. 148- 155) y la mayor (cc. 156-165). En ésta, no existe un desarrollo motívico-temático, puesto que la música popular catalana se basa principalmente, según Martí i Pérez, en la «parataxis o yuxtaposición de motivos».[69] A su vez, en la reexposición (cc. 166-304), el segundo grupo temático no modulará hacia la dominante sino que permanecerá en la tonalidad de re mayor.

La característica del tercer movimiento, por tanto, consiste en su insistencia sobre los patrones rítmicos propios de la danza catalana típica (la sardana), de los cuales el trocaico es el que aparece con mayor asiduidad. Dicho despliegue rítmico, dentro

---

69 MARTÍ i PÉREZ, J. «Cataluña [Catalunya]», pág. 422.

de una suerte de modulaciones a tonalidades cercanas al tono principal, podría sustentar el índole alegre y vivaz del poema de Maragall.

Conclusiones

Cuando Toldrà compone *Vistes al mar. Evocacions poëtiques* (1921) su experiencia dentro del género estaba ya lo suficientemente asentada como para lograr una obra de calidad. En efecto, se trataba de su segundo cuarteto de cuerda y además, gracias a su participación en el Quartet Renaixement, su conocimiento del género le permitía utilizar ciertos procedimientos compositivos que hubiera podido estudiar dentro de su labor como intérprete. De hecho, las opciones formales y estilísticas emergentes en la obra objeto de estudio encuentran referentes inmediatos en el repertorio ejecutado por la famosa agrupación. En primer lugar, cabe destacar la presencia de textos poéticos en el Cuarteto n.º 5 de Conrado del Campo (1907-1908) programado en dos ocasiones por el grupo de cuerdas en 1928. Así, aunque la ejecución de esta obra es posterior a la elaboración de *Vistes al mar*, Toldrà podría conocer el repertorio del músico madrileño con anterioridad: de hecho, entre la documentación personal custodiada en los FET de la Biblioteca Verdaguer se encuentra una copia del Cuarteto n.º 7 de Conrado del Campo, junto con varias epístolas entre los dos compositores.

En segundo lugar, la elaboración de un cuarteto de cuerda en tres movimientos, en contra de su elaboración clásica con cuatro, puede evidenciarse en otras obras programadas por el conjunto catalán, además de ser un recurso utilizado por compositores españoles coetáneos al mismo Toldrà. En tercer lugar, el Quartet Renaixement incluyó entre su repertorio obras con claras alusiones populares como los cuartetos de Joaquín Turina, que fueron interpretados por la citada agrupación en 1913;[70] mientras que en cuarto y último lugar, la incorporación de un nocturno en el

---

70 TOLDRÀ, E. Programes de mà del Quartet Renaixement..., M 5099/10.41.

Cuarteto n.º 2 de Borodin, una de las piezas más interpretadas por el conjunto de cámara, podía haber inspirado a Toldrà para elaborar el segundo movimiento de su cuarteto de 1921. Es decir, las opciones compositivas de Toldrà en *Vistes al mar* fueron deudoras, en cierta medida, de su propio bagaje como intérprete. En esta misma línea, el compositor era consciente del hecho de que para encontrar un hueco entre los nombres que dominaban el escenario cuartetístico del momento, debía amalgamar su propio estilo compositivo, con la tendencia estilística en boga en la Cataluña de principios de siglo. De ahí, que la opción resultante fuera un eclecticismo entre lo popular, lo clásico y su propia escritura compositiva, pues este era la manera de satisfacer igualmente a crítica, público y al mismo músico. De este modo, sin perder su identidad como compositor, Toldrà optó por imbricar en la misma producción musical todos los elementos que le iban a garantizar éxito a su trabajo: alusión a la catalanidad y la mediterraneidad con los versos de Maragall, el cuarteto de cuerda como género clásico y, una armonía deudora ya de la tradición romántica, ya del propio repertorio popular catalán.

En este sentido, Toldrà se sintió atraído por los versos de Maragall al encontrar su propio hacer musical cercano a la escritura del poeta, mediante la manifestación de una poética común en los planteamientos de elaboración de ambos artistas. Es por ello que la partitura analizada muestra cierta correspondencia entre la elaboración, tanto musical como literaria, y el mecanismo empleado para ensalzar el sentimiento noucentista. Así, el poeta recurre en sus textos a una expresión sosegada de dichos valores, esto es, la recurrencia a los tópicos de la naturaleza y a la mediterraneidad, sin renunciar a su propio estilo (imágenes descriptivas, la voz poética como presencia que observa la escena y la no exaltación expresiva). Por su parte, el músico acude al género (el cuarteto de cuerda) y a las estructuras clásicas (dos formas de sonata y un lied ternario) subrayando sin embargo, la sonoridad catalana a través de puntuales connotaciones populares (cadencias plagales, perfiles temáticos sencillos y patrones rítmicos repetitivos).

Los recursos empleados por ambos dejan entrever lugares comunes entre la escritura musical y el sustrato literario. Así, en el primer movimiento, la concordancia musical-textual queda articulada gracias a la correspondencia entre los elementos poéticos que caracterizan el texto de Maragall y la elaboración del material a través de la continua acentuación de un giro melódico producido por la alteración del séptimo grado en tonalidad mayor. En definitiva, el compositor elige el alegre poema del catalán representando su carácter mediante un ritmo vivaz: los dos artistas apuestan por una estructura clara (un romance y una forma sonata). Sin embargo, mientras el poeta dibuja Cataluña con las ligeras pinceladas de un paisaje local (el mar, la montaña, la retama), Toldrà la concreta en la breve melodía señalada, producto de una explotación sonora de la música popular, conformándolo como base para su composición. En el segundo movimiento, la quietud y la calma de la imagen poética queda imbricada en un tempo de nocturno, en el que prima la utilización de elementos populares catalanes tendentes a la sobriedad expresiva. Ya en el tercer movimiento, el carácter alegre de la imagen marítima descrita queda sustentado por el tiempo binario característico de la sardana junto con una serie de valores rítmicos largos y cortos que podrían evocar tanto los pases del baile como las sosegadas olas del mar mediterráneo.

Entonces, la interpretación crítica de este cuarteto reside, por tanto, en descubrir precisamente su pertenencia a la corriente vanguardista del noucentismo, sinónimo de modernidad y tradición, europeísmo y localismo, identidad musical colectiva e individualismo de estilo.

* * *

La corriente noucentista surgió como un movimiento político, social y artístico de la Cataluña de principios del siglo XX que influyó decisivamente en la producción musical del momento. Su líder ideológico, Eugenio d'Ors, defendió en diversos artículos periodísticos, los *Glosari*, que toda obra que quisiera adscribirse a dicha tendencia debía evidenciar el orden y el equilibrio propios del clasicismo, rechazando a su vez cualquier implicación con lo germano. Dentro de esta línea, el Segundo Cuarteto de cuerda de Eduard Toldrà, *Vistes al mar. Evocacions poëtiques* (1921), ha sido identificado como ejemplo de composición noucentista. En ella, llama la atención el hecho de que siendo una obra puramente instrumental, cada uno de sus tres movimientos esté precedido por un poema del también catalán, Joan Maragall. Su adhesión a la corriente artística de moda en aquel período podría estar determinada por dos rasgos principales: por un lado, la alusión a la identidad catalana a través del título y de la transcripción de los textos poéticos; por otro lado, su pretensión europeísta evidenciada en la utilización del género del cuarteto de cuerda.

La presente investigación se propone (1) estudiar el contexto en el que surgió la obra y, teniendo en cuenta las implicaciones que supone el hecho de incluir en la partitura un texto literario, (2) realizar un análisis exhaustivo de la misma para demostrar su pertenencia al filón noucentista del autor, tanto por su concepción como por su elaboración interna.

The noucentist trend arose as a political, social and artistic movement in Catalonia at the beginning of the 20th century which influenced decisively the musical output of the moment. Its ideological leader, Eugenio d'Ors, defended in diverse journalistic articles, the so-called *Glosari*, that every work that wanted to be assigned to that trend had to demonstrate the typical order and balance of classicism, rejecting at the same time any implication with the German trend. In this line, the Second String quartet of Eduard Toldrà, *Vistes al mar. Evocacions poëtiques* (1921), has been identified as an example of noucentist composition. Although being a purely instrumental work, it is remarkable that each of the three movements is preceded by a poem of the likewise Catalan Joan Maragall. Toldrà's affiliation to the fashionable artistic trend in that period might be determined by two main features: on the one hand, the allusion to the Catalonian identity by means of the title and of the transcription of poetical texts; on the other hand, his pro-European pretension illuminated through the use of the genre of the string quartet.

The present research aims (1) to study the context in which the work arose and having in account the implications that supposes the fact of including a literary text in the score, (2) to realize an exhaustive analysis of the score in order to demonstrate its belonging to the author's noucentist vein, both for its conception and its internal elaboration.

Le courant noucentiste a été soulevé comme un mouvement politique, social et artistique catalan du début du XXᵉ siècle et il a eu une influence décisive sur la production musicale de ce moment. Son paladin idéologique, Eugenio d'Ors, a défendu dans ses articles de journaux, notamment les *Glosari*, que toute œuvre qui voulait s'inscrire à cette tendance devrait mettre en évidence l'ordre et l'équilibre propres du Classicisme et, au même temps, rejeter toute relation avec tout ce qui est allemand. Dans cette optique, le Deuxième Quatuor à cordes d'Eduard Toldrà, *Vistes al mar. Evocacions poëtiques* (1921) a été identifié comme un exemple de composition noucentiste. Il attire l'attention sur le fait que, malgré qu'il soit une œuvre instrumentale, chacun de ses trois mouvements est précédé par un poème du écrivain catalan Joan Maragall. L'adhésion de Toldrà au Noucentisme, le courant à la mode dans l'époque, pourrait se justifier principalement grâce à deux traits: d'une coté, l'allusion à l'identité catalane à travers du titre et de la transcription du textes poétiques ; d'une autre coté, la prétention européenne qui est patente dans l'utilisation du genre du quatuor à cordes. Cette recherche vise à (1) étudier le contexte auquel l'œuvre est né et, en tenant compte de les implications du fait d'insérer un texte littéraire à la partition, (2) à fournir une analyse exhaustive afin de démontrer son appartenance au Noucentisme, aussi bien pour sa conception que pour son élaboration interne.

IV. Moving among three European Cultures: Fernando Remacha's String quartet (1924/25)

Christiane Heine

After completing his studies in composition with Conrado del Campo at the Royal Conservatory of Music and Declamation of Madrid, Fernando Remacha (1898-1984) applied for a public scholarship provided by the *Real Academia de Bellas Artes de San Fernando* to spend four years in Rome at the Spanish Academy (*Academia Española*)[1] which he was awarded in July 1923. Being probably the only candidate in the category of music (where two grants were offered), Remacha was moved by the «determined purpose» (*decidido propósito*) to continue his musical training in Italy with Gian Francesco Malipiero.[2] On the occasion of his residence in Rome (1923-1927) he acquired under Malipiero, besides technical skills of composition, also a profound understanding of historical Italian Renaissance and

---

1 ANDRÉS VIERGE, M. *Fernando Remacha. El compositor y su obra*. Madrid: ICCMU, 1998, pages 69-94.

2 REMACHA, F., quoted by HIDALGO, M.; ARANAZ, I. «Fernando Remacha, un músico navarro para la Historia». *Egin*, 20-12-1977. Information provided by ANDRÉS VIERGE, M. *Fernando Remacha...*, page 70 (see footnote 1).

Baroque music,[3] Gregorian chant, modality and «dramatic lyricism».[4]

Nevertheless, finishing in summer 1924[5] his first and only String quartet, supposedly in fulfilment of the scholarship's requirements concerning the second year of his stay in Rome,[6] Remacha seems to have decided not to take as models the String quartet compositions available until then by Malipiero or any other Italian contemporaries, like Alfredo Casella,[7] because, in his own words, he opted to draw inspiration from Igor Stravinsky. Although it can be assumed that Remacha, as a viola player, had a perfect command of the techniques required for the string instruments,[8] composer Remacha, on the contrary, only had vague ideas about the genre. Thus, he purchased

---

3 During his Italian stay, Remacha collaborated with Malipiero on the «recovery» of works by Monteverdi and Vivaldi (ANDRÉS VIERGE, M. *Fernando Remacha...*, page 94), and that's why he seemingly lived periodically in Asolo (Malipiero's residence) where he appears to have finished his String quartet (see also footnote 5).

4 ANDRÉS VIERGE, M. «Fernando Remacha Villar (1898-1984). 6 claves sobre su vida y obra». *Cuadernos de Música*, 5, 1998, pages 23-40 (here page 36).

5 Location and date of composition («Asolo, VIII/1924») according to the (unsigned) handwritten full score (entitled *Quartetto d'archi*), kept in the library of the Real Conservatorio Superior de Música in Madrid (signature S/7129) together with three sets of the parts, probably made by copyists (signatures S/7122; S/7139: ANMC-155). The first edition (pocket score, page 44), published – likely with the authorization of the composer – under the Spanish title *Cuarteto para instrumentos de arco* by Consejo Central de la Música (Barcelona 1938), however, is dated fourteen months later («Asolo, 12/1925»).

6 The fact that the second academic year comprised the period from September 1924 to September 1925 (see LORENTE LORENTE, J. P. «Pensionados de entreguerras de la Academia Española en Roma». *Artigrama*, 5, 1988, pages 213-230; here page 222 f.) means that Remacha composed the String quartet already during his first scholarship year.

7 Until 1924, there were available from Malipiero's eight String quartets the first two, *Rispetti e Strambotti per quartetto d'archi* (composed in 1920; published by J. & W. Chester, Ltd., London 1921) and *Stornelli e Ballate* (composed in 1923; published by G. Ricordi E. C., Milan 1923), as well as *Cinque pezzi* from Casella (composed in 1920; published by Universal Edition, Vienna 1921).

8 Thanks to his high level as an instrumentalist, Remacha was admitted as a violist by the *Orquesta Sinfónica* of Madrid in 1928, after his return from Rome.

an unidentified score of the Russian musician thought to be instructive for his enterprise, as he admitted half a century later, during an interview granted to the daily newspaper *Egin* in 1977:

> On one occasion, as an academic exercise, I had to do a quartet. Readily, in order to become inspired, I went to buy that of Stravinsky. What I did was to exaggerate Stravinsky's style. Malipiero made me see that this way was not a good one. Indeed, when I listened to what I had composed it seemed to me like a cats quarrel, and I backed down from copying Stravinsky.[9]

This quotation – not exempt from self-criticism despite the ironic undertone – raises several questions: To which work Remacha referred by mentioning «Stravinsky's quartet»? What criteria might have «inspired» Remacha in his own String quartet? What are the alluded style features Remacha said he «exaggerated»? Was Malipiero's role, in fact, limited only to the implicit final censure of Remacha's quartet? Lastly, does the work have properties which reveal the composer's Spanish provenance and define his musical personality? Based on these considerations, the *Quartetto d'archi* (as per the original title, modified in the authorized first edition into the Spanish homonym *Cuarteto para instrumentos de arco*) will be examined hereinafter in the context of the three European cultures which marked Remacha's musical thinking of the mid-1920s, during his training in Italy, when he was already searching for an artistic identity of his own: the French-Russian culture represented by Stravinsky, the Italian one

---

9 REMACHA, F., quoted in *Egin*, 20-12-1977 (see footnote 2): «En una ocasión, como ejercicio académico, tuve que hacer un cuarteto. Rápidamente me fui a comprar el de Stravinsky para inspirarme. Lo que hice fue exagerar más el estilo de Stravinsky. Malipiero me hizo ver que ese camino no era el bueno. Efectivamente, cuando escuché lo que había compuesto, me pareció una riña de gatos y me apeé del burro de Stravinsky.» [English translation from the author of the present text.]

typified by Malipiero, and, last not least, the Spanish one in accordance to the composer's origin.

Stravinsky's «quartet»: *Trois pièces pour quatuor à cordes*?

In the allusion to his model, Remacha did not specify the referred work of Stravinsky, who left no composition entitled «String quartet», as it is generally known.[10] Quoting Remacha, in his monography about the life and work of the Spanish musician (1998), Marcos Andrés Vierge avoided to conjecture about the related antecedent and just made general statements on Stravinsky's style and alleged influence.[11] In contrast, María Palacios, in her study about the «musical renewal» in Madrid during Primo de Rivera's dictatorship (2008), associated Remacha's String quartet with Stravinsky's single movement composition *Concertino pour quatuor à cordes* from 1920, for showing similarities, according to her, in the treatment of rhythm and timbre.[12] When comparing both composers, neither of the musicologists took into consideration Stravinsky's *Trois*

---

10 Stravinsky composed three works for string quartet: *Trois pièces pour quatuor à cordes* (1914; first edition 1922 by Edition Russe de Musique – Russischer Musikverlag, [Berlin] / Boosey & Hawkes, Inc., New York; 1928 transformed into *Quatre Études pour orchestre* with the addition of a fourth movement, titled «Madrid», that was originally written for pianola in 1917); *Concertino pour quatuor à cordes* (1920; first edition 1923 by Wilhelm Hansen, Kobenhavn [et al.]; 1952 orchestrated for twelve instruments); *Double Canon* (1959; originally for flute and clarinet; first edition 1960 by Hawkes & Son, London). None of them was initially designed for string instruments alone, as the sketch books preserved at the Paul Sacher Foundation in Basel-Switzerland prove (see more GORDON, T. «Streichquartett-Komposition 'wider Willen'. Aspekte der Entstehungsgeschichte». *Igor Strawinsky – Trois pièces pour quatuor à cordes: Skizzen, Fassungen, Dokumente, Essays. Festgabe für Albi Rosenthal zum 80. Geburtstag*, edited by H. Danuser in collaboration with F. Meyer and U. Mosch. Basel: Paul Sacher Stiftung / Winterthur: Amadeus Verlag, 1994, pages 29-38; here page 29, footnote 4).

11 See more ANDRÉS VIERGE, M. *Fernando Remacha...*, pages 76-79.

12 See more PALACIOS, M. «Cuarteto para cuerda [de F. Remacha]». *La Renovación musical en Madrid durante la dictadura de Primo de Rivera. El Grupo de los Ocho (1923-1931)*. Madrid: SEdeM, 2008, pages 327-335 (here page 327 f.).

pièces pour quatuor à cordes (finished in 1914 during his exile in Switzerland and first printed in 1922 in New York) despite the similar three-movement structure of Remacha's String quartet which might have raised the issue whether there are additional affinities, in order to reveal the true model.

The shaping of the beginning shows significant similarities to the first of the *Trois pièces* which is constituted by four overlapping elements of varying lengths repeated in the entire first movement always by the same performers (Ex. 1): a pedal point (viola), a *pizzicato*-ostinato (violoncello), a diatonic melody (1st violin) and a descending scalic motive[13] (2nd violin).

Example 1: Stravinsky, *Trois pièces pour quatuor à cordes*, movement I, bars 1-8

---

13 In the first movement of Stravinsky's *Trois pièces*, the recurrence of the descending tetrachord (T) is systematized by the regular alternation of simple and double appearences though the distances between the rests are changing, as shown on the following scheme, in which the numbers stand for the duration of the silences measured in crotchets (bars 4-45, coinciding with the ostinato):

8[♩] T 8 TT 8 T 7 TT 6 T 9 TT 6 T 9 TT 7 T 4

These elements also define the opening of Remacha's String quartet (Ex. 2), even though they appear modified. Indeed, they are partially simplified: both the pedal point (1st violin, bars 2-3) and the accompanying ostinato (2nd violin, bars 2-3) are exempt from the *acciaccatura*-like lower minor ninth[14] which is replaced (through the trilling sustained note) by the major second. Other items are more complex, like both the melody (viola, bars 1-5)[15] and the down-going scale – shaped as a gradual two-part descent in parallel fourths and/or fifths (1st violin and violoncello, bars 4-5) – which exceed the scarce tone material (confined to complementary tetrachords)[16] that characterizes the relevant elements of Stravinsky's first piece (*cf.* Exs. 1 and 2).

Example 2: Remacha, String quartet, movement I, bars 1-5

14 See more TARUSKIN, R. «'...la belle et saine barbarie'. Über den russischen Hintergrund der 'Trois pièces'». *Igor Strawinsky – Trois pièces pour quatuor à cordes...*, pages 17-28 (here pages 25 and 27).

15 In her analysis of Remacha's String quartet, Palacios initiates the opening melody of the first movement in bar 2 as she splits off the upbeat head motive from bar 1, although the (transformed) repetitions (second half of bars 5 and 19) and recapitulation (bar 79) leave no doubt about the melodic belonging of the two ascending fifths (see more PALACIOS, M. *La Renovación musical en Madrid...*, pages 330 f.).

16 In reference to the melody and the scalic motive, Taruskin calls attention to the rigorous subdivision of the melodic material into two tetrachords (1st violin: *g-a-b-c* / 2nd violin: *c#-d#-e-f#*) which are separated by the octave-halving interval of the tritone (see TARUSKIN, R. «'...la belle et saine barbarie'. Über den russischen Hintergrund der 'Trois pièces'», page 26).

The prolongation, partial chromatization and two-part duplication of the scalic element underline its significance as «disturbing» counter-melody which justifies the temporal interruption of the ascending fifths ostinato figure and the trilled pedal point on g^1, and can be interpreted as Remacha's deliberate attempt to exaggerate Stravinsky's related feature from which he adopted the dynamics (*fortissimo*) and the percussion-like bowing (strong *détaché* based on consecutive down-bows).[17]

The melody which inaugurates Remacha's first movement (*Allegro resoluto*) – a priori based on the heptatonic scale of *C* mayor before surprisingly cadencing to the altered fifth (g^1 sharp) in bar 4 – has in common with the supposed model, apart from its length (four and a half bars) and the opening rise, some rhythmic-diastematic patterns that determine the popular nature of the respective pieces (*cf.* Exs. 1 and 2), such as the syncopation, the circulating tetrachord (Stravinsky: g^1-c^2; Remacha: c^2-f^2), and the accelerating falling three-tone motive (♫ in Stravinsky; ♫ in Remacha).

Melodic affinities to Stravinsky's first piece can also be found in Remacha's third movement (Ex. 3), the second section (bars 27-75) of which presents a simple two-part melody (violins, bars 28-35). Likewise, the melodic ambitus of the main voice[18] (1st violin) is restricted to the (descending) tetrachord a^1-g^1-f^1-e^1, evoking the *e* mode, which is abandoned only at the end as a consequence of the leap of an upper fourth from the tonal dominant to the resting tonic (c^2). The structure is marked by irregular phrasing (5+2 bars) and metrical changes, which, although employed less systematically than in the potential model, pro-

---

17 In Stravinsky's first piece, the bowing of the descending tetrachord alternates in each appearance between consecutive up-bows and down-bows.

18 For Palacios this «extremely simple» melody with its «certain infantile character» is representative for themes of the New Music (PALACIOS, M. *La Renovación musical en Madrid...*, page 333). In contrast, Andrés Vierge underlines the popular «dancing character» of the same (ANDRÉS VIERGE, M. *Fernando Remacha...*, page 78).

voke a similar sensation of loss of the metric perception. The simultaneous four-tone ostinato of the accompaniment (violoncello and viola) counteracts this effect by suggesting a regular quadruple time periodization.

Example 3: Remacha, String quartet, movement III, bars 28-35

The head motive (bar 42) of the second subject from Remacha's first movement, distinguished by *marcato* (Ex. 4, 2nd violin), could be inspired by the melodic opening of Stravinsky's first piece (Ex. 1, bar 4) having in common the ambitus (fourth), the rhythmic figuration (quavers and crotchets), the step progression up to the fourth and the final downward leap of a third. In both cases, the shaping of the melody is based on the idea of varied repetition by means of addition and/or subtraction of notes, rhythmic-metric modification (changes of accentuation), and, in the Spanish work, also transposition. Stravinsky employed the principle of variation as a device to differentiate the constitutive components of the ternary melody (bars 4-13). This melody becomes then literally repeated three more times, even though it remains independent from the metrical pattern (3/4+2/4+2/4) that is linked to the three-bar bass ostinato. In contrast, Remacha immediately carried out the modifications, as he generated the melody through the juxtaposition of varied one-bar phrases.

Example 4: Remacha, String quartet, movement I, bars 42-45

The homophonic texture that characterizes Remacha's second subject (Ex. 4) is utilized as a means to establish contrasts, just as it happens in Stravinsky's *Trois pièces*. In Remacha's String quartet, contrasts fulfil a structural function within the individual movements, in accordance with the classic-romantic tradition[19] (which is questioned at the same time by the renouncement of a dance-like middle movement). Each movement is based on two thematic main ideas that, depending on their succession, recurrence and function, insinuate a sonata form (I) or an amplified Lied form (II and III). On the contrary, in the *Trois pièces* contrasts primarily determine the overall form, in order to distinguish the movements from one another. Their extreme shortness and lack of any motivic-thematic development, replaced by procedures of juxtaposition and (partially) varied repetition, are indicators for the composer's deliberate rejection of the genre's tradition.

Stravinsky's final movement – the slowest of the three pieces – is marked by a strictly homophonic setting combined with large durations (half notes and crotchets). Its choral-like nature, especially of the first section (bars 1-26), is owed to the

---

19 Remacha probably owes his knowledge of the classic-romantic forms and genres to his former teacher Conrado del Campo (1878-1953) who was closely familiar with the string quartet and its standards, since he was both co-founder (1903) and, for more than three decades, violist of the Cuarteto Francés as well as the composer of fourteen String quartets (most of them remain unpublished).

suggested antiphonal structure being evoked through changes of timbre, rhythm and sound material by the alternation of a chordal refrain, emphasized by the opening triplet that derives from the introduction (Ex. 5, bars 1-2), and melodic reminiscences to the plain-chant *dies irae* (*ibid.* violins, bars 3-7).[20]

Example 5: Stravinsky, *Trois pièces pour quatuor à cordes*, movement III, bars 1-7

The homophonic texture of the alluded Gregorian fragment (bars 3-7) goes back to a single harmonic sequence constituted (except for the opening triad) by three four-note chords which emphasize the *acciaccatura*-like dissonances (in terms of a minor ninth and major seventh).[21] The treatment of the iterated chordal sequence, partly shortened, retrograded and varied (bar 6),[22] is exemplary of Stravinsky's modular technique, based on the juxtaposition of identical and similar elements (Ex. 5).

The diatonic substance of this passage (dorian scale on *c* regardless of the chromatization of the second, third and seventh degrees) might have served as a pattern for the homophonic chord progression that in Remacha's second movement accompanies the

20 See more MEYER, F. «Form und Struktur in den 'Trois pièces'. Analytische Annäherungen». *Igor Strawinsky – Trois pièces pour quatuor à cordes...*, pages 47-60 (here pages 56 f.).

21 See footnote 14.

22 The chords (numbered 1 to 4; the variants are signed with superscript «v») succeed as per the following scheme (bars 3-7):
||1|234|| |234|3 | |234|43 | 2ᵛ3ᵛ|234|| 4||

folksy melody (1st violin) of the first section, on its recapitulation (bars 40-54; Ex. 6). The accompaniment (violoncello, viola, 2nd violin) comes from the superposition of three ostinato motives which are uniform in rhythm (crotchets) but different in length (3, 2, and 4 notes). This latter fact provokes that, despite the regular recurrence of the overlapped cells, the resulting harmony is permanently changing (nine different chords in four bars). Nevertheless, in comparison to Stravinsky's third piece, the passage is less dissonant due to the triadic configuration based on the heptatonic scale and to Remacha's preference for perfect chords.

Example 6: Remacha, String quartet, movement II, bars 40-44

The accompaniment of this fragment denotes a simplification of Stravinsky's harmonic approach due to Remacha's strict confinement to the modal scale (*d* mode on *c*) and the obviation of chromatic enhancements. In contrast, the static sound field that precedes the coda in Remacha's final movement (bars 160-170) is interpretable – especially in its second part (from bar 166) – as an exaggeration of Stravinsky's introduction of the third piece (opening and closing chords, respectively, in bars 1 and 2) with respect to the spatial and temporal expansion of the sound (*cf.* Exs. 5 and 7). The corresponding chords show a similar five-part basic structure, as they are constituted by two superposed harmonic elements which insinuate an inherent bitonality: a bass support built by a perfect fifth on the violoncello, and above (provided by the remaining strings at the distance of a tritone) a triad in first inversion (*D* minor in Stravinsky; *G* major in Remacha).

Remacha increased the level of dissonance of this harmonic substance by adding above the two components a major second (*d* sharp) and a fifth (*a¹*), respectively, both also a tritone apart from each other. The tenacious repetition of the resulting seven-part chord[23] causes, during five bars, a harmonic standstill while the diminishing rhythmic values suggest a progressive acceleration which, in combination with a gradual crescendo, leads to the apotheosic coda (bar 171).

Example 7: Remacha, String quartet, movement III, bars 166-170

Likewise, the rhythmic and harmonic treatment of the introduction from Remacha's final movement (bars 1-9) can be associated with the athematic opening section of Stravinsky's middle piece (bars 1-12), as both are marked by the persistent reiteration of a succinct rhythmic pattern linked to a pair of alternating chords. In the case of Stravinsky (Ex. 8), the percussion-like character arises from the upbeat accentuation and regular pulsation of incomplete triplets, embedded in a steady two-four time, as well as from the homorhythmic setting being based on a four-part chord of stratified fifths (the middle one is diminished) and its «resolution»

---

23 Palacios seems to associate this chord with the so-called «toltchok» or «augures printaniers» chord from Stravinsky's *Le Sacre du printemps*, though referring, apparently by mistake, to the «coda» from «bars 180 ff.» (PALACIOS, M. *La Renovación musical en Madrid...*, page 334).

hinted through the descending semitone step (1st violin) that leads
to the fundamental's fifth.

Example 8: Stravinsky, *Trois pièces pour quatuor à cordes*, movement II, bars 1-3

In Remacha's third piece (Ex. 9), the iambic nature of the
supposed model appears metrically shifted in the manner of a
Lombard rhythm that is entrusted to the first violin. Emphasizing
the beginnings of each bar, its recurrences, however, happen
irregularly as a consequence of the changing meter. The Spanish
composer favoured a responsorial texture, affirmed by means
of timbre (*arco* vs. *pizzicato*). In it, the «soloist» (1st violin)
introduces a basic chord built from two perfect fifths that are
embellished with an ascending *appoggiatura* (f-g^2) linked to the
Lombard rhythmic pattern, replied by the remaining strings with
an expanded variant which insinuates the presence of bitonality
(bars 1-4: *G* and *E* major; bars 5-9: *C* and *A* major). This is due to
the addition of the foreign notes g^2 sharp and c^3 sharp respectively,
so that their coincidence with the concerning basic notes (*g* / *c*)
generates *acciaccaturas* similarly to Stravinsky's approach.

Example 9: Remacha, String quartet, movement III, bars 1-6

Percussive effects can be found in Remacha's String quartet also on other moments, and they mostly become produced through arpeggiated empty chords (frequently coinciding with the open strings). These chords appear in combination either with *pizzicati*, like in the last section of the first movement in order to emphasize the entrance of the recapitulation (I, bars 79-81: violoncello), or with down-bows, such as in the last movement, on the occasion of the coda's athematic and static second part[24] (III, bars 180-187: violins) intended to delay the termination of the work.

On his admitted attempt to «exaggerate» Stravinsky in his String quartet, Remacha totally disregarded the instrumentation. Compared to the refined treatment of timbre in the *Trois pièces*, generally praised for the «innovative handling of the string instruments»,[25] Remacha's approach concerning this

---

24 Andrés Vierge called this procedure «col-legno effects» when referring to «the last bars of the work» (ANDRÉS VIERGE, M. *Fernando Remacha...*, pages 76 f.). This idea was seemingly taken up by Palacios who pointed out in the Spanish work the alleged «indications col legno» which, in her opinion, «remind the page of Stravinsky» (PALACIOS, M. *La Renovación musical en Madrid...*, page 328), although neither Remacha (in the String quartet) nor Stravinsky (in the *Trois pièces*) used the mentioned bowing technique.

25 See more GORDON, T. «Streiquartett-Komponist 'wider Willen'. Aspekte der Entstehungsgeschichte». *Igor Strawinsky – Trois pièces pour quatuor à cordes...*, pages 29-38 (here page 29).

matter is much simpler and, in the end, more conservative. This is due to the fact that the Spanish composer, even though (or perhaps because) he was a professional violist, did not go beyond the conventional finger and bowing techniques as applied to string instruments in the classical-romantic repertoire that he knew well from his own practice as an interpreter.

In Stravinsky's *Trois pièces* the complexity of sound and timbre is compensated by the simplicity of structure, which is based on the principles of repetition and juxtaposition while excluding procedures of development. The work is marked by the extreme brevity of the single movements (48+61+46 bars) and the gradual retardation that results from the progressive reduction of tempo.[26] All these criteria are signs of the composer's deliberate break with the tradition of the string quartet genre which is corroborated also by the choice of a neutral work title. Although the implementation of the idea of exaggeration, as comprehended by the Spanish composer, involves the possibility to continue Stravinsky's tendency to formal simplification, Remacha carried out a paradigm shift by enlarging the dimensions of his String quartet. In comparison with Stravinsky's work he not only partially almost tripled and even quadrupled the number of bars (126+91+192) but he also opted for traditional form concepts and compositional procedures, thus clearly differing from the supposed model.

Malipiero's *Rispetti e Strambotti*: source of archaic patterns?

The fact that, in addition to the contemporary approaches modelled obviously after Stravinsky, Remacha furthermore employed in his String quartet archaic techniques which have been omitted in the *Trois pièces*, leads to his Italian teacher and

---

26 Tempo of the first piece: M.M. ♩ = 126; second piece M.M. ♩ = 76; third piece M.M. ♩ = 76

especially to *Rispetti e Strambotti per quartetto d'archi*[27] which was composed in 1920 and awarded the same year the Coolidge Prize. It can be assumed that Remacha knew Malipiero's First String quartet when composing his own contribution to the genre that he finished during a temporary stay precisely in Asolo,[28] place of residence of the Italian composer since the early 1920s.

Title, form and content of the one-movement work are inspired by old-Italian poetry, and reflect Malipiero's aesthetic position which is clearly opposed to the Austro-German tradition of the genre. This becomes particularly manifest in the application of the principles of juxtaposition and (varied) repetition[29] by chaining twenty contrasting sections, numbered I to XX (in the score) and denominated «strophes» (in the preface of the first edition) by the composer himself, in reference to the implied literary models.[30] The unity of the composition is achieved by means of rhythmic-diastematic recurrences, mainly

---

27 See more about the work in the present publication: RAMOS CONTIO-SO, S. «'Rispetti e Strambotti' (1920) de Gian Francesco Malipiero: adecuación de una estética renacentista al contexto cuartetístico de principios del siglo XX».

28 See footnotes 3 and 5.

29 Vitzthum traces these principles back to Domenico Scarlatti. See VITZTHUM, T. S. *'Nazionalismo e Internazionalismo' – Ottorino Respighi, Alfredo Casella und Gian Francesco Malipiero und die kulturpolitischen Debatten zwischen 1912 und 1938 in Italien*. Ph.D. Dissertation, Universität Regensburg, 2007, page 183.

30 M[ALIPIERO], G. F. Preface (in Italian, German, English, and French) in *G. F. Malipiero. Rispetti e Strambotti per quartetto d'archi*. Wiener Philharmonischer Verlag A.G., Vienna (= Philharmonia, 298), London: J. & W. Chester, 1921. In the following, the term «strophe» will be used (instead of «stanza» which was applied in the English translation of Malipiero's preface) regarded as being closer to the supposed original Italian quotation («strofa») and its German («Strophe») and French («strophe») translations. Waterhouse assumes that in *Rispetti e Strambotti* Malipiero «adapts the 'panel' structure of *Pause del silenzio I* [1917] in ebullient kaleidoscopic terms [...]». See WATERHOUSE, J. C. G. «Malipiero, Gian Francesco». *The New Grove Dictionary of Music and Musicians*, vol. 11, edit. por S. Sadie. London: Macmillan Publishers, 1980, pages 578-584 (here pages 579 f.); *Ibid. Gian Francesco Malipiero (1882-1973). The life, times and music of a wayward genius*. Amsterdam: Harwood Academic Publishers, 1999, pages 141 f.

based on the fanfare-like opening idea (Ex. 10) defined by Malipiero as a «theme which almost resembles a Ritornello, but which is meant, above all, to express the joy of one who loves both to listen to the vibrations of the open strings and to become intoxicated with their sounds».[31] By making this affirmation, Malipiero alluded implicitly to the archaic sound of parallel fifths, prohibited in music theory for six centuries and rediscovered in the course of musical modernism, which are omnipresent in *Rispetti e Strambotti*. Generated by the open strings and used on two dimensions, both vertically and horizontally, fifths shape the head motive of the rhythmically vibrant «Ritornello» (introduced by the unaccompanied 1st violin), and partially they also provide the harmonic support in some later strophes, mainly in form of bourdons, alternating dyads, static sound fields and ostinato figures.

Example 10: Malipiero, *Rispetti e Strambotti*, «strophe» I, bars 1-2 («Ritornello»)

The sound of open strings is also present in abundance in Remacha's String quartet, especially in the first movement. In it, they constitute the tonal centre (based on *c*) of the first subject of the sonata form (Ex. 2), being simultaneously joined to open fifth chords or, successively, to arpeggiated ostinato motives. In the third movement, the open strings act again as an important part in the harmonic conception, mainly of the introduction (Ex. 9) and the coda. In the latter, they participate (together with *e* flat) in the progressive designing of a static six-part sound field (from bar 180 on) which delays the termination of the work carried out apparently in bar 190 with the entrance of a

31 M[ALIPIERO], G. F. (English) Preface in *G. F. Malipiero. Rispetti e Strambotti per quartetto d'archi* (see footnote 30).

perfect triad (*c* minor). Unexpectedly, the supposed minor tonic is followed, after a general pause, by an embellished *G* major chord, its closing effect, though prepared by means of tempo (*ritardando*), dynamics (*fff*) and articulation (down-bows), is harmonically attenuated through the addition of the unresolved fourth.

The purposeful exploitation of the open strings involves the distortion of the archaic sound of open fifths at moments of highest tension. This can be observed in the exposition of the first movement on the occasion of the progressive intensification of the repeatedly varied second subject (from Ex. 4) which culminates in the first climax of the piece (bars 53-56; Ex. 11). Dynamically enhanced by a gradual *crescendo*, the last variant appears strident due to the upper register, the three-part texture (violins and viola) and the more or less parallel voice-leading (partly in ninths and fifths) of the melody (based on *E* major) which is moved across a static sound field intended to originate semitone frictions that are reminiscent of *acciaccaturas*. This sound field, pulsing in crotchets, is built by a steady fifth bourdon, provided by viola (*d*) and second violin (*a*), and a plucked four-part chord inspired by the open strings of the violoncello that however deforms the perfect fifths by altering both central notes one semitone above (to *g* sharp and *d* sharp).

Example 11: Remacha, String quartet, movement I, bars 53-57

The melodic and harmonic treatment of the second subject, targeted to the climax, comprises processes of development that are assigned by tradition to the middle section of the sonata form. This functional displacement is justified with the interpolation, between the exposition and the recapitulation, of a lyric and harmonically stable episode (bars 57-78)[32] that evokes the melody of the previous thematic group while resuming the genuine pedal bass of empty fifths. Iterated with tenacity by the violoncello (Ex. 11, bar 57), though momentarily sequenced and partially arpeggiated into brief ostinato figures, the archaic basic sound (*e* flat-*b* flat) defines the entire section in a similar way, as can be found in some strophes of *Rispetti e Strambotti* (e.g. II, VII, XII, XIII, XVIII).

In strophe XVIII (after a short introduction), Malipiero combined the insistent open fifth of the accompaniment with a periodic melody (1st violin, bars 475-482) harmonized in parallel fourths (2nd violin) and sixths (viola), alluding to the fauxbourdon technique that, likewise, goes back to early Western music (Ex. 12).

Example 12: Malipiero, *Rispetti e Strambotti*, «strophe» XVIII, bars 475-480

Remacha utilized chains of sixth chords in the first movement of his String quartet as a means to vary the second subject of the sonata form (see Ex. 4) within the process of intensification that leads to the described climax passage. However, the fauxbour-

---

32 The transitional last bar of the middle section prepares the second climax which coincides with the entrance of the recapitulation in bar 79.

don, equally assigned to the three upper parts, fulfils in this case, a secondary function by accompanying the main melody that reappears converted into *cantus firmus* by the violoncello. The parallel triadic texture of this accompaniment constitutes a compact counterpoint that partly moves in contrary motion with the bass melody by carrying out scalic descents and ascents (Ex. 13).

Example 13: Remacha, String quartet, movement I, bars 49-52

Eventually, Remacha's polyphonic style includes techniques of contrapuntal imitation (obviated by Stravinsky in the *Trois pièces*), even though the use of canon and fugato is less prominent in his String quartet than in *Rispetti e Strambotti*. In the latter, Malipiero created momentaneous echo effects through stretti, in order to vary and intensify the *fanfare*-like head motive, on the return of the *Ritornello*. Furthermore, he employed motivic imitations for the purpose of distinguishing selected strophes. This occurs by means of a plucked (*pizzicato*) four-part *hoquetus* (strophe X), playful melodic dialogues (XVI), and overlapped ostinato figures disposed to mechanize the accompaniment (XIX). He even drafted a rudimentary fugue (VII), opened in inverse order with the *comes* form (1st violin, bar 166) that is answered an upper fourth apart by the *dux* (2nd violin, bar 172). In a comparatively simpler manner, Remacha integrated a two-part canon (viola and 1st violin) into the sonata form of the first movement as a resource, within the exposition, to intensify the tension of the first subject by means of its repetition (bars 25-31). Supported by a harmonic pattern of perfect fifths (open strings in the violoncello) and surrounding a circling ostinato figure limited to a major third ambitus (2nd violin), the canon precedes the homophone and percussive transition that leads to the second subject (Ex. 14).

Example 14: Remacha, String quartet, movement I, bars 25-28

Imitative counterpoint is employed by Remacha, again, in the last movement on the aim of elaborating the lyric violoncello melody from bar 96 that is continued with an ascending three-part stretto. This is based on the anacrusic head motive, being answered by the violins a minor and major sixth above at the distance of four and two crotchets respectively, and becomes accelerated by means of rhythmic diminution in the following repetition (bars 100-105). The stretto passage is combined with a circling ostinato motive of only three consecutive notes (viola) derived from the previous bass line that emphasizes the phrygian cadence. Its tonic (*g* sharp) creates a false relation with the fundamental (*G*) of the six-part pedal point shaped by the verticalized mixolydian scale (without *a*).

The occasional use of archaic modes, integrated in a mainly tonal (sometimes bitonal) context and linked to style features of the 20th century, may be inspired by the harmonic conception of Malipiero's *Rispetti e Strambotti* with the purpose of evoking the past,[33] in accordance, in this special case, with the

---

[33] More about «external solicitations» of modality in modern music (religious context, popular aspect, evocation of the past, exotism), see GONNARD, H. *La musique modale en France de Berlioz à Debussy* (Collection « Musique-Musicologie », 33, dirigée par D. Pistone). Paris: Librairie Honoré Champion Éditeur, 2000, pages 123-157.

extra-musical poetic models alluded in the title. The deliberate evocation of «*musica antica*», by means of harmonic modality and melodic diatonism partly based on Gregorian chant[34] (such as in the chorale-like epilogue of the strophes VII, XIII and XX), has been interpreted as Malipiero's attempt «to ensure the *musica nazionale* of the future».[35] His understanding of music regarding the equation of national and early music[36] corresponds, especially in the Mediterranean countries, to the *Zeitgeist* of the 1920s in accordance to the currents of neoclassicism. In Spain, it has been materialized in Manuel de Falla's paradigmatic *Concerto* for harpsichord and five instruments (1923-26),[37] composed and premièred during Remacha's stay in Italy, that makes use of a Castilian folk song from the 15th century. Thus, it would be plausible to suggest that Remacha, in search for an identity of his own, dealt with melodic and harmonic properties rooted in Spanish folk song and dance tradition.

---

34 See CASELLA, A. «Il linguaggio di G. F. Malipiero». *La Rasségna Musicale* (commemorative number), February-March 1942, reproduced in SCARPA, G. (ed.). *L'opera di Gian Francesco Malipiero: saggi di scrittori italiani e stranieri, con una introduzione di Guido M. Gatti*. Treviso: Edizioni di Treviso – Libreria Canova, 1952, pages 127-132 (here pages 129 f.): «L'allargamento nel senso tonale è ottenuto da Malipiero dapprima col largo uso di modi antichi: dorico, ipodorico, frigio e misolidio. [...] Ma il maestro veneziano riesce soprattutto a creare una nuova atmosfera tonale con continui contrasti ed urti fra modalità e gravitazioni tonali divergenti, determinando così una incertezza tonale, una instabilità modale, che costituisce uno dei lati più potentemente originali di quell'arte.»

35 VITZTHUM, T. S. *'Nazionalismo e Internazionalismo'...*, page 124.

36 On the basis of the written legacy, Vitzthum concluded that «musicologist» Malipiero equated «*musica nazionale*» with «*musica antica*», comprising the latter the Gregorian chant, the Italian masters of vocal polyphony, and instrumental composers from D. Scarlatti to G. Sammartini (*ibid.*, page 114).

37 See e.g. NOMMICK, Y. «Un ejemplo de ambigüedad formal. El 'Allegro' del 'Concerto' de Manuel de Falla». *Revista de Musicología*, 21-1, 1998, pages 11-36.

Remacha: «Singing» Spanish?

It can be assumed that, when making the self-mocking comment concerning the alleged «caterwauling»[38] of his String quartet, Remacha did not refer to the specific lyric moments available in all three movements. The composer's intention to let sing the strings becomes particularly evident in the polyphonic last section of the third piece (bars 142-159) that gives way by means of a pivot chord to the athematic static sound field (Ex. 7) which leads to the coda. The five-part texture of this passage results from a fixed pedal point (1st violin: *g*) and two independent melodies (both in *g* mode on *d* reminding previous sections and moved in parallel motion, respectively, a third above and below), the solemn lower one (viola and violoncello) is explicitly instructed to be played «cantando»[39] (Ex. 15).

Example 15: Remacha, String quartet, movement III, bars 142-147

The implied reference to vocal devices, made at the end of the String quartet by this expressive indication, stresses the lyric nature of certain melodies which, according to Remacha's biog-

---

38 See footnote 9.

39 In this respect, it is recalled that the third movement of Stravinsky's *Trois pièces* (untitled in the original version for string quartet) became named «Cantique» in the orchestral version (*Four Études*) in compliance with the compositional intentions regarding form (antiphon) and contents (Gregorian chant).

rapher, is due to their «popular inspiration».[40] The melodic conception of the work is characterized by the dichotomy between both the principles of simplicity and complexity that stand for a sustainable way of Remacha's dealing with Stravinsky's and Malipiero's music from the early 1920s.[41] This contrast results from the opposition of short melodies (strictly diatonic and with limited ambitus) which are based on motivic repetition and regular phrasing on the one hand (see e.g. Exs. 3 and 4) and largely extended, non-periodic cantilenas (harmonically and metrically unstable) that tend to approach «musical prose»[42] (particularly in the second and third movements) on the other hand.

Both phenomena can be illustrated in the last movement by means of the brief first subject (bars 10-13; Ex. 16) and its elaborated recapitulation (bars 76-93; Ex. 17). Following the athematic introduction (Ex. 9), the opening melody (played in unison by 2nd violin and viola) is restricted to the pentachord *a-b-c-d-e* and makes its first appearance in the context of the *e* mode on *b* highlighting the typical descent of the iterated phrygian cadence (bars 12 y 13). At the same time, the accompaniment (violoncello) assumes the remaining notes of the concerning heptatonic scale through a three-tone ostinato that emphasizes the (descending) modal dominant *e* while its implicit triple pulse counteracts against the melodic quadruple meter (Ex. 16).

---

40 ANDRÉS VIERGE, M. *Fernando Remacha*..., page 77.

41 According to Andrés Vierge, the contrast between melodic lyrism (attributed to Malipiero's «influence») and scarceness (due to Stravinsky's approach) has to be aware «to understand the dramatism of the work». ANDRÉS VIERGE, M. *Fernando Remacha*..., page 77 (see also pages 94 and 270).

42 More about the origin and definition of the term in DAHLHAUS, C. «Musical prose». *Schoenberg and the New Music*. Translation D. Puffet and A. Clayton. Cambridge: CUP, 1987, pages 105-119.

Example 16: Remacha, String quartet, movement III, bars 10-13

The (embellished) recapitulation of this austere first subject is the starting point for an extensive melodic unfolding (1st violin), enlarged in time and ambitus in comparison with its presentation. Ascending gradually, the melody paces two and a half octaves while attaining solemnity (from bar 86 on) due to the successive augmentation of the rhythmic values in conjunction with the achievement of the highest register (Ex. 17). The former modal stability of the melody based on the *e* mode gives way, after the modified quotation of the first subject, to harmonic ambiguity by means of occasional alterations of single notes. Oscillating between modality (*e* mode on *g* sharp) and tonality (*e* major), the melody finally tends to *g* minor that becomes confirmed through the semitone step upward from the tonal leading note to the fundamental of the tonic. The melody's expressiveness and lyricism are mainly due to this inherent lack of harmonic directionality caused by the unexpected chromatization of single notes.

Example 17: Remacha, String quartet, movement III, bars 76-93
(melody of the 1st violin)

Large cantilenas also dominate the slow middle movement that is based on two contrasting subjects (A and B) which return varied within different contexts by changing the (partially polyphonic) accompaniment. Both melodies, in dialogue between first violin and viola, start with regular four-bar phrasing and are initially confined to the small ambitus of an octave showing a tendency towards modality (see Fig.). In contrast to the modal stability of the first melody (Ex. 6) that maintains the *a* mode in its three appearences (bar 2 on *a*; bars 42 and 54 on *g*), the second melody (Ex. 18) questions the established *g* mode (bar 18 and 80 on *b*; bar 65 on *e*) by means of an enharmonic spelling on the occasion of its elaboration (B$_1$: bar 24, B$_1$': bar 71).

Example 18: Remacha, String quartet, movement II, bars 18-27 (melody of the 1st violin)

As a consequence of the alteration of single notes (such as the augmentation of the opening fourth leap to a tritone) the melodic reply, however, carried out by the viola, tends to the *a* mode (bar 29 on *c* sharp) and *d* mode (bar 76 on *f* sharp). Despite the modal behaviour of these cantilenas, the structural organization of the melodic sections partly conforms to tonal principles, as can be observed at the prominent second subject (B$_1$) and its modified reply (B$_2$). In comparison with the exposition (on *b* and *c* sharp), their recapitulations (bars 65/76) appear transposed (regardless of the former modal pattern) to the fifth below (on *e* and *f* sharp) suggesting a dominant-tonic relation. It is followed by the coda (B$_1$": bar 80) that, while citing the cantilena of the second subject (in unison by both violins), resumes the initial *g* mode on *b*.

Bars	2	18	29	42	54	65	76	80 (coda)
Subjects	A	B_1	B_2	A'	A''	$B_1{}'$	$B_2{}'$	$B_1{}''$
Strings	vl 1	vl 1	va	vl 1	va	vl 1	va	vls 1+2
Modes	*a* on *a*	*g* on *b*	*a* on *c#*	*a* on *g*	*a* on *g*	*g* on *e*	*d* on *f#*	*g* on *b*

Figure: Remacha, String quartet, movement II (modal organization of the melodies)

Even though there is no evidence of original quotations from national folk songs in Remacha's String quartet[43] (nor is there neither in Malipiero's *Rispetti e Strambotti*[44] and Stravinsky's *Trois pièces*,[45] both are occasionally said to be «inspired» by Italian historic and Russian folk music respectively), the modal character of certain melodies contributes to evoking Spanish popular music. Some style features in particular point to the oral tradition of the Spanish North[46] (although not exclusively), such as the use of incomplete diatonic scales (being remarkable the absence of the sixth and/or seventh degrees),[47] the unembellished syllabic melody style,[48] the stressing of the axis between the first and fourth degrees of the ascending scale[49] (these are criteria especially of Remacha's

43 Andrés Vierge made no mention of possible sources from popular tradition. By highlighting in the third movement (bar 28) the «dancing character of folkloric references» and in the second the «lyric taste of the traditional melody», he avoided to specify the concerning style criteria (ANDRÉS VIERGE, M. *Fernando Remacha...*, page 78).

44 See VITZTHUM, T. S. '*Nazionalismo e Internazionalismo*'..., page 209.

45 See TARUSKIN, R. «'...la belle et saine barbarie'. Über den russischen Hintergrund der 'Trois pièces'», pages 17-28.

46 The primary (*Cancioneros*) and secondary sources on (Northern) Spanish folk music use to merge Navarra (region of origin of Remacha, born in Tudela) with the Basque Country. See more about popular Navarran music in FERNÁNDEZ DURÁN, D. «2.1. El País Vasco y Navarra». *Sistemas de organización melódica en la música tradicional española*. Ph.D. Thesis, Universidad Complutense de Madrid, 2008 (published by CD-Rom, 2009), pages 132-146.

47 Apart from its importance for the Basque folk music, the use of incomplete scales (especially those lacking the sixth and seventh degrees) is a general characteristic for other Spanish regions too (*ibid.*, pages 136 f.).

48 *Ibid.*, page 137.

49 *Ibid.*, page 144.

simple melody type), the unprepared shifting from one mode to another (or from modality to tonality)[50] by means of momentary chromatic alterations of single notes creating ambiguity,[51] as well as the preponderance of the *a* mode and *g* mode[52] and the occasional application of the *e* mode[53] and *d* mode.[54] On the contrary, rhythmic-metric characteristics of Navarran folk songs and dances (such as the *jota*)[55] do not seem to have been taken into account by the composer in this work.

Unless they form part of a preponderantly polyphonic texture (such as the cantilenas of the second movement), the melodies of Remacha's String quartet usually are embedded in a static sound

---

50 Fernández Durán called the result «authentic 'polimodal' and 'politonal' melodies» in reference to Azkue (*ibid.*, page 136).

51 *Ibid.*, page 139.

52 According to the repertoire colected by Donostia and Azkue, the *a* mode (= minor mode without leading note) is the most common mode of the Basque repertoire (preferredly with a melodic ambitus of a fifth, sixth or seventh), followed by the *g* mode (= major mode without leading note) and, less frequent, by the «stable» (it means inaltered) *d* mode. The *a* mode is very frequent also in other Spanish regions although less than the *e* mode (*ibid.*, pages 138 f.).

53 Much less frequent in the Basque Country than in other Spanish regions, the *e* mode (globally considered identifying feature par excellence for «Spanish» music) is used in the North in a mostly diatonic-syllabic melodic context exhibiting an «austere and severe character almost inexistent in the South and Mediterranean area» where the *e* mode is linked more to chromatic-melismatic melodies. These North-South differences in the application of the *e* mode can be observed also in Italian folk music (*ibid.*, page 499). See also FERNÁNDEZ DURÁN, D. *Sistemas de organización melódica...*, pages 107-128 (= Chapter 1.8 «El modo de Mi»).

54 The *d* mode is said to be employed almost exclusively in the folk music of Northern Spain and likewise characterizes the popular repertoire of Southern France (*ibid.*, page 146).

55 The *Jota* (characterized by the minor mode, 3/4 meter and abundant use of melismas) is said by Crivillé i Bargalló to be one of the most typical Navarran dances. Fernández Durán, in contrast, came to the conclusion that the principal folksong collections from Northern Spain (such as the *Cancioneros* published by Azkue and Donostia) do not include any example of the jota in Navarran style. See CRIVILLÉ i BARGALLÓ, J. *El folklore musical* (= Historia de la música española 7, edited by P. López de Osaba). Madrid: Alianza Editorial S.A., 1983, 1988, pages 203 f. and 239; FERNÁNDEZ DURÁN, D. *Sistemas de organización melódica...*, page 137.

field built frequently by short ostinato figures and supported by iterated fifth chords. In conjunction with the modal behaviour of some melodies, the non-functional fifth harmony that dominates the three movements to the detriment of a goal-oriented triadic accompaniment (by abstaining from leading notes and dominant seventh chords) contributes to the latent archaic sound of the work. Its modern character results above all from the linear superposition of different diatonic scales (tending to bitonality or bimodality) and the individual chromatization (in only one or two voices) of certain degrees that cause false relations and unresolved dissonances as well as from the abruptness of the harmonic and textural changes.

Towards universality

Remacha assimilated in his only String quartet the contemporary European currents of the 1920s by utilizing a universal musical language partially based on style criteria of neoclassicism. These were preformed in Stravinsky's *Trois pièces*, which palpably served the Spanish composer as a pattern. The analysis and comparison of both works indicate that Remacha might have been «inspired» (to use his own word) not only by the total form of three movements but also by certain means of shaping concerning texture and melodic setting (stereotyped repetition, juxtaposition, superposition, ostinato devices, percussive effects, *acciaccaturas*). However, the harmonic approach is more moderate in Remacha due to the basic fifth harmony (partially combined with triadic progressions) which attenuates the asperity of chromatic dissonances that characterize the *Trois pièces* (bearing witness to their proximity in time to *Le Sacre du printemps* premiered in 1913 in Paris in the presence of Malipiero).[56] The proliferation of par-

---

56 Malipiero's presence at this premier in Paris constituted a second «landmark in his experience» (the first one was his meeting with Ferruccio Busoni at Berlin in 1908/09) which paved his way to modernism. See WATERHOUSE, J. C. G. «Malipiero, Gian Francesco», page 578.

allel fifths (frequently linked to open strings) and other archaic techniques omitted by Stravinsky, like fauxbourdon and canon, as well as the manifestation of modality point to the impact of Malipiero's teaching. Apart from merely representing an archaic means for evoking the past, the modal behaviour of many melodies in Remacha's String quartet can furthermore be associated, in combination with other style criteria, with Spanish folk music especially of the North. By adding in this way his personal touch to the work (always avoiding melodic quotations), at the same time Remacha did confer on it an universal stamp as most of these features are characteristics too for folk music of other European regions.

Finally, there is the question of how Remacha proceeded in order to «exaggerate» Stravinsky's style, a style (concerning the *Trois pièces*) marked by formal clarity, melodic simplicity and absence of contrasts on the one hand, and by harmonic ambiguity and timbric diversity on the other hand.[57] Instead of strengthening both the implicit economy of means and the complexity of the related parameters, Remacha did just the opposite: extend and complicate the form and part of the contents, and simplify the harmony and timbre. This latter, oddly enough, is restricted to conventional basic articulations and bow and finger techniques of the strings (*arco, pizzicato*) without making use of more modern devices of instrumentation. But by expanding and elaborating the form through the utilization of contrasting subjects (in I and III) and cantilenas (in II) as well as the application of the principles of variation and motivic-thematic development, Remacha turned away not only from Stravinsky but also from Malipiero,[58] both demonstrated adversaries of the

57 In this context, one should remember that the *Trois pièces* were composed only a year after Anton von Webern's *6 Bagatellen* (1913), the most concise and complex work ever written for string quartet until then.

58 Malipiero was said to be a «decisive opponent of motivic-thematic work and with this of the german-austrian tradition», an position which Vitzthum justified with the composer's idea of *musica nazionale*. VITZTHUM, T. S. '*Nazionalismo e Internazionalismo*'..., pages 120 and 192.

classic-romantic tradition in the analysed string quartets. The formal linking just to the 19th century tradition, that is particularly manifested by the internal organization with its tendency towards structural hypertrophy and reaffirmed by the (Italian and Spanish) generic title, leads back to Spain, to Remacha's former teacher Conrado del Campo,[59] who also might have been echoed in the dense polyphonic style that definitely differentiates the composition from the presumed models.

Remacha's String quartet was premiered on May 11, 1931 at the *Ateneo* of Madrid by the Cuarteto Vandalle and was awarded the National Prize in Music in 1938. That same year, it became published in Barcelona by the Consejo Central de la Música.[60] Despite this (somewhat delayed) institutional recognition on the part of the Republican government during the final stage of the Spanish Civil War (1936-1939), thereafter the work remained undisregarded for several decades. Its performance in 1973 by the Cuarteto Clásico (ensemble from public broadcaster, *RTVE*) on the occasion of the composer's 75th birthday[61] opened the way for the definitive (at least national) reception and inclusion of the *Quartetto d'archi* or *Cuarteto para instrumentos de arco* into Spanish chamber music repertoire.[62]

---

59 See footnote 19.

60 Modern edition see REMACHA, F. «Cuarteto para cuerda». *Música de Cámara*, edit. por M. Andrés Vierge. [Pamplona]: Gobierno de Navarra – Departamento de Cultura y Turismo – Institución Príncipe de Viana, D.L., 2003, pages 23-54; reprint 2008.

61 The interpretation of the String quartet is said to have been a condition imposed by Remacha to allow the realization of this homage. PÉREZ OLLO, F. [*Diario de Navarra*, 19-05-1973], quoted in ANDRÉS VIERGE, M. «Fernando Remacha Villar (1898-1984)». *Fernando Remacha. Música de Cámara*, edit. por M. Andrés Vierge. [Pamplona]: Gobierno de Navarra – Departamento de Cultura y Turismo – Institución Príncipe de Viana, D.L., 2003, page 19.

62 The String quartet (together with Piano quartet, *Suite* for violin and piano, and *Romanza* for piano) has been recorded for the first time in 1999 by Decca, performed by the Brodsky Quartett.

* * *

El compositor Fernando Remacha (1898-1984) solicitó en los años veinte el Premio de Roma español con el fin de completar su formación musical con Gian Francesco Malipiero. Siendo alumno de éste, Remacha adquirió durante su estancia de cuatro años en Italia (1923-1927) no solamente destreza compositiva sino también conocimientos en torno a la música italiana renacentista y barroca, el canto gregoriano y la modalidad. Por ello sorprende que Remacha, al componer en 1924 su único Cuarteto de cuerda (en cumplimiento con las obligaciones relativas al segundo año académico de la beca) corría «rápidamente [...] a comprar el de Stravinsky» para inspirarse, como confesara medio siglo después sin especificar el modelo (in *Egin*, 20-12-1977).

El análisis se centra en los criterios estilísticos del Cuarteto de cuerda en tres movimientos de Remacha que es comparado con el supuesto patrón, *Trois pièces pour quatuor à cordes* (1914) de Igor Stravinsky por un lado, y con *Rispetti e Strambotti per quartetto d'archi* (1920) de su maestro italiano Malipiero por otro lado. El estudio tiene el objetivo de mostrar la capacidad del compositor español de asimilar, desde el extranjero, las corrientes contemporáneas europeas del temprano siglo XX en su búsqueda de una identidad propia y de un lenguaje musical que pretende ser universal sin tener que renunciar a sus raíces hispanas.

Composer Fernando Remacha (1898-1984) applied in the 1920s for the Spanish Rome Prize with the firm purpose of completing his musical training with Gian Francesco Malipiero. Being his pupil, Remacha acquired during his four-year stay in Italy (1923-1927) not only the compositional craft but also the knowledge on Italian Renaissance and Baroque music,

Gregorian chant, and modality. Therefore, it seems surprising that Remacha, by composing in 1924 his only String quartet (in compliance with the award obligations concerning the second academic year) «readily [...] went to buy that of Stravinsky» to get inspired, as he confessed half a century later without specifying the model (in *Egin*, 20-12-1977).

The analysis is focused on the style criteria of Remacha's three-movement String quartet that is compared with the supposed pattern, Igor Stravinsky's *Trois pièces pour quatuor à cordes* (1914), on the one hand, and with *Rispetti e Strambotti per quartetto d'archi* (1920) of his Italian teacher Malipiero on the other hand. The study aims to point out the Spanish composer's capacity to assimilate, from abroad, the contemporary European currents of the early 20th century when searching for an identity of his own and a musical language pretended to be universal without denying his Hispanic roots.

Le compositeur Fernando Remacha (1898-1984) se présenta au Prix de Rome espagnol dans les années 1920, afin de compléter sa formation musicale avec Gian Francesco Malipiero. Lorsqu'il fut son élève, Remacha acquit pendant son séjour de quatre ans en Italie (1923-1927), non seulement des habiletés en composition mais aussi des connaissances autour de la musique italienne de la Renaissance et du Baroque, du chant grégorien et de la modalité. C'est pourquoi on est surpris que Remacha, en composant en 1924 son unique Quatuor à cordes (pour répondre aux obligations relatives à la deuxième année académique de la bourse), courrait « rapidement [...] à acheter celui de Stravinsky » pour s'inspirer, comme il le confessera un demi siècle plus tard sans spécifier le modèle (in *Egin*, 20-12-1977).

L'analyse se centre sur les critères stylistiques du Quatuor à cordes en trois mouvements de Remacha qui est comparé d'un côté avec le soi-disant patron, *Trois pièces pour quatuor à cordes* (1914) d'Igor Stravinsky, et de l'autre côté, avec *Rispetti e Strambotti per quartetto d'archi* (1920) de son maître italien Malipiero. L'étude a pour objectif de montrer la capacité du compositeur espagnol à assimiler, depuis l'étranger, les courants contemporains européens du début du XXᵉ siècle dans sa recherche d'identité propre et d'un langage musical qui prétend être universel sans avoir à renoncer à ses propres racines hispaniques.

V. *Rispetti e Strambotti* (1920) de Gian Francesco Malipiero: adecuación de una estética renacentista al contexto cuartetístico de principios del siglo XX

Sara Ramos Contioso

La composición para cuarteto de cuerda constituye un apartado significativo dentro de la producción camerística de Gian Francesco Malipiero. Su desarrollo, comprendido en un amplio período temporal de más de cuarenta años iniciado con *Rispetti e Strambotti* en 1920 y finalizado con el *Quartetto per Elisabetta* en 1964, permite valorar el interés del compositor por una formación de tradición clásica así como analizar las diferentes peculiaridades estilísticas que contextualizan al género dentro de la creación musical italiana del siglo XX.

Su primera aproximación a la escritura para cuarteto se materializa en *Rispetti e Strambotti*, obra finalizada en 1920 y caracterizada por un cambio estilístico significativo respecto a la producción anterior. Tras unos comienzos próximos a la escuela impresionista,[1] los años previos a su primer cuarteto muestran un lenguaje de tono pesimista motivado por el contexto histórico de la Primera Guerra Mundial.[2] El trasfondo argumental de este período ofrece una reflexión personal sobre la guerra y la muerte, estética que es abandonada a partir de 1919 con la composición de *Sette canzoni* (1918-1919) para voz y piano.

Finalizada un año antes que el cuarteto, *Sette canzoni* establece un precedente estilístico para *Rispetti e Strambotti* al presentar elementos poéticos medievales y renacentistas[3] como base argumental y desarrollar con ellos una estructura basada en una sucesión de partes o pequeños períodos que evita la influencia verista de finales del siglo XIX. De esta manera, Malipiero somete su ciclo de canciones a una visión rupturista centrada en los modelos de música antigua como referentes composicionales y genera con ello un cambio estético en la configuración musical de la obra. El establecimiento de un lenguaje capaz de sintetizar características musicales de períodos históricos variados bajo una perspectiva compositiva unitaria, ofrece al compositor la posibilidad de emplear elementos propios de la tradición medieval, renacentista o barroca italiana,

1 La asistencia de Malipiero al estreno de la *Consagración de la Primavera* de Stravinsky marcará un punto de inflexión en su trayectoria compositiva, de hecho, el impacto de la audición de la obra fue tan fuerte que el propio compositor llegó a decir «desperté de un largo y peligroso letargo, en aquella tarde del 28 de Mayo de 1913». Tras este acontecimiento, Malipiero decide suprimir gran parte de las obras compuestas entre 1909 y 1913 entre las que se encuentran *Impresioni del vero* (primer bloque, 1910), *Canossa* (1911, destruida posteriormente por el compositor) y el proyecto de D'Anunzzio en 1913 materializado en *Sogno di un tramonto d'autonno*. WATERHOUSE, J. C. G. «G. F. Malipiero's crisis years (1913-19)». *Proceedings of the Royal Musical Association*, 108, 1981-1982, págs. 128-129.

2 Las obras del período de la guerra comprenden el segundo bloque de *Impresioni del vero* (1914-1915), *Poemi asolani* (1916) y *Pantea* (1917-1919). WATERHOUSE, J. C. G. «G. F. Malipiero's crisis years (1913-19)», págs. 131-138.

3 *Sette canzoni* utiliza la poesía medieval de Jacopone da Todi y la renacentista de Poliziano y Luigi Alamanni como principio argumental sobre el que se disponen sucesivamente una serie de piezas que Malipiero enlaza directamente prescindiendo de cualquier tipo de recitativo. *Ibid.*, págs. 139-140.

paralelamente a los recursos armónicos, estructurales y tonales de principios del siglo XX. La superposición estilística es utilizada como un recurso nuevo y la diversidad musical es interpretada como referente del auténtico arte nacional. Tras sus *Sette canzoni*, la recurrencia a formas antiguas derivadas de géneros de la canción profana condiciona la creación de un conjunto de obras de naturaleza intrumental en la que se encuentran los cuartetos *Rispetti e Strambotti* (1920), *Stornelli e ballate* (1923), *Cantari alla madrigalesca* (1931) o *Dei capricci* (1941-50), así como las composiciones para once instrumentos *Ricercari* (1925) y *Ritrovari* (1926) inspiradas en prácticas contrapuntísticas del barroco italiano. La actividad musicológica,[4] que Malipiero desarrolla a partir de la década de los años veinte, interacciona con una faceta creativa que recurre a formaciones instrumentales como la del cuarteto de cuerda bajo una visión estética personal. En este contexto, el análisis de *Rispetti e Strambotti* inicia el estudio de un género que es sometido a las particularidades creativas de una estética vocal renacentista como elemento de inspiración temática.

Terminado en abril de 1920 durante sus años de estancia en Roma,[5] *Rispetti e Strambotti* es presentado al concurso de composición Elizabeth Sprague Coolidge Award[6] en Pittsfield (Massachusetts) y estrenado el 25 de septiembre de ese mismo año como obra ganadora en las audiciones finales de dicho evento. Influenciado por el carácter lineal y narrativo de sus *Sette canzoni*, esta obra inaugura un ciclo de ocho cuarte-

---

4 La labor musicológica de Malipiero es paralela a su actividad creadora. Sus estudios musicológicos constituyen obras de referencia: entre 1926 y 1942 edita la obra completa de Monteverdi con el título *Vittoriale degli Italiani*, e inicia en 1947 las instrumentaciones de Vivaldi para el instituto Italiano Antonio Vivaldi. WATERHOUSE, J. C. G. «G. F. Malipiero's crisis years (1913-19)», pág. 140.

5 Malipiero se traslada a Roma en 1917 durante la Primera Guerra Mundial y permanecerá en esta ciudad hasta 1921, año en el que es nombrado catedrático de composición en el Conservatorio de Parma. *Ibid.*, pág. 133.

6 BARR, C. «The Musicological Legacy of Elizabeth Sprague Coolidge». *The Journal of Musicology*, 11-2, (spring) 1993, págs. 250-268.

tos pero también establece un reto personal en el desarrollo musical y estético de Malipiero. La aplicación de un estilo compositivo diversificado sobre una formación musical con una tradición histórica tan consolidada como la del cuarteto de cuerda le obliga a adaptar su lenguaje a las necesidades creativas del género y a buscar un referente en las vanguardias de principios del siglo XX que justifique ideológicamente este enfoque personal. La consolidación en 1918 de la corriente neoclásica, apoyada por el poeta francés Jean Cocteau,[7] ofrece una alternativa conceptual al compositor. En ella se potencia el empleo de material folklórico y popular, así como la utilización de recursos musicales extraídos de obras de otros períodos históricos. El neoclasicismo permite utilizar géneros como el del cuarteto de cuerda en un contexto musical del siglo XX y someterlos a un grado de transformación estilística basada en elementos propios de épocas antiguas, especialmente del renacimiento y del barroco. Este enfoque supone un punto de partida para la creación del cuarteto, una dirección estética que Malipiero establece con la finalidad de potenciar el carácter unitario de conjunto. La mayor o menor consecución de este propósito, así como el estudio de la pervivencia del género dentro de un lenguaje musical tan diversificado, constituyen los objetivos analíticos de este artículo. De ellos se extraerán las conclusiones finales en las que valoraremos la aportación que Malipiero realiza al género y el papel que juega este cuarteto dentro de su producción global.

---

7 En 1918 el poeta francés Jean Cocteau publica *El Gallo y el Arlequín* [Le Coq et l'Arlequin], un artículo que integraría la posterior obra *La llamada al orden* [Le Rappel à l'ordre]. En ella se defiende la idea de buscar una música sencilla y que posea la «lucidez de los niños». En palabras del propio Cocteau «una música que surja de la tierra, una música de cada día». MORGAN, R. P. *La música del siglo XX*. Trad. P. Sojo. Madrid: Akal, 1994, pág. 179.

La canción renacentista y el cuarteto

Tras finalizar sus *Sette canzoni* la inquietud estética de Malipiero contempla la utilización de fuentes antiguas como referente básico de estilo. El tono teatral y episódico del género de la canción favorece un lenguaje descriptivo centrado en la relación música - palabra como principio constitutivo. Sin embargo, la naturaleza puramente instrumental del cuarteto de cuerda apoya la correspondencia temática entre los diferentes elementos musicales desarrollados en la obra y el contenido argumental de su título.

En este contexto, *Rispetti e Strambotti* adopta un enfoque neoclásico que evita cualquier reminiscencia romántica y prescinde de la alternancia clásica de cuatro movimientos. En su intento por recuperar la música italiana renacentista, Malipiero recurre a la *frottola* como fundamento estilístico y concreta un planteamiento centrado en la búsqueda del carácter popular como objetivo primario. A partir de esta idea, el compositor establece un conjunto de veinte pequeñas secciones escritas con una intención narrativa y destinadas a enfatizar el carácter popular de la canción profana. De hecho, cuando Malipiero habla sobre su primer cuarteto[8] destaca una organización formal en estrofas, con la consecuente analogía poética, así como el desarrollo de un aspecto popular diferenciado, en cada una de ellas, y adaptado a las posibilidades tímbricas de la formación para cuarteto.

---

8 En la referencia que recoge Zanetti, el compositor se refiere a cada uno de los números como estrofas y comenta que cada una de ellas muestra un pensamiento musical distinto, relacionado con el carácter popular: «Le venti strofe che compongono questo quartetto sono legate fra loro da un tema che ha quasi l'apparenza di un ritornello ma che soprattutto tradisce la gioia di chi ama ascoltare le vibrazioni delle corde vuote e si inebria della loro sonorità. Ogni strofa esprime a sua volta un pensiero musicale dall'aspetto popolaresco e che non si potrebbe realizzare se non con quattro strumenti a corda: due violini, una viola e un violoncello.» MALIPIE-RO, G. F., citado en ZANETTI, R. *La musica italiana nel novecento*, vol. 2. Milán: Bramante, 1985, págs. 702-709.

Esta finalidad narrativa, de tono popular, parte de la alternancia de las dos ideas temáticas referidas en el título de la obra: la que representa al *rispetto* y la del *strambotto*. Sobre ellas Malipiero desarrolla su estructura para cuarteto y establece una serie de recursos destinados a favorecer el estilo de la canción renacentista. De esta manera, la recurrencia al *rispetto* o al *strambotto*, como variantes del género de la *frottola* italiana desarrollados entre 1470 y 1530, transmite un matiz arcaico que se integra en el contexto compositivo del primer tercio del siglo XX.

La temática amorosa constituye la base argumental de estas formas poéticas antiguas, en ambas se detallan historias y reflexiones sobre el amor pero cada una de ellas ofrece un enfoque diferente: el *rispetto* narra un amor idílico y respetuoso próximo al carácter platónico, mientras que el *strambotto* recurre a la parodia y la burla en su texto poético.[9] Esta dualidad conceptual se concreta en el desarrollo de un *ritornello* continuamente variado como alusión al tono paródico del *strambotto*, frente a una sucesión lineal de temas de carácter lírico y evocador como analogía a los perfiles característicos de la canción popular del *rispetto*. La alternancia de estos dos elementos aporta variedad al conjunto instrumental y sitúa el tono narrativo del compositor en una dimensión completamente musical, una obra para cuarteto de cuerda que prescinde de elementos textuales y vincula su lenguaje al género de la *frottola* renacentista.

El strambotto

En un primer apartado, las referencias al *strambotto* se centran en la utilización de una práctica contrapuntística típica del Renacimiento conocida con el nombre de parodia. En ella un perfil temático (Ej. 1) es sometido a un continuo proceso de variación temática con carácter recurrente a modo de estribillo. Las diferencias que presenta este tema, al que hemos llamado *ritornello* por

---

9 REESE, G. *La Música en el Renacimiento*, vol. 1. Trad. J. M. Martín Triana. Madrid: Alianza Editorial S.A., 1995, pág. 204.

paralelismo con la forma antigua, son evidentes a lo largo de la obra, de hecho, Malipiero lo introduce en una textura de cuerdas al aire en fortísimo con la que refuerza el tono resonante, de naturaleza folklórica, de la armonía por quintas huecas. Este paralelismo armónico, unido al ritmo ternario y percusivo de su línea melódica, rememora un carácter de danza popular que es aprovechado tímbricamente por Malipiero al adaptarlo a la orquestación de cuerdas.

Rispetti e Strambotti, I, c.1-4

Ejemplo 1

La quinta justa configura el motivo generador del *ritornello*, tomada como cuerda al aire en el original, y presenta dos disposiciones: la superposición, que llamaremos motivo x y la reiteración rítmica como motivo y (Ej. 2).

Rispetti e Strambotti, I, c.1

Ejemplo 2

La combinación de ambos motivos establece el punto de partida de un complejo proceso de variación centrado en la aplicación de cuatro prácticas contrapuntísticas como analogía al carácter paródico del *strambotto*. Estos procesos de transformación temática comprenden la reiteración a modo de ostinato o pedal; la imitación con desfase temporal en forma de canon; la adición o supresión motívica en los casos de fragmentación, simplificación o ampliación y finalmente la variación armónica. El desarrollo de los mismos condiciona la estructura general del cuarteto (Tabla

1) y genera una recurrencia formal que reserva los procesos de ostinato y canon para los apartados extremos (números I y XX) frente al resto de recursos localizados en las partes centrales.[10] La parodia sostiene un proceso de descomposición temático progresivo y su organización sugiere una forma de arco.

I. *Ritornello* (R) original + (R ostinato–R canon) (cc. 1-4) (cc. 5-11) (cc. 20-22)			II. R pedal (5ª *sol-re*) (cc. 30-45)

III.   *R fragmentado* (x) (+R original)   //   IV. *R simplificado* (x)
         (cc. 50,54,62)   (c. 82)   (cc. 85-103)
                                   + (R variación armónica–V. R ostinato)
                                     (IV, cc.104-106)   (cc.107-117)

VII-VIII.   *R fragmentado* (y)   //   XI. *R simplificado* (x)
(cc. 182-184, 204-205, 231-232)   (cc. 281-283)
                     + (XIII. R ostinato–XIV. R amplificado–XVI. R variación armónica)
                        (cc. 319-339)   (cc. 369-371)   (cc. 433-435)

XVII. R pedal (5ª *mi-si*)   //   XX. R original–canon
(cc. 461-470)   (cc. 504-513)

Tabla 1: Desarrollo de la parodia contrapuntística en el cuarteto

La quinta hueca, como motivo generador, constituye el punto de partida del primer estadio de variación temática. Sobre ella se disponen procesos de ostinato rítmico (Ej. 3) o pedal y se consigue mantener un paralelismo con el *ritornello* original que llegará a ser percusivo en las zonas de ostinato.

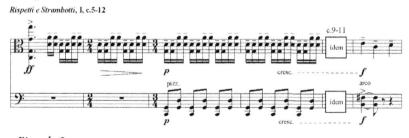

Rispetti e Strambotti, I, c.5-12

Ejemplo 3

---

10 La numeración en romano se corresponde con las indicaciones numéricas realizadas por Malipiero en la partitura.

En una segunda práctica de la parodia, como herramienta de transformación del *ritornello*, la imitación canónica establece un grado de variación temática caracterizado por el desfase temporal de las distintas entradas del tema. Esta práctica (Ej. 4) rememora una textura imitativa en estrecho, muy presente en las formas renacentistas o barrocas, que mantiene el carácter del *ritornello* y favorece la analogía musical del cuarteto con las formas antiguas de la *frottola*. Malipiero recupera un recurso de origen motetístico y lo dispone en los números extremos del cuarteto (I: cc. 20-22; XX: cc. 504-513) como reminiscencia de los comienzos y finales canónicos tan característicos de la canción italiana antigua.

Rispetti e Strambotti, 1, c. 20-22

Ejemplo 4

Paralelamente, el nivel más elevado de descomposición temática está presente en los procesos de ampliación, simplificación y fragmentación. En ellos la parodia contrapuntística genera las versiones más transformadas de un *ritornello* que en ocasiones conserva sólo la superposición de quintas inicial del motivo x, como en el comienzo del apartado numérico IV (Ej. 5), prolonga su estructura con la repetición motívica (véase el comienzo del número XIV, c. 369, con el motivo y amplificado) o fragmenta su perfil temático al incorporar nuevos elementos musicales a su estructura original (Ej. 6).

Ejemplo 5

En este último ejemplo (Ej. 6), situado en el comienzo del número VIII, Malipiero modifica el motivo x con un adorno escalístico que es continuado por el motivo y en su paralelismo de quintas característico. La parodia temática se establece como principio constructivo y su mayor grado de variación apoya el carácter diferenciado que Malipiero busca en cada uno de los números de su cuarteto.

Ejemplo 6

Finalmente, la variación armónica frena el proceso de parodia de las tres prácticas anteriores y recupera la estructura motívica del *ritornello* original. Presente en los apartados IV, V y XVI (Tabla 1), el tema reaparece sometido a las necesidades armónicas de la sección correspondiente. La transposición tonal constituye el principio de variación de este tipo de *ritornello* y su paralelismo con el modelo original lo mantiene en el nivel menos alejado de variación (Ejs. 7a/b). Su recurrencia estabiliza los procesos anteriores y restablece el carácter de estribillo de su forma inicial.

Ejemplos 7a/b

El desarrollo de la parodia contrapuntística, como estilo asociado al *strambotto*, articula una estructura fragmentada caracterizada por las continuas repeticiones del *ritornello*. Organizada sobre una disposición ternaria (al aplicar niveles similares de parodia contrapuntística en los números extremos, frente a los centrales) potencia la intención narrativa de Malipiero y mantiene una recurrencia temática similar a la de los estribillos de la canción popular. La textura absolutamente instrumental del cuarteto adapta el carácter popular de esta forma musical renacentista y presenta la parodia y la burla amorosa de su poesía en un contexto renovado.

El rispetto

La materialización de una segunda idea musical basada en el carácter del *rispetto* mantiene el tono narrativo y popular de los procesos contrapuntísticos del apartado anterior. Sin embargo, la naturaleza poética del *rispetto*, con unos textos que ensalzan el amor platónico y respetuoso por la amada, sugiere a Malipiero un desarrollo de perfiles temáticos planteado en un tono cantábile y próximo al estilo de la canción popular. De esta manera, en contraste con el fundamento monotemático de la parodia del *ritornello*, la referencia al *rispetto* articula una variedad temática que se integra en la sucesión de secciones del cuarteto y reinterpreta el carácter contrapuntístico y ornamental de los temas de la *frottola* italiana del siglo XVI.

La simbología buscada con este planteamiento utiliza las melodías de la canción como referente popular y aplica sobre ellas distintos principios de ornamentación renacentista. Este recurso, frecuente en canciones destinadas a intérpretes de mayor virtuosismo, permite desarrollar perfiles temáticos que aprovechen las posibilidades de la cuerda y establece, de este modo, un principio de contraste entre temas cantábiles de ámbito estrecho y valores largos, frente a otros ágiles y virtuosísticos. El origen vocal de esta técnica[11] no impide su aplicación a la instrumentación para cuerda que, situada bajo una perspectiva neoclásica, ofrece un melodismo muy cuidado de origen vocal, una idea que condiciona el planteamiento fraseológico de este cuarteto y marca el estilo melódico de Malipiero en sus obras posteriores.[12]

El estudio de los seis perfiles temáticos representativos del *rispetto* (alternados y separados por la recurrencia del *ritornel-*

---

11 PRIZER, W. F. «Performance practices in the frottola: An introduction to the repertory of early 16th-century Italian solo secular song with suggestions for the use of instruments on the other lines». *Early Music*, III-3, julio de 1975, págs. 227-235.

12 La neomodalidad y la sucesión de segmentos musicales esencialmente líricos y diferenciados entre sí constituyen características básicas del estilo de Malipiero, características recogidas en MORGAN, R. P. *La música del siglo XX*, pág. 272.

lo) ofrece una base melódica popular sobre la que se aplica la ornamentación contrapuntística. En un primer estadio, más próximo al estilo vocal basado en giros cuidados y control de la disonancia, tenemos los temas E y F (Ejs. 8a/b). El primero de ellos se sitúa sobre un hexacordo de *sol* y prepara el carácter del gregoriano de final de sección (establecido en c. 203). Paralelamente el tema F responde a un perfil, presente en el número XII del cuarteto, en el que la linealidad vocal es sometida a un grado de cromatismo condicionado por el uso de la escala napolitana mayor.[13] Ambos casos mantienen una proximidad con el carácter vocal de la *frottola*: su ritmo es pausado y la referencia lírica, típica de la canción profana, es más evidente.

Tema E, número VII, c. 166-175

8a

Tema F, número XII, c. 310-318

8b

Ejemplos 8a/b

Los cuatro temas restantes (A, B, C y D) ofrecen un grado mayor de transformación melódica figurativa. En el caso del tema A (Ej. 9), sus tres variaciones se disponen linealmente tras el *ritornello* inicial y presentan un proceso inverso de adorno contrapuntístico: A original se basa en una elaboración temática de carácter virtuosítico, mientras que las otras dos variaciones son sometidas progresivamente a un proceso de simplificación ornamental. La ornamentación en ellas es tratada bajo un enfoque decreciente y la agilidad de los perfiles iniciales cede ante un nuevo contexto temático más próximo a la tonada popular.

---

13 Escala descrita en PERSICHETTI, V. *Armonía del siglo XX*. Trad. A. Santos Santos. Madrid: Real Musical, 1985, págs. 41-42.

Ejemplo 9

Paralelamente, los perfiles B, C y D plantean una síntesis entre el melodismo popular de carácter virtuosístico de la cuerda, característico del comienzo del cuarteto con el tema A, y las reminiscencias a la naturaleza vocal de los temas centrales (E y F), más pausados. Los pasajes ágiles y ornamentados de B (Ej. 10a) se reducen en C (Ej. 10b), y el tema D (Ej. 10c) del número IV prepara el tono popular de los temas finales.

Ejemplos 10a-c

La utilización de un conjunto de temas cantábiles, a modo de tonadas populares más o menos adornadas, aproxima el carácter del *rispetto* a la textura instrumental del cuarteto de cuerda. La presencia de este material musical dinamiza la obra y contribuye a mantener la finalidad narrativa de Malipiero bajo un principio de unidad estética basado en las continuas referencias a los dos géneros de la canción renacentista. La aplicación de procesos contrapuntísticos como recurso musical temático, del que deriva la parodia del *strambotto* o la variedad ornamental de los temas del *rispetto*, completa la coherencia estética de esta obra y plantea un enfoque neoclásico que recurre a la herencia musical renacentista como referente primario. El carácter instrumental de la cuerda comparte una necesidad expresiva de naturaleza vocal y el género para cuarteto se reinterpreta.

La organización formal y el gregoriano

El apartado estructural de esta obra confirma la original perspectiva que Malipiero tiene sobre la composición para cuarteto de cuerda. Dividida en la sucesión de veinte números ya referida en el apartado anterior, el compositor plantea la dimensión formal de su cuarteto bajo una perspectiva lineal basada en estrofas (como referencia a cada uno de los números de sección) y en un principio narrativo popular. Este enfoque obedece a las dos formas de la *frottola*, escogidas como modelo estilístico, y vincula cada apartado numérico con una especie de escena distinta. De esta manera, el compositor desarrolla un lenguaje musical de tono popular y variación continua que proyecta una estructura formal alejada de la tradición del género para cuarteto.

El paralelismo estructural con la *frottola* italiana se concreta en una disposición similar de partes que en el caso de la forma renacentista comprende una estructura binaria integrada por tema A (cuatro versos) – tema B (dos versos) y *ritornello* (R) (cuatro versos) con un resultado final de veinte versos, y en el cuarteto se organiza con una sucesión de veinte pequeñas secciones agrupadas de forma ternaria en su mediana dimensión (Tabla 2).

Sección A		Sección B	Sección C	
I (c. 1):	ritornello (R) -a-R-a$_1$	VIII (c. 204): R$_2$-ost		
II (c. 30):	b- R	IX (c. 234): b$_2$ pizz.	XIV (c. 369):	R$_1$-ost
III (c. 50):	R-c- R	X (c. 258): saltarello (pizzicato)	XV (c. 405):	e$_3$
IV (c. 85):	R$_1$-d-	XI (c. 281): R$_3$-b$_3$	XVI (c. 433):	R$_5$- pedal ost
V (c. 107):	R	XII (c. 301): f (canción)	XVII-XVIII-XIX (c. 461): pedal ost.	
VI (c. 123):	ostinato	XIII (c. 319): ostinato- gregoriano	XX (c. 504):	R$_6$-gregoriano (g)
VII (c. 148):	ost.-e- R$_2$-e$_1$- gregoriano			

Tabla 2: Planteamiento formal de *Rispetti e Strambotti*

Este resultado formal ofrece una solución estructural diferenciada y responde a un nuevo elemento neoclásico: el empleo del canto gregoriano como recurso precomposicional. La utilización de este tipo de material constituye una práctica frecuente en el neoclasicismo musical de la primera mitad del siglo XX, hecho que se ve potenciado por el desarrollo de la estética del *Motu Proprio* de principio de siglo. En el caso de Malipiero, la utilización de tres pasajes corales en frigio en los finales de los números VII, XIII y XX mantiene una doble finalidad: incorporar elementos «antiguos» de corte medieval y perfilar un desarrollo estilístico para cuarteto de cuerda en el que convivan referentes estéticos variados bajo un planteamiento coherente y unitario.

Consecuentemente, la presencia de estos pasajes de naturaleza gregoriana enriquece la estructura del cuarteto y la dirigen hacia un final de simbología cristiana. Las similitudes con la fórmula gregoriana de la señal de la cruz son evidentes: el perfil gregoriano utilizado por Malipiero reproduce el mismo giro melódico trasportado a *mi* y modificado en el cuarto sonido. Acortado por el comienzo al suprimir la nota primera del gregoriano original (que no comienza en *finalis*) esta fórmula melódica se adapta a la polaridad de *mi* frigio como base modal de la sección y aporta un carácter religioso a la zona cadencial de las tres secciones principales del cuarteto (Ej. 11). La agrupación ternaria de las veinte divisiones numéricas apoya el carácter de la fórmula gregoriana trinitaria (en la señal de la cruz se nombran a la tres personas de la Trinidad: Padre, Hijo y Espíritu Santo) y presenta un tono narrativo de origen medieval. El tono religioso del gregoriano emerge sobre un contexto de naturaleza rondó, y su contraste con lo popular enriquece la temática de la obra.

Signum Crucis, I. Ad Ritus Initiales (Cantus in Ordine Missae Occurrentes)
Graduale Triplex, Solesmes 1979, pág.798

Rispetti e Strambotti, XX, c.515-522 ✻

Ejemplo 11

El principio de variedad temática, que articula el uso simultáneo de elementos tan dispares como gregoriano y melodismo popular, potencia un objetivo de naturaleza estructural: dirigir la linealidad de la pequeña dimensión hacia una agrupación ternaria condicionada por la fórmula gregoriana final. La integración y el desarrollo complementario de este proceso consolida una forma en la que la variación, lo popular, lo antiguo y lo religioso se disponen bajo un planteamiento unificado y favorecen el carácter narrativo buscado por el compositor. La diversidad temática apoya esta finalidad y la estética neoclásica del cuarteto ofrece una nueva necesidad expresiva.

El color armónico

El estudio de la dimensión armónica en *Rispetti e Strambotti* permite apreciar el continuo esfuerzo que realiza Malipiero por integrar elementos de la música antigua dentro del contexto del cuarteto de cuerda. Esta práctica compositiva, resultado de una estética neoclásica que revaloriza el carácter arcaico de material musical preexistente, muestra un grado de contraste armónico de finalidad colorista y estructural. De esta manera, la variedad temática y la división formal del cuarteto discurre sobre tres niveles armónicos diferenciados: un fundamento o base de naturaleza modal, giros tensionales condicionados por la forma y elementos de color que aportan tensión pero que no tienen la importancia estructural del nivel medio.

En un primer apartado, la armonía modal constituye un elemento base del cuarteto sobre el que se desarrollan temas de reminiscencias renacentistas, fórmulas gregorianas o escalas artificiales. Esta modalidad se establece como principio de unidad temática y crea una base armónica en la que giros de carácter arcaico conviven con elementos neomodales más cromáticos. En este contexto, la organización tensional se apoya en las regiones de *sol* y *do*, como polaridades primarias, frente a una sucesión de regiones secundarias que contemplan tanto la relación de quinta o tercera, como la de segunda o cuarta tritono. La modulación refuerza la estructura y la recurrencia al modo frigio de los finales de sección de los números VII, XIII y XX mantiene la división tripartita de la obra. Malipiero adopta un planteamiento unitario de la tonalidad, los distintos niveles de complejidad armónica son tratados bajo una perspectiva modal y el carácter cohesivo de la armonía queda afianzado (Tabla 3).

Sección A (cc. 1-203)

I		II	III	IV	V	VI	VII
G pentatónico-C pentatónico		G lidio-G	Db mixolidio-G/F#	C-V0/9 de D	V7 de F	Fm	C/Cm-F# frigio

Sección B (cc. 204-368)

VIII	IX	X	XI		XII	XIII
C-Db lidio	Eb frigio	F#-Eb	G pentatónico-Am/ B mixolidio		Bm/ V/I de C#	G-G# frigio

Sección C (cc. 369-522)

XIV	XV	XVI	XVII	XVIII	XIX	XX
G-Gm pentatónico-Am-A	F frigio-Fm	C pentatónico-V de C#/V de B	C/B-Bm/C	G# frigio-A	D	G pentatónico-C-E frigio

Tabla 3: Planteamiento armónico

La necesidad de crear una serie de giros tensionales condicionados por la forma ofrece un segundo estadio armónico en el que Malipiero recurre al pentatonismo, las fórmulas gregorianas y los círculos armónicos de quintas como elementos vinculados a la estructura. El pentatonismo constituye un principio recurrente en este cuarteto, su presencia es frecuente en las tres secciones y responde a una necesidad estética planteada por el tema del *ritornello* inicial. La superposición de intervalos huecos, basados en consonancias perfectas, que encontramos en este perfil obliga a una solución armónica de naturaleza pentatónica que Malipiero sintetiza a nivel escalístico y proyecta sobre la polaridad de *sol*. El pentatonismo es vinculado al desarrollo temático del *ritornello* (véase Ej. 1) y la armonía apoya un elemento de carácter estructural. La polaridad de *sol* pentatónico articula el comienzo de las secciones A y C (números I y XIV) así como la zona central de la sección B (número XI) y el final de la obra (comienzo del número XX). Paralelamente, el comienzo de la sección central (número VIII) establece una región de do mayor, que refuerza el intervalo de quinta con *sol* pentatónico, y afianza este intervalo en la zona central y final de la sección A y C (números IV y VII, XVI y XVII y XX), así como en la zona media de la sección C (número XVI). La armonía pentatónica, tan frecuente en la primera polifonía, establece una recurrencia de polaridades armónicas condicionadas por la forma y recupera un rasgo arcaizante de naturaleza neoclásica.

De manera similar al uso de un recurso pentatónico, los perfiles gregorianos constituyen otro elemento tensional destinado a mantener la mediana dimensión formal basada en una estructura tripartita. Planteados sobre una escala modal frigia, la fórmula gregoriana de la señal de la cruz modifica el patrón original del modo cuarto (que acaba en *finalis mi* pero comienza en *la*) y lo somete a las trasposiciones de *fa#*, *sol#* y *mi* (Ej. 12) como polaridades finales de sección (números VII, XIII y XX). La estabilidad armónica del gregoriano original es alterada por una armonía basada en la relación de tritono entre los números

VII-VIII (*fa#* frigio-*do*), los procesos de transformación cromática de los números XIII-XIV (*sol#* frigio-*sol* pentatónico) y el giro mediántico final (*do-mi* frigio) del número XX. La modalidad frigia apoya un condicionante formal pero es sometida a un grado de cromatización armónica que debilita su naturaleza religiosa. La búsqueda de nuevas soluciones tensionales condiciona este tipo de modalidad y el gregoriano adquiere un carácter renovado.

Ejemplo 12

En un tercer tipo de aplicación armónica, determinada por la estructura, la tensión de dominante dirige las cadencias hacia un final cerrado y estable. Bajo una modalidad establecida como principio armónico y frecuentemente cromatizada, la función de dominante dirigida hacia la tónica muestra una solución paradójicamente tonal basada en la serie de quintas. La utilización de este recurso refuerza el carácter conclusivo del cuarteto, las progresiones caracterizan el final del número VII (Ej. 13) hacia el VIII (final de sección A hacia sección B) y el apartado final comprendido entre los números XVIII-XX. Frente a estos ejemplos, la cadencia de la sección segunda presenta un tratamiento más libre de los giros de quinta con transformación cromática final para pasar de *sol#* frigio a *sol* menor pentatónico (final XIII - comienzo del XIV). La armonía de dominante ofrece una intención cadencial en la obra y Malipiero la presenta como elemento conclusivo.

Ejemplo 13

Frente al estadio armónico anterior, el desarrollo de meca-
nismos de color armónico constituye el apartado final de este
estudio. En él encontramos una serie de recursos tensionales
que aportan inestabilidad al complejo modal pero que no
apoyan polaridades de nivel estructural, su finalidad es perso-
nalizar las distintas regiones y aportar un grado de contraste
e inestabilidad de naturaleza armónica. El conjunto de estos
procedimientos contempla la utilización de dos tipos de escalas no tradicionales tales como la hexacordal y la napolitana
mayor, así como pedales prolongadas y alteraciones cromáticas
sin finalidad modulante.

La utilización de este tipo de escalas ofrece una perspectiva
significativa sobre la aplicación de nuevos recursos formativos
en el planteamiento armónico de algunas regiones. En el caso de
la escala hexacordal su presencia en el número VII del cuarteto
aparece condicionada por el planteamiento modal del canto gregoriano (Ej. 14). Malipiero recupera una estructura típica de la
música antigua (primera polifonía y renacimiento) y la aplica a
la fórmula gregoriana. La diversidad estilística es sometida a un
planteamiento armónico que respeta la naturaleza de cada perfil
temático o sección formal y ofrece una función cohesiva en el
tratamiento del cuarteto.

Hexacordo de Sol (violín I) sobre V9 menor (viola-chello), VII, c.166-182

Ejemplo 14

Paralelamente, el carácter popular del tema del apartado numérico XIII plantea una fuerte similitud con la armonía derivada de las escalas artificiales. Concretamente, este perfil melódico se desarrolla sobre la estructura de una escala napolitana mayor que aparece en su tercera rotación retrogradada y transportada a *dob* (Ejs. 15a/b). Construida con una mutación en su segundo sonido (semitono-tono, en vez de la relación tono-semitono original) muestra la adecuación armónica de una escala de origen popular a las características cromáticas de la composición de principios de siglo XX. El tono popular es utilizado como recurso temático con unas implicaciones armónicas concretas y el carácter del *ritornello* original se refuerza.

Acompañamiento derivado de la escala napolitana mayor, XIII, c.340-352

Ejemplo 15a

152

Tercera rotación napolitana mayor, retrogradada

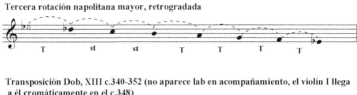

Transposición Dob, XIII c.340-352 (no aparece lab en acompañamiento, el violín I llega
a él cromáticamente en el c.348)

Alteración interválica
respecto al original (T-st)

Ejemplo 15b

Finalmente, la utilización de diseños de ostinato y pedales frecuentes, así como el uso de una armonía cromatizada con implicaciones disonantes localizadas crean una complejidad armónica necesaria para mantener un ritmo armónico variado y contrastante. Los ejemplos de estatismo son numerosos, de hecho Malipiero utiliza la recurrencia motívica tanto en diseños de pedal articulado como en zonas mantenidas. Ambos elementos consiguen crear una polaridad de naturaleza pantonal en la que los parámetros rítmicos y melódicos crean puntos de apoyo carentes de enlaces armónicos. La armonía en estas zonas se encuentra suspendida, la continua repetición paraliza el desarrollo modal y la presencia de un movimiento cromático complementario desencadena una divergencia armónica de carácter expresivo. En contraposición a los diseños estáticos, la armonía alterada sitúa el lenguaje de Malipiero dentro de las características típicas del siglo XX, con ejemplos de cromatizaciones enarmónicas (Ej. 16), estructuras poliarmónicas (Ej. 14) y zonas politonales-polimodales (número XI, cc. 285-300). La armonía alterada se presenta como elemento dinamizador de regiones estáticas y colorea el desarrollo tensional de la obra sin debilitar el carácter neoclásico del cuarteto.

Ejemplo 16

La dimensión armónica de *Rispetti e Strambotti* ofrece una variedad tensional paralela al desarrollo temático de su forma. La utilización de elementos tan diversos genera una multiplicidad de soluciones que contemplan tanto ejemplos de modalismo hexacordal, típicos de la música antigua, como superposiciones de intervalos cromáticos en zonas poliarmónicas. En este contexto, la armonía dirige los distintos grados de tensión y somete el arcaísmo de Malipiero a la necesidad expresiva y colorista de la composición para cuarteto de cuerda. El recuerdo de la *frottola* se mantiene como elemento de inspiración pero las necesidades texturales de la cuerda lo transforman bajo una perspectiva neoclásica modal muy presente en las primeras décadas del siglo XX.

Conclusiones

El estudio de *Rispetti e Strambotti* nos acerca a una estética musical neoclásica centrada en una obra para cuarteto de cuerda. En ella Malipiero recrea un lenguaje que utiliza elementos de la música antigua como referentes estilísticos y los somete a las necesidades instrumentales de la formación para cuerda. Los apartados de este artículo han desarrollado una visión analítica de las distintas dimensiones estructurales del cuarteto y han aportado datos que muestran el nivel de pervivencia del género dentro del contexto estético en el que se desarrolla la obra.

Desde un punto de vista formal, *Rispetti e Strambotti* rompe con la estructura tradicional de cuatro movimientos y mantiene el planteamiento de la *frottola* renacentista basada en veinte pequeñas secciones dispuestas linealmente. Sin embargo, mientras que la *frottola* presenta una mediana dimensión binaria este cuarteto recurre a la agrupación ternaria como base organizativa de la sucesión de estrofas. Las posibles influencias estructurales del período romántico tardío y de los primeros años del siglo XX, en el que las formas ternarias con reexposiciones cíclicas son tan frecuentes, podrían condicionar el planteamiento de un compositor que se ha formado bajo esta estética. Lo cierto es que Malipiero consigue justificar la presencia de dos formas renacentistas como título de su cuarteto y, de esta manera, establecer una alternativa estructural a planteamientos más tradicionales del género.

Por otro lado, el carácter narrativo de la obra constituye un apartado significativo dentro de las valoraciones finales de este estudio. Planteado por Malipiero como una premisa obligada en el desarrollo de su cuarteto, ofrece la complejidad de plasmar la finalidad descriptiva de la canción renacentista sobre una realización completamente instrumental. La ausencia de cualquier tipo de referencia textual dirige el planteamiento de su cuarteto hacia una revitalización del folklore y de la tonada antigua popular como principios constructivos. La continua recurrencia a temas que mantienen perfiles de influencia renacentista, así como el proceso de variación del *ritornello* configura un conjunto musical de gran valor descriptivo. La división estructural en pequeñas secciones favorece esta característica y la forma establece una continua alternancia entre pasajes resonantes y temas melódicos de distinto grado de lirismo. La cuerda mantiene un desarrollo temático diferenciado y el género se consolida bajo una perspectiva justificada por la estética neoclásica de los años veinte.

El neoclasicismo constituye pues un principio argumental en esta obra. La linealidad de su estructura, compuesta por una sucesión de apartados numéricos, y la pervivencia de elementos propios del folklore y de la canción renacentista no debilitan la naturaleza del cuarteto sino que la enriquecen con un conjunto de recursos musicales amplio y variado. La consideración de un género tradicional bajo una perspectiva neoclásica permite revisar los principios constitutivos de la formación para cuerda y adaptarlos a una necesidad expresiva renovada que tiene como finalidad crear una manifestación artística de corte nacional. Nacionalismo que, además de condicionar la actividad creativa de Malipiero, fomenta un desarrollo estético enfocado hacia la recuperación de la herencia musical de su país y la posterior utilización de los recursos antiguos y folklóricos como elementos precomposicionales. *Rispetti e Strambotti* responde a este condicionante y representa el primer cuarteto de cuerda basado en fuentes musicales renacentistas italianas. Una obra que muestra la inquietud de su compositor por encontrar la identidad musical de su país y aplicarla a la creación musical. La coherencia en el planteamiento de su cuarteto, la interrelación melódica de las partes y el desarrollo de una base armónica modal como forma de unificar los diversos puntos de tensión cromática de la obra confirman la adecuación de la misma a los principios constitutivos del género.

Finalmente, la originalidad de su estructura y de sus referencias temáticas no debe confundir a la hora de enmarcar esta obra dentro de la tradición del género. *Rispetti e Strambotti* muestra un ejemplo de la composición neoclásica para cuarteto de cuerda del primer tercio del siglo XX. Una obra representativa de esta formación que, como todo elemento condicionado por la historia y por la necesidad de buscar una identidad nacional, es sometida a diversos procesos de transformación estética. Sin embargo, su organización formal estable, su textura apropiada a la cuerda y las posibilidades tímbricas del conjunto son enfatizadas por Malipiero con una realización que combina el lirismo propio de la canción con las posibilidades tímbricas de la cuerda. El resultado aporta una realización colorista y original, un cuarteto en el que las reminiscencias renacentistas y populares se reinterpretan y la identidad musical de un país emerge bajo una estética renovada.

* * *

El estudio de *Rispetti e Strambotti* (1920), la primera obra de Gian Francesco Malipiero (1882–1973) en el género del cuarteto de cuerda, nos acerca a una estética neoclásica en la que el compositor pretende revalorizar elementos populares de la música antigua italiana, concretamente del período renacentista. De esta manera, la recurrencia al *rispetto* o al *strambotto* como variantes del género de la *frottola* italiana (desarrollados entre 1470 y 1530) transmite un matiz arcaico que, sin embargo, se integra perfectamente en el contexto compositivo del primer tercio del siglo XX. La temática amorosa constituye la base argumental de ambas formas poéticas, pero mientras que el *rispetto* narra un amor idílico y respetuoso, traducido por el compositor como contrapunto y ornamentación, el *strambotto* recurre a la burla en su texto poético, reflejado musicalmente a través de la práctica renacentista de la parodia. El estudio de su dimensión armónica permite apreciar el continuo esfuerzo que realiza Malipiero por integrar todos estos elementos y recursos en la formación del cuarteto de cuerda.

The study of *Rispetti e Strambotti* (1920), the first work by Gian Francesco Malipiero (1882-1973) in the genre of the string quartet, bring us closer to a neoclassical aesthetic in which the composer wants to rise in value folk elements of early Italian music, specifically from Renaissance. In this way, the use of *rispetto* or *strambotto* as versions of the genre of Italian *frottola* (both developed between 1470 and 1530) gives an archaic tint that, however, finds itself perfectly integrated in the context of the first third of the 20th century. The theme of love constitutes the basic line of argument in both poetic forms, but, while the *rispetto* tells about an idyllic and respectful love, translated by the composer into counterpoint and ornamentation, the *strambotto* turns to the taunt in its poetic text, musically portrayed by the Renaissance practice of the parody. The study of its harmonic dimension allows us to appreciate the constant effort realised by

Malipiero in order to integrate all these elements and resources within the string quartet formation.

L'étude de *Rispetti e Strambotti* (1920), la première œuvre de Gian Francesco Malipiero (1882-1973) dans le genre du quatuor à cordes, nous rapproche d'une esthétique néoclassique dans laquelle le compositeur prétend revaloriser un folklore musical préexistent au travers d'éléments et procédures propres de la Renaissance. De cette façon, la récurrence au *rispetto* o au *strambotto* comme variantes du genre de la *frottola* italienne (développés entre 1470 et 1530), transmet une nuance archaïque qui, cependant, s'intègre parfaitement dans le contexte de composition du premier tiers du XXe siècle. La thématique amoureuse constitue la base d'argumentation des deux formes poétiques, mais tandis que le *rispetto* raconte un amour idyllique et respectueux, traduit par le compositeur en contrepoint et ornementation, le *strambotto* utilise la moquerie dans son texte poétique, reflettée musicalement au travers de la pratique de l'époque de la Renaissance de la parodie. L'étude de la dimension harmonique permet d'apprécier l'effort continu que Malipiero réalise pour intégrer tous ces éléments et ressources de la musique ancienne dans la formation du quatuor a cordes.

VI. Adopté – renouvelé – transformé : le Quintette avec piano en Italie

Christoph Flamm

Le développement de la musique de chambre en Italie depuis la fin du XIXe siècle commence avec l'imitation de modèles d'abord allemands, puis français. Elle est liée à une renaissance de la musique instrumentale dans tous les genres, et finit par trouver des solutions idiosyncratiques dans les années vingt et trente. Parmi les genres de musique de chambre, le quintette avec piano est bien limité dans le nombre de compositions, et pas seulement en Italie. Pourtant, les quelques exemples qu'il existe peuvent résumer l'évolution dans les grandes lignes de la musique instrumentale en général. C'est le cas de trois quintettes avec piano qui s'étendent sur toute la période du romantisme tardif au néoclassicisme : le Quintette Opus 45 de Giuseppe Martucci, écrit au milieu des années 1870 ; le Quintette inachevé de son élève Ottorino Respighi de 1902 ; et la *Sonata a cinque* de Gian Francesco Malipiero de 1934. Il faut d'abord noter que ces trois œuvres n'ont pas la même importance pour les compositeurs : le grand Quintette de Martucci se trouve au premier rang parmi ses compositions instrumentales, c'est-à dire à côté des deux Symphonies et des deux Trios avec piano. Le Quintette de Respighi est une œuvre de jeunesse que lui même a laissé inachevée, tandis que la *Sonata a cinque* fut écrite en pleine maturité de Malipiero dans les années trente, mais ne fait pas partie de ses compositions les plus importantes. C'est pour cette raison qu'on ne peut pas comparer raisonnablement ces quintettes entre eux. Cependant ils montrent, chacun à sa façon, non seulement l'évolution stylistique de la musique italienne en général, qui reflète le changement des modèles musicaux étrangers, mais aussi l'ampleur de la dépendance de tels modèles. En outre, il semble convenable de mettre en relief un genre souffrant de négligence considérable dans la littérature musicologique.[1]

Adoption : Giuseppe Martucci

Giuseppe Martucci (1856–1909) appartient à la première génération de compositeurs italiens qui dans le dernier tiers du XIXe siècle, ont essayé de réanimer la musique instrumentale dans leur propre pays, où elle avait été complètement négligée pendant un demi-siècle en faveur de l'opéra lyrique. En ce temps, le quintette avec piano était un genre fermement lié à la musique allemande du romantisme. À part des modèles de Schumann et Brahms, dans les années précédentes au Quintette de Martucci, de telles œuvres avaient été composées par Franz Berwald, Joachim Raff, Carl Reinecke, Anton Rubinstein, Antonín Dvořák, Heinrich von Herzogenberg entre autres, c'est-à-dire par des compositeurs qui étaient allemands ou qui ont presque tous étudié en Allemagne (voir table).

---

1 Même dans la monographie de Basil Smallman, le Quintette de Martucci n'est mentionné que brièvement dans une note de bas de page (SMALLMAN, B. *The Piano Quartet and Quintet*. Oxford : Clarendon Press, 1994, reprint 2006, p. 104), les deux autres n'y figurent pas du tout.

Robert Schumann op. 44	1842
Franz Berwald n° 1 et n° 2 op. 6	1853-1858
Joachim Raff op. 107	1862
Johannes Brahms op. 34	1864
Carl Reinecke op. 83	1865
Giovanni Sgambati op. 4	1866
Antonín Dvořák op. 5	1872
Hermann Goetz op. 16 (pf, vl, va, vc, cb)	1874
Giovanni Sgambati op. 5	avant 1876
Heinrich von Herzogenberg op. 17	1876
Anton Rubinstein op. 99	1876
Giuseppe Martucci op. 45	**1878**
César Franck	1879
Karl Goldmark op. 30	1879

En tant que pianiste-virtuose, Martucci connaissait très bien ce genre de musique de chambre. Au printemps 1877, au moment de la genèse de son propre Quintette, il a joué en public le Quatuor avec piano de Schumann,[2] et quelques années auparavant il avait déjà exécuté le Trio en ré mineur de Mendelssohn, le Quatuor en sol mineur de Mozart, le Trio en sol mineur de Rubinstein et le Quintette *La Truite* de Schubert. De même, en 1877 furent publiés les deux Quintettes avec piano de Giovanni Sgambati. Par conséquent, quand Martucci se mit à son propre Quintette à Naples en 1877, l'idée était dans l'air.

Il est évident que ni Schumann, ni Brahms ne lui ont servi comme modèle immédiat. Les dimensions vastes, pour ainsi dire symphoniques, en quatre mouvements étendus, se trouvent partout. Contrairement aux Quintettes de Sgambati, ceux de Martucci n'ont pas d'introduction dans le premier mouvement. Mais tout le reste correspond aux schémas académiques :

2 *Cf.* PERRINO, F. *Giuseppe Martucci*, t. 1. Novara : Centro Studi Martucciani, 1992, pp. 112 ss.

la structure des mouvements est parfaitement conforme aux maquettes théoriques. Le fait que le thème initial du premier mouvement revienne, dans une version augmentée et intensifiée, comme apothéose à la fin du dernier mouvement, est par là-même une preuve que toute l'œuvre est profondément enracinée dans les traditions allemandes (Exs. 1a/b). (Dans le Trio de Rubinstein que Martucci avait joué quelques années auparavant, c'est le thème de l'*Adagio* qui revient au dernier moment du finale.)

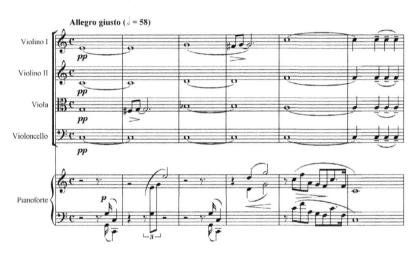

Exemple 1a : Martucci, Quintette avec piano op. 45, mouvement I, mesures 1 à 6

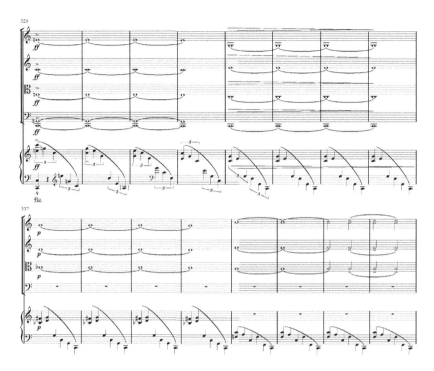

Exemple 1b : Martucci, Quintette avec piano op. 45, mouvement IV, mesures 329 à 344

Le style de la musique est plutôt libre, discursif, parfois même donnant l'impression d'une improvisation. Probablement, de telles manières rapprochent Martucci à des compositeurs comme Adolph Henselt. Martucci avait joué l'année précédente (1876) le Concert qu'avait composé Henselt : quoique le virtuosisme exubérant des figurations pianistiques du Concert de Henselt soit assez loin du pianisme de Martucci, les libertés stylistiques comme par exemple les thèmes en forme de choral (chez Henselt la section « Religioso » du premier mouvement, chez Martucci le thème cyclique de l'introduction), le développement libre des pensées ainsi que la prédilection pour des sonorités spacieuses et diaphanes en dixièmes ont beaucoup plus à voir avec le romantisme sensuel de Henselt qu'avec les structures concentrées et compactes de Brahms.

Jusqu'à récemment, on s'est très peu occupé de la musique de Martucci, même en Italie. Cette indifférence du public italien à la musique de Martucci est symptomatique : ses œuvres ne disposent pas de couleur locale, elles furent vues comme une transplantation de modèles germaniques sur un terrain italien, et c'est pour cela qu'elles sont restées indifférentes à la plupart des auditeurs qui voulaient s'identifier dans et avec la musique.

Renouvellement : Ottorino Respighi

C'est la génération suivante qui se donne pour tâche non seulement d'élever la musique instrumentale au plus haut niveau de son temps, mais aussi de lui rendre un caractère national italien. Cette génération fut fréquemment nommée « generazione dell'ottanta » parce que ses représentants sont nés autours de 1880 : Respighi, Malipiero, Casella, Pizzetti, Alfano. Aujourd'hui, on hésite encore à utiliser cette dénomination, parce que les différences parmi les membres semblent plus grandes que les analogies. Néanmoins, tous ces compositeurs suivirent la demande générale : éliminer toute influence germanique de la musique instrumentale italienne. Pour arriver à ce but, les italiens ont vu la situation en France où on avait le même désir depuis déjà quelques temps. Donc, les nouveaux modèles de la musique italienne après 1900 se trouvaient surtout dans la musique française, mais aussi dans la musique russe.

C'est très probablement le cas d'Ottorino Respighi (1879-1936). Après ses études à Bologne, il travaille pendant plusieurs saisons comme alto dans les orchestres à Moscou et Saint Pétersbourg, il reçoit même des consultations privées de Rimsky-Korsakov. Son Quintette fut écrit après le retour de son premier séjour en Russie.[3] La tonalité de fa mineur est celle des Quintettes

---

3 Pour une description detaillé de l'œuvre voir PEDARRA, P. *Il pianoforte nella produzione giovanile di Respighi*. Milan : Rugginenti, 1995, pp. 129-144. Une analyse approfondie du Quintette se trouve dans FLAMM, C. *Ottorino Respighi und die ita-*

de Brahms et de Franck. En effet, le commencement du premier mouvement avec ses lignes en *unisono* semble comme un écho de Brahms (Exs. 2a/b).

Exemple 2a : Respighi, Quintette avec piano fa mineur, mouvement I, mesures 1 à 6

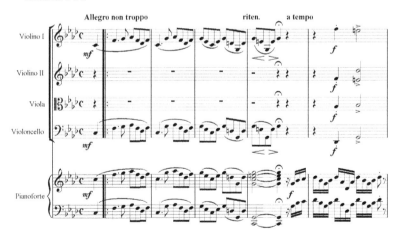

Exemple 2b : Brahms, Quintette avec piano op. 34, mouvement I, mesures 1 à 5

lienische Instrumentalmusik von der Jahrhundertwende bis zum Faschismus. Laaber : Laaber, 2008, t. 1, pp. 272-284.

Mais après ça, l'impression initiale change complètement. Les figures au piano avec la sixte diminuée rappellent le timbre des passions mélancoliques de Tchaïkovsky, Arensky ou Rachmaninov. Cette impression devient encore plus claire dans le *melos* enivrante du second thème. Là on pourrait presque soupçonner un reflet de la Sonate pour violoncelle Opus 19 de Rachmaninov – mais c'est peu semblable puisque la partition fut imprimée en mars 1902, tandis que la plupart du Quintette de Respighi fut écrite en 1901. Toutefois, le style de cette musique est loin de la tradition allemande ainsi que de la tradition française. Pour la situation du jeune compositeur, ce choix stylistique est élucidant : à la recherche de nouveaux modèles, il essaie le timbre russe, au moins dans le premier mouvement (Exs. 3a/b).

Exemple 3a : Respighi, Quintette avec piano fa mineur, mouvement I, mesures 89 à 97

Exemple 3b : Rachmaninov, Sonate pour violoncelle et piano op. 19, mouvement IV, mesures 35 à 43

Respighi expérimente également avec la structure du cycle. Dans les parties autographes des instruments à cordes du Quintette[4] (la partie autographe du piano a disparu), il y a un *Adagio* comme troisième mouvement. Respighi à retiré cet *Adagio* du Quintette et l'a transféré dans une Symphonie qui date de la même année. Ce qui signifie qu'il a pensé à une autre solution pour le Quintette. Laquelle ? Le premier mouvement est en forme de sonate sans aucune exploitation insolite. Mais le second mouvement est tout à fait extraordinaire :

---

4 Bologna, Museo internazionale e biblioteca della musica di Bologna, MS 31.

1	A	*Andantino*	si$_b$
43	B$_1$	*Vivacissimo*	Si$_b$
71	B$_2$		Fa
95	B$_3$	*Meno*	Fa
127	B$_1$		Fa
155	A	*Andantino (Tempo I)*	si$_b$
167		*Lentamente*	si$_b$
182	B$_4$	*Presto*	(si$_b$)
202		*Più presto*	(si$_b$)
222		*Prestissimo*	si$_b$/Si$_b$

On y trouve trois idées formelles : 1) la forme « Lied », 2) la variation, et 3) la combinaison d'éléments des deux mouvements centraux traditionnels, donc de l'Andante et du Scherzo (un exemple classique de cette combinaison est la Sonate pour violon en la majeur de Brahms). Très probablement, Respighi a rejeté le troisième mouvement parce que le second renfermait déjà la fonction de mouvement lent. Les tonalités montrent clairement que le cycle n'est pas terminé :

Mouvement I	*Allegro*	(fa)
Mouvement II	*Andantino/Vivacissimo*	(si$_b$)
Mouvement III (retiré)	*Adagio*	(Re$_b$)
Mouvement IV (manquant)	?	(fa/Fa?)

Cependant, il y a un manuscrit autographe de la partition qui donne l'impression d'une œuvre achevée, en se limitant aux deux premiers mouvements.[5] Malheureusement, dans l'édition moderne du Quintette chez Ricordi,[6] la structure complexe du second mouvement n'est pas reproduite : en effet, on a séparé le *Vivacissimo* à partir de la mesure 43 comme

5 Siena, Accademia Musicale Chigiana, Biblioteca ; Facsimilés dans Pedarra, pp. 129-130.
6 RESPIGHI, O. *Quintetto in fa minore* (1902) per pianoforte e archi. Milan : Ricordi 1986.

168

troisième mouvement – une chose absurde. Ce qui manque vraiment, c'est le finale. On ne sait pas pourquoi Respighi ne l'a pas écrit. Il a joué ce Quintette trois fois en public, toujours en indiquant dans le programme qu'il s'agissait seulement d'extraits du Quintette. Peut-être ne se sentait-il à l'aise avec cette musique : ou pour le style, ou pour la forme insolite. Comme tout le monde sait, Respighi a trouvé son propre idéal beaucoup plus tard, à la fin de la Première Guerre mondiale, avec le poème symphonique. À ce moment là, pour lui la musique de chambre avait perdu sa fascination, sauf en de rares exceptions.

Transformation : Gian Francesco Malipiero

La situation se présente complètement différemment avec Gian Francesco Malipiero (1882–1973) : pour lui, la musique de chambre, et surtout le quatuor à cordes, est toujours restée son centre d'intérêt. Malipiero est considéré comme un des plus grands innovateurs de la musique italienne jusqu'à l'arrivée du fascisme. La *Sonata a cinque* de 1934 n'a pas beaucoup attiré l'attention du côté de la musicologie. Même dans les monographies les plus grandes dédiées à Malipiero, elle n'est que brièvement mentionnée. Il s'agit pour ainsi dire d'un « quintette avec piano déguisé », parce que deux des instruments sont alternativement remplacés par d'autres : le premier violon par une flûte, le piano par une harpe. Cependant, l'emploi des instruments standard est prévu par l'auteur : les alternatives sont bien indiquées au commencement de la première page. La négligence de la *Sonata a cinque*, sans doute, n'a rien à voir avec la qualité de cette pièce. D'un côté, elle est restée dans l'ombre des fameux quatuors à cordes, d'un autre côté, la combinaison extravagante d'un ensemble instrumental non standardisé à empêché la diffusion pour des raisons pratiques : jusqu'à aujourd'hui, aucun musicien n'a fait usage de l'alternative avec deux violons et piano.

Malipiero a donné une caractérisation générale de la pièce, en parlant d'une autre composition de la même période, les *Epodi e giambi* pour violon, viole, hautbois et basson, composés en 1932, deux ans avant la *Sonata a cinque* :

> Deux instruments à vent et deux à cordes. Pourtant, ce n'est pas un problème, de la même façon que dans la *Sonata a cinque* il y a une flûte et la harpe opposées à trois instruments à cordes. La forme se rapproche de celle des quatuors à cordes, mais la variété des instruments change la couleur, ou bien les couleurs, cachant toute analogie avec mes autres œuvres de chambre.[7]

Il est évident que l'intégration de la flûte aussi bien que de la harpe dans la musique de chambre fut inspirée surtout de la musique française, où on avait toujours une prédilection autant pour la flûte que pour la harpe (la ligne de telles œuvres pourrait commencer avec le fameux concerto de Mozart pour ces deux instruments, écrit pendant son séjour à Paris, et aboutir dans la musique des « Six ») : on pourrait même dire que ces deux instruments forment une sorte de symbole national de la musique française, tandis qu'en Italie leur rôle était tout à fait secondaire.

Le titre *Sonata a cinque*, par contre, est naturellement lié à la musique baroque italienne, et fait penser à Albinoni ou Torelli qui ont écrit plusieurs sonates ainsi dénommées. Par exemple, Torelli en a composé une pour trompette, instruments à cordes et continuo, c'est-à-dire une combinaison proche de celle de Malipiero. En tout cas, pour Malipiero il s'agissait d'éviter tout lien avec la musique romantique et surtout avec les traditions allemandes. Néanmoins, derrière tout ce jeu avec la musique antique et les couleurs instrumentales françaises, on peut facilement apercevoir le modèle traditionnel du quintette avec

---

7 MALIPIERO, cit. d'après AA.VV. *L'opera di Gian Francesco Malipiero*. Treviso : Edizioni di Treviso – Libreria Canova 1952, p. 246.

piano, où le compositeur a voulu modifier légèrement l'ensemble instrumental. Ça veut dire que dans le choix du genre et des instruments, différentes traditions se mêlent d'une façon compliquée : traditions italiennes, françaises et germaniques, traditions qui s'étendent du XVIIIe jusqu'au XXe siècle. Mais ce n'est pas tout. En écoutant les premiers éléments de l'œuvre, l'influence de Stravinsky est très apparente : dans les premiers instants, on se croit même dans un mélange de *Pétrouchka* (la répétitivité joyeuse de la « Danse russe ») avec l'austérité concentré des *Trois pièces* pour quatuor à cordes. Bien sûr, Malipiero y gagne des idées propres, mais la structure épisodique elle aussi se rattache à Stravinsky.

Extérieurement, il s'agit d'un seul mouvement avec beaucoup de sections mignonnes. Si on croit les rares descriptions brèves que nous possédons, Malipiero s'est complètement attaché à sa manière de libres épisodes qu'il avait cultivé à partir du quatuor *Rispetti e strambotti* (1920). Par conséquent, il y a des motifs qui retournent, mais ces reprises des motifs ne signifient pas la constitution d'une forme spécifique. Alors, la structure épisodique ne rassemble ni à la forme sonate ou à la sonate cyclique, ni au rondeau. Selon l'éminent spécialiste de Malipiero, John Waterhouse, l'effet est un jeu libre et hédoniste avec les possibilités de combiner les couleurs des instruments.[8] Par ailleurs, on pourrait constater une division en deux parties, marquée par la pause générale au centre de la sonate (mes. 174). Mais tout ça ne montre pas l'axe central qui se trouve derrière la structure rhapsodique (voir table).

---

8 *Cf.* WATERHOUSE, J. C. G. *Gian Francesco Malipiero (1882-1973). The life, times and music of a wayward genius.* Amsterdam : Harwood Academic Publishers, 1999, p. 210.

1	*Allegro*	(74 mesures)
74	*Andante*	(85 mesures)
160	*I. Tempo*	
168	*Andante*	
174	*vuota (lunga)*	
175	*Marziale, ma mosso*	(70 mesures)
244	*Lento*	
249	*Molto calmo*	
258	*Lugubre*	
276	*Allegro, non troppo mosso*	(44 mesures)
320	*un poco meno*	
336	*Tranquillo*	

Derrière le mosaïque des épisodes, il y a le plan traditionnel d'une sonate en quatre mouvements : *Allegro - Andante
- Marziale, ma mosso - Allegro, non troppo mosso*. Ce plan est
modifié par des interpolations courtes, rappelant la sonate
baroque, mais la longueur des quatre parties principales confirme
la structure de base d'une sonate cyclique à quatre mouvements. Les caractères de ces parties centrales correspondent très
bien aux types traditionnels de mouvement. Sans avoir étudié
soigneusement de quelle façon les relations thématiques contribuent à créer une unité thématique au-delà des épisodes, on peut
indiquer quelques dérivations apparentes du thème qui recourt
le plus fréquemment (Exs. 4a-d : dérivations).

Exemple 4a : Malipiero, *Sonata a cinque*, [I] *Allegro*, mesures 1 à 6

Exemple 4b : Malipiero, *Sonata a cinque*, [II] *Andante*, mesures 74 à 89

Exemple 4c : Malipiero, *Sonata a cinque*, [III] *Marziale, ma mosso*,
mesures 175 à 184

Exemple 4d : Malipiero, *Sonata a cinque*, [**IV**] *Allegro, non troppo mosso*, mesures 276 à 282

Evidemment, le mélange de traditions germaniques, françaises, italiennes et russes n'est pas limité au plan de l'instrumentation, mais concerne aussi les structures formelles de l'œuvre. La *Sonata a cinque* nous montre un compositeur italien qui a déjà établi son propre idiome, mais qui se sert quand-même de différentes traditions pour arriver à un style considéré national : il prend la musique préromantique italienne comme point de départ, il la rapproche de l'esthétique française et aussi de Stravinsky, mais il cache bien les traces de l'héritage germanique qui se trouvent dedans. On pourrait bien se demander si le résultat peut vraiment être considéré comme une expression italienne, officiellement réclamée au temps du fascisme, ou si par contre il s'agit plutôt d'un style international, malgré l'auteur. Avec Malipiero, normalement, la musique de chambre en Italie se dit libre d'influences étrangères : en regardant sa *Sonata a cinque*, ne nous semble-t-il pas que ce soit exagéré ?

L'émancipation tardive de la musique de chambre italienne peut se dire paradigmatique pour les cultures méditerranéennes. A la différence d'autres pays de la Méditerranée, les compositeurs italiens n'ont utilisé des mélodies ou rythmes traditionnels folkloriques que très rarement pour créer un style national. Il y a différentes raisons de cette négligence du folklore dans la musique italienne instrumentale à la fin du siècle (mis à part le fait que sur le secteur de la musique légère, les tarentelles ou barcarolles n'ont jamais cessé d'exister) ; une raison est l'aspiration des compositeurs italiens à regagner et à reformuler un langage musical au-delà de couleurs locales, de recréer la musique italienne comme modèle absolu de la musique tout court, comme c'était le cas au XVIIe et XVIIIe siècles. C'est exactement ce désir qui s'exprime dans un manuel de la théorie musicale et de l'histoire musicale, écrit en 1925 par Respighi conjointement avec le critique musical Sebastiano Luciani : « Tutto farebbe dunque supporre che all'Italia sia riservata la missione di unificare i diversi dialetti musicali dando all'Europa, come aveva fatto nel 6–700, un linguaggio comune. »[9] Pour la génération de Respighi et Malipiero, on a trouvé l'élément national de la musique, non pas dans le folklore, mais ailleurs – dans un règne rêvé de suprématie absolue culturelle. L'identité nationale était, pour eux, l'art d'être international.

---

9 RESPIGHI, O. / LUCIANI, S. A. *Orpheus. Iniziazione musicale, Storia della musica*. Firenze : G. Barbèra, 1925, p. 323.

* * *

El objetivo de este artículo es arrojar luz sobre el estado de la música de cámara en Italia y de su evolución estilística, desde finales del siglo XIX hasta el primer tercio del siglo XX, a partir de tres quintetos con piano. El Quinteto Opus 45 (1870) de Giuseppe Martucci representa a la primera generación de compositores cuya intención fue reavivar la música instrumental italiana; sin embargo, está aún bastante ligado a la tradición germana. El Quinteto inacabado (1902) de su alumno Ottorino Respighi evita toda influencia alemana en beneficio de los modelos franceses y rusos. La *Sonata a cinque* (1934) de Gian Francesco Malipiero trata de debilitar el vínculo con la música romántica, sobre todo con la tradición germana, partiendo de la música prerromántica italiana junto con coloraciones instrumentales francesas y algunos elementos de la estética stravinskiana. Por ello, puede ser considerada una contribución italiana a un lenguaje internacional. De forma general, se observa que los compositores italianos, salvo en raras ocasiones, no usan elementos folklóricos para crear un estilo nacional.

The aim of this paper is to shed light on the state of Italian chamber music and its stylistic evolution, from the end of the 19th century to the first third of the 20th, through three piano quintets. The Quintet Opus 45 (1870) by Giuseppe Martucci represents the first generation of composers whose intention was to revive Italian instrumental music. However, it is still closely linked to German traditions. The unfinished Quintet (1902) by his student Ottorino Respighi is avoiding German models for the benefit of French and Russian ones. The *Sonata a cinque* (1934) by Gian Francesco Malipiero intends to weaken the bond with Romanticism, above all with German traditions, resorting instead to pre-romantic Italian music together with French instrumental colours and some elements of Stravinskian aesthetics. Thus, it can be considered an Italian contribution to an international language. In general, one observes that Italian composers, except on rare occasions, do not use folkloric features in order to create a national idiom in chamber music.

L'objectif de cet article est d'éclairer l'état de la musique de chambre en Italie et son évolution stylistique depuis la fin du XIXe siècle jusqu'à le premier tiers du XXe siècle, à partir de trois quintettes avec piano. Le Quintette Opus 45 (1870) de Giuseppe Martucci représente la première génération de compositeurs dont l'intention fut de faire revivre la musique instrumentale italienne ; cependant, elle est très liée à la tradition germanique. Le Quintette inachevé (1902) de son élève Ottorino Respighi évite toute influence allemande au bénéfice des modèles français et russes. La *Sonata a cinque* (1934) de Gian Francesco Malipiero essaye d'affaiblir le lien avec la musique romantique, surtout avec la tradition germanique, en insérant dans la musique préromantique italienne des couleurs instrumentales françaises et certains éléments de l'esthétique de Stravinsky. C'est pour cela, qu'elle peut être considérée d'une contribution italienne à un langage international. De façon générale, on voit que les compositeurs italiens, sauf en de rares exceptions, n'utilisent pas d'éléments folkloriques pour créer un style national.

VII. Ästhetische Identität und Geschichte: Die *Canzone* aus dem Klavierquintett Opus 6 (1900) von Ermanno Wolf Ferrari

Marie Winkelmüller

Ermanno Wolf Ferrari (1876-1948), der weitgehend abseits der heutigen musikwissenschaftlichen Forschung steht, ist ein sehr komplexer, manchmal sogar widersprüchlich erscheinender Komponist. Mit der Frage nach dem Verständnis seiner Selbst und seiner Musik in Raum und Zeit, die gewöhnlich Grundbestandteil der Frage nach der Identität ist, beschäftigte sich der Komponist ein Leben lang. Doch wird dies kaum von der musikwissenschaftlichen Forschung berührt. Findet der erste Teil, also die Frage nach dem Raum sehr schnell eine Antwort,[1] so verhält es sich mit letzterem Teil, d.h. der Frage nach der Zeit ganz anders. In seiner Korrespondenz finden sich zahlreiche Bemerkungen darüber, wie schwer sich Wolf Ferrari mit den Gegebenheiten seiner Zeit, nicht zuletzt mit den damals die Musik erschütternden Krisen im kom-

---

1 Siehe etwa den Brief an Richard Strauss vom 15. Februar 1902, vgl. hierfür WOLF FERRARI, E. *Briefe aus einem halben Jahrhundert*, hrsg. von M. Lothar. München / Wien: Langen Müller, 1982, S. 10 f.

positorischen wie ästhetischen Bereich tat. Symptomatisch hierfür sind solche Sätze zu nennen wie «seit 20 Jahren mindestens (was sage ich? – mehr!) stehe ich mit der Moderne auf mir selbst nicht klarem Fuß. Ich glaube, ich habe das falsche Jahrhundert erwischt; vielleicht bin ich ein Jahrhundert zu spät gekommen»,[2] oder rein musikalisch die Bezüge seiner Kompositionen zu älteren Epochen der Musikgeschichte, die bereits zu seinen Lebzeiten legendär wurden. Die musikwissenschaftliche Forschung, soweit sie sich mit diesem Thema befasst, untersuchte vor allem die Opern, zumindest das erfolgreiche Opernschaffen im Rahmen des Neoklassizismus und ordnete es unmittelbar einer Ästhetik zu, die sich an Mozart orientierte[3] und gegen Richard Wagners operistisches Ideal gerichtet war.[4]

Das kammermusikalische Oeuvre hingegen blieb von Seiten der Musikwissenschaft weitgehend unbeachtet. Es wird der deutschen Linie von Mendelssohn und Schumann zu Brahms zugeordnet, und soll keine Hinweise auf frühere Epochen der Musikgeschichte aufweisen.[5] Doch dies erscheint zumindest für die Jugendjahre Wolf Ferraris höchst verwunderlich, denn das Kammermusikwerk würde in diesem Falle in einem krassen Widerspruch zu den nicht kammermusikalischen Werken ste-

---

2 Brief an Franz Rau vom 2. August 1924, in WOLF FERRARI, E. *Briefe...*, S. 92, sowie SEEDORF, Th. *Studien zur kompositorischen Mozart-Rezeption im frühen 20. Jahrhundert* (Publikationen der Hochschule für Musik und Theater Hannover, 2). Laaber: Laaber, 1990, S. 44.

3 SEEDORF, Th. *Studien zur kompositorischen Mozart-Rezeption...*, S. 17.

4 HAMANN, P. *Die frühe Kammermusik Ermanno Wolf-Ferraris.* Diss. Univ. Erlangen, 1975, S. 75 f.; KUNZE, S. «Identität der Melodie. Über Richard Strauss und Mozart». *Mozart in der Musik des 20. Jahrhunderts. Formen ästhetischer und kompositionstechnischer Rezeption* (Schriften zur musikalischen Hermeneutik, 2), hrsg. von W. Gratzer und S. Mauser. Laaber: Laaber, 1992, S. 11 f.; SEEDORF, Th. *Studien zur kompositorischen Mozart-Rezeption...*, S. 1, 3 f., 34, 39; STREICHER, J. «Wolf Ferrari, Ermanno». *Die Musik in Geschichte und Gegenwart*, Personenteil 17, hrsg. von L. Finscher. Kassel [et al.]: Bärenreiter, ²2007, Sp. 1106-1110.

5 WATERHOUSE, J. C. G. «Wolf-Ferrari, Ermanno». *The New Grove Dictionary of Music and Musicians*, Band 27, hrsg. von S. Sadie. London, New York: Macmillan Publishers, ²2001, S. 509.

hen, an denen der Komponist in den Jahren um 1900 arbeitete. Zu nennen sind ein Oratorium nach einem Text von Dante[6] sowie die erste Oper mit einem Sujet aus dem 18. Jahrhundert,[7] in der Bezüge zu Mozart nachweislich festgestellt wurden.[8] Zudem brachten diese Jahre kurz vor 1900 die Begegnung mit der Musik Wagners, Bachs und Verdis, die alle einen nachhaltigen Einfluss auf den Komponisten ausübten.[9] Schließlich bezeichnet Wolf Ferrari um 1900 den langsamen Satz aus seinem Klavierquintett Opus 6 mit *Canzone* – eine Satzbetitelung, die auf eine vokale[10] ebenso wie auf eine instrumentale Gattung bzw. Satzart[11] hinweist, auf eine 700 Jahre alte Tradition von Dante[12] bis zur Neuen Musik[13] zurückreicht und eine italienische,[14] französische[15] wie deutsche[16] Verständnisweise des Begriffs erhielt. Die von Wolf Ferrari gewählte Satzbezeichnung *Canzone* fordert daher einen kompositorischen Bezug zu früheren Zeiten der Musikgeschichte geradezu heraus. Sie bietet zudem Wolf Ferraris eigener interna-

---

6 Es handelt sich um *La vita nuova*, das nach STREICHER, J. «Wolf Ferrari, Ermanno», Sp. 1108, bereits 1901 abgeschlossen war, aber erst 1903 zur Uraufführung kam.

7 *Le Donne curiose* nach einem Text von Goldoni.

8 SEEDORF, Th. *Studien zur kompositorischen Mozart-Rezeption...*, S. 52-56.

9 *Ibid.*, S. 39 f. und 43.

10 POZZI, P. «Canzone (instrumental): II. Die Canzone für Laute und Tasteninstrumente». *Die Musik in Geschichte und Gegenwart*, Personenteil 2, hrsg. von L. Finscher. Kassel [et al.]: Bärenreiter, ²1995, Sp. 426; CALDWELL, J. «Canzona». *The New Grove Dictionary of Music and Musicians*, Band 5, hrsg. von S. Sadie. London, New York: Macmillan Publishers, ²2001, S. 75.

11 CALDWELL, J. «Canzona», S. 79; SCHMITZ-GROPENGIESSER, F. «Canzone, Canzonetta». *Handwörterbuch der musikalischen Terminologie*, hrsg. von H. H. Eggebrecht und A. Riethmüller. Freiburg: Franz Steiner Verlag, 1997, S. 1 f.

12 CALDWELL, J. «Canzona», S. 79; SCHMITZ-GROPENGIESSER, F. «Canzone, Canzonetta», S. 1, 5.

13 KIEFER, R. «Canzone (vokal)». *Die Musik in Geschichte und Gegenwart*, Sachteil 2, hrsg. von L. Finscher. Kassel [et al.]: Bärenreiter, ²1995, Sp. 417.

14 CALDWELL, J. «Canzona», S. 78; KIEFER, R. «Canzone (vokal)», Sp. 418; SCHMITZ-GROPENGIESSER, F. «Canzone, Canzonetta», S. 1.

15 POZZI, P. «Canzone (instrumental) ...», S. 425 f.

16 SCHMITZ-GROPENGIESSER, F. «Canzone, Canzonetta», S. 1, 12 f.

tionaler geographischer Identität und seinem etwas unschlüssigen Verhältnis zur Zeit ein ideales Terrain. Ziel des Aufsatzes ist es zu zeigen, dass bereits die Kammermusik aus den jüngeren Jahren um 1900 den historischen Bezug zum wesentlichen kompositorischen Moment der *Canzone* aus dem Klavierquintett Opus 6 erhebt. Dieser Rückgriff auf frühere Stile bzw. Kompositionsweisen hat allerdings weniger mit dem Neoklassizismus gemein, der von der musikwissenschaftlichen Forschung für das Opernschaffen als markant erkannt wurde[17] (tatsächlich hat die *Canzone* keine Gemeinsamkeit mit Mozart). Sie ist aber die Widerspiegelung der ganz persönlichen Ästhetik Wolf Ferraris, die den Begriff Zeit in Verbindung mit Schönheit völlig aufhebt. So vereint Wolf Ferrari in dieser *Canzone* ein deutsches, romantisches Verständnis der Satzbezeichnung mit einer Kompositionstechnik aus dem 18. Jahrhundert, die er dem Bachschen Vorbild entnimmt.

Die *Canzone* als Lied ohne Worte

Der Begriff *Canzone*, wie er um die Wende vom 18. zum 19. Jahrhundert verstanden wird und für das ganze 19. Jahrhundert prägend bleibt, wird als Lied ohne Worte aufgefasst. Für Wolf (*Kurzgefaßtes Musikalisches Lexikon*, 1787) ist sie «eine Melodie, welche ohne Text gesungen wird»[18] – eine Auffassung, die Koch in seinem 1802 veröffentlichten *Lexikon* teilt, dennoch ergänzt er diese Erklärung durch weitere Merkmale: Die *Canzone* sei «ein Gesang oder eine Melodie, [...] am gewöhnlichsten eine Melodie ohne Text von kurzer Ausführung».[19] Sie bezeichnete folglich eine – im Gegensatz zum vokalen Gesang – instrumentale Melodie, die – worauf der Hinweis auf Textlosigkeit und, zumindest bei Koch, auf die Gleichsetzung mit dem Terminus Melodie mit Gesang schließen lässt – eine unbestreitbare Nähe

---

17 SEEDORF, Th. *Studien zur kompositorischen Mozart-Rezeption...*, S. 17.
18 Zit. nach SCHMITZ-GROPENGIESSER, F. «Canzone, Canzonetta», S. 12.
19 *Loc. cit.*

zur vokalen Gattung beibehält. Im Unterschied zu Wolf fügt Koch eine weitere Angabe zur Gestaltungsweise hinzu: Die Canzone muss «von kurzer Ausführung» sein, was – gepaart mit dem Hinweis auf den Gesang – auf eine knappe Form und eine Einfachheit des Duktus hindeutet. Aus diesen Definitionen heraus ist auf folgende Merkmale der Satzart zu schließen: Die Canzone ist eine instrumentale Gattung liedhaften bzw. sanghaften Charakters, die zudem eine gewisse Kürze und Einfachheit der Form aufweist. Diese Merkmale finden sich in Wolf Ferraris zweitem Satz des Klavierquintetts Opus 6 wieder. Die zu Beginn der Canzone vorgestellte Melodielinie wird vom Violoncello, das die Rolle der Singstimme einnimmt, mit Klavierbegleitung vorgetragen. Sie weist außerdem den für Singstimmen charakteristischen beschränkten Ambitus auf, der weitgehend eine Oktave umfasst. Sie bildet einen klar umrissenen melodischen Bogen, denn sie wird zu einem Höhepunkt geführt und kehrt anschließend zum Ausgangspunkt zurück. Vorherrschende Intervalle sind hier der Ganz- und Halbton sowie Terzen. Somit schafft Wolf Ferrari eine an der Singstimme orientierte Kantabilität.

Die Melodie beruht – der Gattung Lied entsprechend – auf einheitlichem Material, auf einer Keimzelle, die gleich zu Beginn des Satzes vom Violoncello nach einer zweitaktigen Einleitung des Klaviers vorgestellt wird (T. 1-5). Sie lehnt sich an die a-Moll-Skala an: Sie erstreckt sich über die Oktave *a¹-a*, die durch Terzverflechtungen aufgefüllt wird (*f-d* in T. 3, *e-c* in T. 4). Die in diesem Grundgedanken vorgestellten Töne umfassen die gesamte Skala – ausgenommen ist aber der Leitton *gis*, dem im weiteren Verlauf der Melodielinie eine besondere Rolle zukommt (siehe Notenbeispiel 1).[20] Der nächste melo-

---

20 Der Ton *gis* fehlt in der Keimzelle, erscheint aber in deren augmentierter Fassung. Allerdings steht er tiefer als der Endton *a* und daher außerhalb des von der Keimzelle bestimmten Tonraums. Er wird aber bei der zweiten Wiederholung des stufenweisen Abstiegs (T. 18) in die Melodielinie integriert, da er den melodischen Höhepunkt *g* ersetzt. Erst an dieser Stelle kann die a-Moll-Skala als vollständig angesehen werden.

dische Bogen (T. 6-13) greift unmittelbar auf die Keimzelle zurück und erweitert sie von drei auf acht Takte. Er ergänzt sie auch durch die aufsteigende melodische Linie, behält jedoch die wesentlichen Merkmale der Keimzelle bei: Der melodische Bogen wird weiter vom Violoncello mit Klavierbegleitung vorgetragen und gliedert sich in einen Oktavsprung (T. 6) ein, der eine geraffte Form der Keimzelle ohne sonstige Auffüllung darstellt. Die Gestaltung dieses Tonraums übernimmt er aber auf seine Weise, denn die a-Moll-Skala erscheint nun in einem stufenweisen Auf- und Abstieg: *a-h* (T. 6), *c-d* (T. 7), *e-g* (T. 8), sowie *g-fis-f* (T. 8), *e* (T. 9), *d* (T. 10-11), *c-h* (T. 12), *a* (T. 13). Die beiden anschließenden melodischen Abschnitte (T. 13-17 und 17-19) führen einen Wechsel in der Besetzung ein, indem nun die drei Oberstimmen die Melodielinie vortragen und das Violoncello seine traditionelle begleitende, harmoniestützende Funktion einnimmt. Melodisch gesehen aber fügen sie nichts Neues hinzu. Der erste dieser Abschnitte (T. 13-17) greift die letzten Stufen des Höhepunkts *f-g* aus Takt 8 auf und wiederholt den stufenweisen Abstieg zum Ausgangston aus den Takten 9-13. Der letzte melodische Abschnitt wiederholt nochmals diesen stufenweisen Abstieg (T. 17-19) und endet mit einem Oktavsprung, der auf jenen von Takt 6 anspielt.

Notenbeispiel 1: Wolf Ferrari, Canzone (II) aus dem Klavierquintett Opus 6, T. 1-6[21] **(Keimzelle und deren extendierte Fassung)**

---

21 Erstdruck des Werkes: *Quintett Opus 6*. Hamburg, London: Rahter, 1901, S. 14.

Einen weiteren Hinweis auf die Gattung Lied liefert die tonale Klarheit. Diese wird zum einen melodisch geschaffen, indem die Keimzelle und ihre augmentierte Fassung sich an der Skala der Hauptonart a-Moll orientieren. Sie wird es auch akkordisch durch die Einleitung des Klaviers, die a-Moll-Dreiklänge hervorbringt. Zudem wird der melodische Duktus mit zahlreichen Kadenzen versehen. In Takt 12 wird eine erste Kadenz melodisch durch die Rückkehr zum Grundton, harmonisch durch einen Dominantseptakkord auf *e* eingeleitet. Allerdings kommt sie nicht zur Realisierung, stattdessen wird sie zu einem Dominantseptakkord auf *a* weitergeleitet. In Takt 16 erfolgt Ähnliches: Die Melodielinie erreicht erneut den Grundton, wiederum unterstützt von einem Dominantseptakkord auf *e*, der aber zu einem Fis-Dur-Dreiklang fortgeführt wird. Nur der nächste Schluss (T. 19) ist melodisch und harmonisch realisiert und etabliert nun fest die Hauptonart a-Moll.

Die *Canzone* Wolf Ferraris weist ein weiteres Merkmal des Liedes ohne Worte auf: den einfachen formalen Aufbau.[22] Sie besteht aus drei Teilen,[23] von denen der erste eine einführende Funktion innehat. Er stellt die Keimzelle vor, wiederholt sie in einer extendierten Form und lässt sie durch Rückgriff auf eines ihrer Elemente zur Kadenz fortschreiten. Der zweite Formteil (T. 20-49) hingegen dient zur Kontrastbildung. Während der vorangehende Teil weitgehend in a-Moll haften bleibt, weist jener weitreichende Modulationen auf: In den Takten 23-24 wandelt er nach H-Dur, dessen Etablierung durch einen Ganzschluss drei Takte später erfolgt (siehe Notenbeispiel 2); in Takt 30 wiederum wird F-Dur erreicht, das ebenfalls durch einen Ganzschluss im Takt 40 fest verankert wird. Der vom zweiten Teil erbrachte Kontrast ist außerdem besonders deutlich an der Besetzung zu ersehen, bei der Vollstimmigkeit vorherrscht. Von Takt 23 bis 42 werden durchgehend alle Instrumente des Klavierquintetts eingesetzt, wobei das Violoncello vorherrschend in seiner traditionellen begleitenden Funktion erklingt. Kontrastierend wirkt auch die Einführung eines neuen Gedankens.

---

22 HAMANN, P. *Die frühe Kammermusik...*, S. 237 f.
23 *Ibid.*, S. 236.

Notenbeispiel 2: Wolf Ferrari, *Canzone* (II) aus dem Klavierquintett Opus 6, T. 19-28[24] (zweiter Gedanke)

24 Erstdruck des Werkes: *Quintett Opus 6 ...*, S. 15 f.

Allerdings bringt dieser neue Gedanke zugleich eine Relativierung des Kontrastes mit sich. Die neue Idee wird wie die Keimzelle aus dem ersten Teil vom Violoncello mit Klavierbegleitung vorgestellt.[25] Sie ist auch in die Keimzelle eingebettet, denn sie zeigt den gleichen Ambitus, sogar den Oktavsprung (T. 21.3-4), ähnliche Appogiaturen (vgl. T. 20.2 und 23.2 etwa mit T. 7.3) und den gleichen Taktwechsel vom Drei- zum Vierviertltakt (T. 21 wie T. 8) wie sie. Hinzu kommen gemeinsame Elemente, die diese Idee nur zum Teil mit der Keimzelle verbinden: Auf den ersten Blick scheint auch die neue Idee dreitaktig zu sein (T. 20.1-23.2); doch neu ist dabei die Sequenzierung,[26] so dass die Idee an sich zweitaktig ist (T. 20-21 und T. 22-23) und sich damit doch zum ersten Teil kontrastierend verhält. Die Bearbeitung des neuen Gedankens durch die Streicher scheint beim oberflächlichen Hinschauen dem ersten Teil zu gleichen. Auch an dieser Stelle im Satz bezieht sich die von den Streichern vorgetragene Melodielinie auf jene des Violoncellos. Allerdings wird diese im zweiten Teil viel schneller selbständig weitergeführt. Darin greift diese neue Melodielinie nur vier Töne des neuen Gedankens (*g-fis-e-dis* als Pendant zu *f-e-d-cis* in T. 20.3 und *e-d-c-h* in T. 22.2) auf, während sie im ersten Teil fünf Takte der erweiterten Keimzelle übernimmt. Also birgt die Bearbeitung und Weiterführung des neuen Gedankens ganz klar eine Abweichung vom ersten Teil in sich. Grundsätzlich neu ist aber der Rhythmus des zweiten Gedankens. Auch wenn er auf die Keimzelle anspielende Punktierungen aufweist, findet an dieser Stelle eine eindeutige rhythmische Beschleunigung[27] statt. Nach den vorherrschenden Vierteln und Achteln der Keimzelle besteht die Idee aus dem zweiten Teil weitgehend aus Sechzehnteln. Daher steht sie trotz Anlehnung an die Keimzelle für ein eigenständiges Gebilde, das zusammen mit der Besetzung und den Modulationen einen Kontrast zum ersten Teil entstehen lässt.

---

25 Zur Diskussion dieser Stelle, s. dazu später.
26 HAMANN, P. *Die frühe Kammermusik...*, S. 238.
27 Hamann nennt sie Straffung (*Loc. cit.*).

Der dritte Teil der *Canzone* (T. 50-72) führt eine Synthese der beiden vorangehenden durch, die sich am deutlichsten am Stimmwechsel beobachten lässt. Der beinahe gesamte erste Teil des Satzes wird im dritten wiederholt (T. 50-66.1). Allerdings werden die Abschnitte, die im ersten Teil vom Violoncello vorgetragen werden, nun unisono von den gesamten Streichern vorgestellt (T. 50-62 wie T. 1-12). Ebenso stehen jene Abschnitte, die im ersten Teil von den Streichern ausgeführt werden, in der Violoncellostimme (T. 62-66.1 als Pendant zu den T. 13-16.1) – wobei die Klavierbegleitung von diesem Besetzungswechsel ausgenommen bleibt. Weiter werden Elemente beider Teile miteinander kombiniert. Die Teilwiederholung des Höhepunktes, die nun in der Violoncellostimme erklingt, wird von einer großen Appogiaturverzierung eingeleitet (T. 61.3), die ein Merkmal des zweiten Teils ist (s. hierfür T. 27, 29). Ihr wird nach einem Ausklang, der aus Materialien des ersten Teils besteht (T. 66-68), die für den Gedanken aus dem Mittelteil charakteristische Schlussbildung angehängt (T. 69-72 als Pendant zu T. 24-27 oder 37-40), wobei Melodie und Rhythmus beibehalten werden. Wie im zweiten Teil (T. 24-25 sowie 37-38) werden die Streicher in den beiden ersten Takten des dritten Canzonenteils (T. 69-70) zunächst in zwei Gruppen geteilt. Die zwei Geigen behalten einerseits die absteigende Melodie bei und variieren die rhythmischen Werte leicht, indem beim letzten Achtel des Motivs (jeweils auf der ersten Taktzeit, T. 69.1 und T. 70.1 als variiertes Pendant zu T. 24.1, 25.1, 37.1, 38.1) das nachfolgende Sechzehntel entfällt. Bratsche und Violoncello dagegen übernehmen aus dem zweiten Teil die doppelte Punktierung (des Achtels auf der Eins des Taktes und des Viertels auf der Zwei). Das Klavier folgt rhythmisch der Gruppe der unteren Stimmen und greift die Harmonie der vier Streicher auf. In den zwei Folgetakten wiederholen die vier Streicher und das Klavier den Schluss, der den Gedanken aus dem Mittelteil zu Ende führt (T. 71-72 als Pendant zu T. 26-27.2 sowie T. 39-40.2). Sogar dessen Tongeschlecht wird beibehalten. Der dritte Teil der *Canzone* endet wie der zweite Gedanke und dessen Wiederholung im zweiten Teil in einer Durtonart, hier A-Dur. Somit verknüpft Wolf Ferrari im Satzende den Anfang des ersten Teils mit dem Ende des zweiten.

Die kompositorischen Mittel

Die kompositorischen Mittel, die Wolf Ferrari in der *Canzone* des Opus 6 einsetzt, sind der Zeit der Generation vor ihm und seiner eigenen Zeit zuzuordnen. Er benutzt ausdifferenzierte dynamische Angaben, die häufig – wie etwa in der Keimzelle oder im Gedanken aus dem Mittelteil – mit zusätzlichen Markierungen wie Crescendo- bzw. Decrescendo-Gabeln (etwa T. 3-5 und 19-20) oder Akzenten (etwa T. 14.3) versehen werden. Wolf Ferrari bedient sich außerdem eines Taktwechsels: Die erweiterte Fassung der Keimzelle sowie der Gedanke aus dem Mittelteil wechseln vom 3/4-Takt, der als Haupttaktart des Satzes gelten kann, zum 4/4-Takt, und bewirken so ein metrisches Spiel, das zwar fester Bestandteil der Instrumentalmusik seit der Mitte des 18. Jahrhunderts sind.[28] Aber in der Form, wie es Wolf Ferrari einsetzt, gehört es jedoch nicht zu der Art, die sich bei Haydn und Mozart, nicht einmal bei Beethoven findet. Die binären Elemente werden vor allem bei dem zweiten Gedanken aufgrund von Wiederholungen später im Satz in den ternären Takt eingebunden. So wiederholen die Takte 22-23 das in den Takten 20-21 vorgestellte Element des zweiten Teils, allerdings ohne den Taktwechsel mit zu übernehmen. Takt 23 bleibt daher in der Taktart des Satzes, so dass eine Neubewertung der darin vorkommenden Akzente erfolgen muss. Der Hauptakzent des 4/4-Taktes wird zum dritten mittelstarken des 3/4-Taktes, der

---

28 S. hierfür MIRKA, D. *Metric manipulation in Haydn and Mozart. Chamber music for strings, 1787-1791* (Oxford Studies in Music Theory, 3), Oxford: CUP, 2009; WINKELMÜLLER, M. *Die 'Drei Streichquartette' von Juan Crisóstomo de Arriaga. Ein Beitrag zur Beethoven-Rezeption in Paris um 1825* (Voces, 13). Freiburg / Berlin / Wien: Rombach, 2009.

zweite, schwache Akzent des binären Taktes wiederum zum ersten starken Schlag des ternären Taktes. Viel eher scheint dieses metrische Spiel an Brahms und nicht zuletzt an dessen Sinfonien anzuknüpfen, in denen solches Neu-in-Takt-Setzen eines Elements keine Seltenheit ist.

Auch Tempowechsel werden von Wolf Ferrari eingeführt. Vor allem finden sie sich in Form verschiedener Ritardandi, nach denen das ursprüngliche Tempo wieder aufgegriffen wird (T. 11-12 und Pendants T. 60-61; T. 15 und dessen Pendant T. 64; T. 31-32), sowie eines Charakterwechsels, der die Schlussbildung zu betonen hat. Solche Momente sind nicht zuletzt zahlreich in den Kompositionen von Brahms zu beobachten, an dessen Werke auf diese Art angeknüpft wird.

Der zeitgenössischen Kompositionsweise aus Wolf Ferraris Lebzeiten zuzurechnen ist hingegen die Behandlung der Tonalität. Im Mittelteil werden durch Modulationen Tonarten aneinander gereiht, die keine Gemeinsamkeiten miteinander aufweisen wie z.B. H-Dur und F-Dur. Außerdem schließt der erste Teil in einer Tonart ab, die zwar als Haupttonart gelten kann, dennoch im ersten Teil zusammen mit ihrem Dur-Pendant erscheint. Einen ersten Hinweis auf A-Dur liefert die chromatische Bewegung, die unmittelbar nach dem erreichten Höhepunkt in der erweiterten Fassung der Keimzelle vorkommt (*fis* in T. 8.3, *f* in T. 8.4). Die verdurte Sexte wirkt im Kontext von a-Moll wie eine Verzierung. Ebenso in der Wiederholung der Passage durch die erste Geige (T. 13-14). Erst in T. 15 wird mit dem Auftreten der großen Terz die verdurte Haupttonart deutlich – eine Tonart, die bis kurz vor der Schlussbildung in T. 19 beibehalten wird (die Rückkehr erfolgt durch die gleiche chromatische Bewegung wie die Ankündigung im T. 18.1-2). Daher bildet sich im ersten Teil weniger eine Haupttonart als ein tonaler Pol, der aus zwei Tonarten mit zwar gleichem Grundton, aber unterschiedlichen Tongeschlechtern besteht. Solche tonalen Techniken, die bereits auf die Auflösung der Tonalität hindeuten, sind nicht selten, wie etwa bei Richard Strauss.

Ähnlich Strauss erweitert Wolf Ferrari kleine Motive zu großen Phrasen durch Interpolation. Diese Kompositionstechnik
kommt in der *Canzone* des Opus 6 zweimal zur Anwendung.
Das erste Mal dient sie zur Ausdehnung der Keimzelle und führt
zu ihrer erweiterten Fassung. Sie nimmt diese Keimzelle so auseinander, dass sie in zwei Teile unterteilt wird. Der erste besteht
aus den Tönen *a* und *c* (T. 3), die getrennt voneinander auf der
jeweils ersten Taktzeit von Takt 6 und Takt 7 vorkommen. Der
zweite Teil hingegen wird fast in der Form aufgegriffen, in der
er in der Keimzelle vorgestellt wird. Die Melodielinie von Takt
4 entspricht weitgehend jener von Takt 12. Abweichend sind
der punktierte Rhythmus der Töne *c* und *d*, der in der Keimzelle
fehlt (T. 4.1 bzw. 12.1), sowie die zur Rückkehr der Tonika
leitende Verzierung, die in der Keimzelle eine Terz bildet (*h-c-a*
in T. 4.3-5.1), in deren interpolierter Wiederholung aber einen
Halbton hervorbringt (*a-gis-a* in T. 12.3-13.1). Das zweite
Mal erscheint diese interpolierende Kompositionstechnik im
Mittelteil und dient ebenso wie im ersten zur Erweiterung des
Gedankens sowie zur Variation von dessen Wiederholung. Nach
einem ersten Einsatz, der zur Etablierung der Tonart H-Dur
führt (T. 27), wird der Gedanke aus dem zweiten Teil wiederholt (T. 28 ff.) und dabei wie im Falle der Keimzelle in zwei
Teile zerlegt. Der erste Teil, der beim ersten Durchgang dem
vom Violoncello vorgetragenen Abschnitt entspricht und das
sequenzierte Element aus dem ersten Durchgang um eine Sexte
höher transponiert (T. 28-29 als Pendant zu den T. 20-21), wird
nach zwei Takten unterbrochen (T. 28-29 als Wiederholung
der T. 20-21), um einem Einschub Platz zu machen (T. 30-36).
Der Fluss des zweiten Gedankens wird in den T. 37-40 zur
Schlussbildung wieder aufgegriffen und wiederholt die T. 24-26.

Dennoch weist die *Canzone* Wolf Ferraris auch ältere
kompositorische Praktiken auf. Auffallend ist dabei das domi-
nantische Verhältnis vom zweiten zum dritten Formteil. Der
Mittelteil schließt mit einem E-Dur-Akkord ab, der zunächst
nur im Klavier vorkommt (T. 48), dann von den Streichern in

Flageolett-Tönen[29] (T. 49) wiederholt wird. Damit nähert sich dieses Ende des Mittelteils einer Art Rückleitung an, wie sie in der Sonatensatzform oder anderen, bei Mittelsätzen bevorzugten Formen in der Instrumentalmusik nicht zuletzt des 18. Jahrhunderts eingesetzt wird. Allerdings – anders als in diesem Zeitalter – bedarf Wolf Ferrari eines imposanten modulatorischen Weges von der letzten Kadenz des Gedankens aus dem Mittelteil in F-Dur, die aber ähnlich der Haupttonart a-Moll/A-Dur unmittelbar danach vermollt wird, bis zur Dominante der Haupttonart E-Dur. Nach diesem Schluss in F-Dur und dessen Weiterführung nach f-Moll erscheint die Durparalleltonart Des-Dur, die den Ausgangspunkt der Modulation nach E-Dur bildet. Den tonalen Wandel vollzieht das Klavier, das eigenartigerweise zum ersten Mal im Satz in einer Solopassage eingesetzt wird. Damit weicht es von diesem sonstigen begleitenden Gebrauch ab.

Das Klavier weist in der *Canzona* eine erstaunlich eingeschränkte Selbständigkeit den Streichern gegenüber auf. Es hat im ganzen Satz vor allem zwei Funktionen inne, die es als Generalbass fungieren lassen. Der Klavierpart dient zur harmonischen Vervollständigung der vom Violoncello (im ersten Teil) bzw. von den Streichern unisono (im dritten Teil) vorgetragenen Keimzelle und deren erweiterter Fassung. Dabei beschränkt er sich auf Akkordschläge. Das Klavier begleitet die Keimzelle einem einheitlichen Muster gemäß. In der linken Hand steht der Grundton des Akkords, der einen Taktschlag später (auf der Zwei des Taktes) von der rechten Hand ausgeführt wird (wie etwa in Takt 1). Auf diese Weise vervollständigt die rechte Hand den Grundton *a* durch den dazu passenden a-Moll-Dreiklang (T. 1-3) bzw. durch einen Dominantseptakkord (T. 5). Entsprechend wird der Grundton *e* (T. 4) behandelt, dem ein Dominantseptakkord hinzugefügt wird. Die erwei-

---

29 Nach HAMANN, P. *Die frühe Kammermusik...*, S. 238, hat Wolf Ferrari den Akkord der Streicher im Autographen durchgestrichen. Aus unbekannten Gründen ist dieser Takt in der Edition verblieben und daher in der vorliegenden Besprechung des Satzes berücksichtigt.

terte Fassung der Keimzelle greift dieses Begleitmuster auf und variiert es: In der linken Hand kommen nicht mehr allein Grundtöne vor, bei Akkordumkehrungen etwa werden andere Töne wie Terztöne (etwa in T. 11.1-2 oder T. 13.1) eingesetzt. Der zeitliche Abstand der rechten Hand zum Grundton ist verkürzt, so dass die harmonischen Ergänzungen schon nach einem halben Taktschlag erklingen (wie etwa in T. 9-11). Das Klavier dient an dieser Stelle allein zur Füllung der Harmonie. Deutlich wird diese besondere Rolle des Klaviers noch bei der Schlussbildung des Gedankens aus dem Mittelteil, bei der alle Instrumente in einem rhythmischen Unisono – das Klavier in der Rolle der die Streicher ergänzenden Stimme – die Akkorde wiedergeben. Damit schlägt Wolf Ferrari eine Brücke zum Basso Continuo, der – im Gegensatz zu den melodietragenden Instrumenten – sich auf eine vertikale Akkordfolge beschränkt, ohne dabei auf weitreichende horizontale und kontrapunktische Linien einzugehen. In Wolf Ferraris *Canzone* weicht das Klavier nur an einer Stelle von der harmonischen Funktion ab, erlangt dabei keineswegs mehr Selbständigkeit, sondern verstärkt noch die Ähnlichkeit mit dem Generalbass. Das Klavier wiederholt einfach die melodische Linie, die die Streicher gerade vorbringen. Dieses zweite Begleitmuster findet sich vor allem im zweiten Teil. Auf diese Weise wird weitgehend die Sequenzierung des zweiten Gedankens begleitet. Von Takt 30 bis zur Schlussbildung (T. 35) folgt die rechte Hand der ersten Geige sowie manchmal auch der Bratsche (T. 31-35) und der zweiten Geige (T. 30, z.T. 31, 32-35). Die linke Hand hingegen widmet sich der Wiederholung des Violoncelloparts und der harmonischen Füllung.[30] Selbständiger ist das Klavier hingegen

---

30 Dieses für den zweiten Formteil charakteristische Begleitmuster ist Bestandteil des kontrastierenden Verhältnisses zum ersten; doch auch an dieser Stelle ist eine Relativierung zu beobachten. Denn eingeführt wird es bereits am Ende des ersten Teils: In der Schlussbildung zur erweiterten Keimzelle (T. 18-19) wiederholt die rechte Hand die Stimme der ersten Geige und der Bratsche in Abwechslung mit dem Part der zweiten Geige, während die linke Hand das Violoncello aufgreift.

zu Beginn des zweiten Teils. Bei der Einführung des zweiten Gedankens im Mittelteil (T. 20) trägt es eine kontrapunktische Linie vor, die eine Gegenbewegung zum Violoncello[31] beschreibt. Hamann interpretiert die Stelle so, dass nicht das Cello, sondern das Klavier diesen neuen Gedanken vorstellt: «Das Klavier leitet mit einem neuen Gedanken den mittleren Satzteil B ein (T. 20) und wird vom Violoncello dabei in Gegenbewegung begleitet.»[32] Tatsächlich aber kann die Stelle ebenso gut umgekehrt aufgefasst werden. Ein Argument dafür liegt in der instrumentatorischen Ähnlichkeit mit der Keimzelle aus dem ersten Teil (Violoncello mit Klavierbegleitung), die das Zuhören an dieser Stelle stark lenkt und prägt. Zudem bringt der zweite Gedanke über die kontrapunktische Linie hinaus genau die Begleitmuster hervor, die für die beiden ersten Teile charakteristisch sind. Die linke Hand markiert die Grundtöne; die rechte bringt eine harmonische Vervollständigung an, die diesmal nicht um einen ganzen bzw. halben Schlag verzögert wird, sondern gleichzeitig, d.h. auf jedem Taktschlag erklingt. Damit greift das Klavier die akkordische Begleitung des ersten Teils auf. Das Klavier folgt außerdem dem Violoncello, so dass es die Streicherstimmen wiederholt. Damit führt es das Begleitmuster ein, das für den zweiten Teil typisch ist. So behält das Klavier trotz seiner selbständigeren kontrapunktischen Linie seine in der *Canzone* aus dem Klavierquintett Opus 6 vom Komponisten zugedachte Rolle bei.

Eine weitere Gemeinsamkeit mit der Instrumentalmusik des 18. Jahrhunderts liegt in der geradezu kalkulierten Behandlung der Periodik. Anders als in der Beobachtung Hamanns[33] ergibt die *Canzone* eine Abwechslung von vier- und vierzehntaktigen Gebilden. Vier Takte lang sind zum einen die Einführung des zweiten Gedankens im Mittelteil und dessen Sequenzierung (T. 20-23) sowie dessen Schlussbildung (T. 24 mit Auftakt-27,

31 HAMANN, P. *Die frühe Kammermusik...*, S. 238.
32 *Loc. cit.*
33 *Ibid.*, S. 239: «Sie [die Canzone] ist nicht periodisch durchgestaltet».

deren Wiederholung in den T. 36-40 sowie am Ende des Satzes, T. 69-72). Zum anderen besteht die vom Klavier vorgetragene Rückleitung am Ende des Mittelteils aus zwei Viertaktgruppen: In der ersten (T. 42-45) wird von einem Des-Dur-Dreiklang zu einem molldominantischen h-Moll-Akkord moduliert, im zweiten hingegen erklingt nur die Tonart E-Dur, die entsprechend etabliert wird. Je vierzehn Takte umfassen dagegen die erweiterte Fassung der Keimzelle (T. 7 mit Auftakt-19 sowie deren Wiederholung im dritten Teil, T. 55 mit Auftakt-68) sowie die extendierte Wiederholung des zweiten Gedankens im zweiten Teil (T. 29-42). Allein die Keimzelle fällt aus diesem Rahmen heraus, denn sie ist aus fünf Takten (T. 1-5 und deren Entsprechung im dritten Teil, T. 50-54) gebildet.

Auch innerhalb der periodischen Gebilde sind regelmäßig vorkommende Untergliederungen zu beobachten. So unterteilt sich die Keimzelle in zwei einleitende Takte vom Klavier und drei vom Violoncello. Zweitakter finden sich als Zweiteilung der beiden Viertakter zu Beginn des Mittelteils. Der Gedanke aus diesem Mittelteil besteht aus einem zweitaktigen Motiv, das wiederholt wird (T. 20-21, 22-23). Ebenso besteht dessen Schlussbildung aus einer melodischen und einer eher harmonischen Hälfte (T. 24 mit Auftakt-25 sowie T. 26-27). Die Zahl drei wiederum kennzeichnet die Unterteilung der erweiterten Keimzelle im dritten Teil: Nach zwei viertaktigen Gruppen, in denen die Streicher unisono diese erweiterte Keimzelle wiederholen (T. 55-58) und sich das Violoncello durch eine eigene Linie von ihnen absondert (T. 59-62), schließt drei Takte lang das Violoncello ohne die restlichen Streicher die angefangene extendierte Keimzelle ab (T. 63 mit Auftakt-65); anschließend schreitet es zur Schlussbildung durch einen weiteren dreitaktigen Übergang (T. 66 mit Auftakt-68). Zudem ist die siebentaktige Gruppe eine häufige Erscheinung. Sie dient nicht nur zur Unterteilung der erweiterten Keimzelle in zwei symmetrische Hälften, deren erste vom Violoncello mit Klavierbegleitung (T. 6 mit Auftakt-12), die zweite aber von den vier Streichern ebenfalls mit Klavierbegleitung (T. 13-19) vorgetragen wird. Der Einschub, der die Wiederholung des neuen Gedankens aus dem Mittelteil und dessen Schlussbildung variiert, ist ebenfalls sieben Takte lang (T. 30-36). Damit wird dieser Abschnitt durch eine zwei-, drei- und siebentaktige Gruppenfolge gestaltet, die wiederum an anderer Stelle im Satz verwendeten Gebilden entspricht. Durch die Verwendung der Periodik und der straffen Strukturbildung durch drei aufeinander bezogene Formteile wird die bereits im melodischen Bereich zu beobachtende Geschlossenheit des Satzes verstärkt.

All diese stilistischen Mittel aus älteren Zeiten liefern jedoch keinen Anknüpfungspunkt mit der im Barockzeitalter gepflegten, insbesondere venezianischen *Canzone*. Der Grund dafür liegt nicht so sehr in der von Hamann vertretenen Auffassung, dass «man aus der fortwährenden, schon im Kopfsatz angewendeten Zweiteilung von Streichergruppen einerseits und Klavier andererseits keineswegs die Doppelchörigkeit der Barockcanzone assozieren [darf]».[34] Denn die Zweichörigkeit ist im Mittelsatz des Klavierquintetts Opus 6 doch tatsächlich zu beobachten: Geht man von der Continuo-Rolle des Klaviers aus, behält man die von Hamann zutreffend festgestellte «Zweiteilung» der Streicher bei, dann ließe sich die Ähnlichkeit mit der *Canzone* aus dem Barockzeitalter nicht übersehen. Doch liegt der Hauptgrund gegen eine Verwandtschaft des zweiten Satzes von Wolf Ferraris Klavierquintett mit der Barockcanzone in der Struktur, im Fehlen der imitatorischen Einsätze der verschiedenen Stimmen, die unerlässlicher Bestandteil der älteren Gattung sind.

Wolf Ferraris Mittelsatz aus dem Klavierquintett Opus 6 leitet sich ebenso wenig von Mozarts Operncanzone ab. Zwar weist er einige Gemeinsamkeiten etwa mit der *Canzone* «Voi, che sapete» (Nr. 11) aus der *Hochzeit des Figaro* auf. Das melodische Material, auf dem der Mozartsche Satz basiert, wird nach seiner Vorstellung durch das Orchester (T. 1-8) von der Singstimme nicht nur wiederholt, sondern auch durch die

---

34 *Ibid.*, S. 239.

Interpolationstechnik, die Wolf Ferrari an gleicher Stelle in seinem eigenen Satz auch verwendet, erweitert. Das melodische Material der Operncanzone wird in zwei viertaktige Gruppen geteilt, die voneinander getrennt werden (T. 9-12 als Gegenstück zu den T. 1-4 sowie T. 17-20 als Pendant zu den T. 5-8). Als Verbindungsglied zwischen ihnen fungiert dann ein viertaktiger Einschub, der diese Materialien variiert (T. 13-16). Auch zeichnen sich beide Sätze durch die dreiteilige Form aus. Doch damit enden die Ähnlichkeiten von Wolf Ferraris Mittelsatz mit Mozarts *Canzone* aus der *Hochzeit des Figaro*, die eher mit der Satzart zu tun haben als mit der einzelnen Komposition. Denn die Realisierung der Form anhand des melodischen Materials und die Gewichtung der Elemente darin sind völlig unterschiedlich. Mozart lehnt sich an eine Arie an, während Wolf Ferrari an die für Mittelsätze aus Instrumentalstücken des 18. und 19. Jahrhunderts charakteristische Form anknüpft. So weisen die ersten Teile beider *Canzonen* die gleiche Funktion auf, indem sie beide zur Vorstellung des Materials und deren erweiterter Wiederholung dienen. Aber während Wolf Ferrari im instrumentalen Bereich um eine Kontinuität zwischen diesen Abschnitten bemüht ist, führt Mozart einen Bruch durch, der durch den Einsatz der Singstimme gerechtfertigt ist, indem er die Gewichtung der erklungenen Abschnitte anders gestaltet als Wolf Ferrari. Der Vortrag der Singstimme ist das zu erreichende Ziel des Satzanfangs und erlangt daher ein größeres Gewicht als der erste, der an dieser Stelle eine rein einleitende Funktion innehat. Bei Wolf Ferrari hingegen ist die Vorstellung der Keimzelle nicht zuletzt aufgrund der Instrumentation keineswegs eine bloße Einleitung, sondern bildet den Kern der Aussage, die in diesem Satzanfang gemacht wird. Daher ist die erweiterte Fassung kein Ziel wie in Mozarts «Voi, che sapete», sondern eine Weiterentwicklung, eine Präzisierung, gewissermaßen eine Fortspinnung eines vorangehenden Elements. Der erste Teil dieser beiden Sätze ist daher entgegengesetzt gestaltet.

Die Anlehnung an Bach
und deren ästhetische Konsequenzen

Wolf Ferrari scheint sich eher an die Musik Bachs ange-
lehnt zu haben. Wie viele Komponisten aus dem späten 19.
Jahrhundert konnte auch er «sich seinem [Bachs] Einfluss
nicht entziehen».[35] Bach ist gemeinsam mit Wagner diejenige
Figur der musikalischen Vergangenheit, mit der Wolf Ferrari
sich insbesondere in seinen jungen Jahren am meisten beschäftigte, wofür zahlreiche Zeugnisse aus der Korrespondenz des
Komponisten vorliegen. Bach stellte gemeinsam mit Wagner
«zwei Seiten seines Wesens» dar, wie der Komponist in einem
Brief vom 28. November 1918 an Ernst Kurth bekannte:

Besonders tief berühren sich Ihre Probleme, weil ich
noch nie ohne inneren Zwiespalt meine große Liebe
für Bach und Wagner tragen konnte; ich fühle dabei
ein Entgegengesetztes und zugleich die verwirrende
Tatsache, dass ich sie beide zugleich lieben muss, als ob
sie zwei Seiten meines Wesens symbolisierten, die im lie-
benden Kampf zueinander stünden. Es hat mich beinahe
zerrissen, da ich die psychologische Vereinigung in mir
nicht fand, oder besser nicht wusste, wie ich so ungeteilt
lieben könnte und doch intellektuell nicht verbinden
könnte.[36]

Mit Bach und Wagner versucht Wolf Ferrari zwei historische
Tendenzen miteinander zu verbinden. Wagner lieferte ihm
die Grundlage, um sich mit seiner Zeit, mit der zeitgenössischen Kompositionsweise und den «aktuellen Problemen der

35 BREIG, W. «Bach-Familie. V. Einzeldarstellungen. 5. Johann Sebastian». *Die Musik in Geschichte und Gegenwart*, Personenteil 1, hrsg. von L. Finscher. Kassel [et al.]: Bärenreiter, [2]1999, Sp. 1517.
36 WOLF FERRARI, E. *Briefe...*, S. 50.

Tonsprache»[37] auseinander zu setzen. Mit Bach hingegen vollzog er den Schritt in die Vergangenheit. Allerdings geht es ihm dabei nicht so sehr darum, «der problembeladenen Gegenwart, von deren Technisierung und Verhässlichung sie [viele Künstler] sich abgestoßen fühlten, zu entfliehen und eine ästhetische bzw. ästhetizistische Gegenwelt aufzubauen»[38] oder um eine «Restitution verlorengegangener Ordnungsprinzipien»[39] zu erreichen. Vielmehr ist für Wolf Ferrari der Rückgriff auf Bach ein individuelles Verständnis der Schönheit, das zwar letztendlich zu all diesen Erscheinungen führte, jedoch Einblicke in eine viel komplexere Wahrnehmung seiner Selbst, der Welt, der Kunst und der Geschichte verrät. Wie die Briefe des Komponisten zeigen, bildet Wolf Ferrari mit Bach und Wagner in seinen jungen Jahren den Rahmen seiner ganz persönlichen Ästhetik.[40] Dabei fasst er die Schönheit nicht als eine in die Zeit eingebundene ästhetische Größe auf. Ebenso wenig versteht er die Musikgeschichte linear, d.h. als eine Folge von sich verschiedentlich verwandelnden Schönheitsidealen, in der das Neue – dem bereits Bestehenden entspringend und dadurch gerechtfertigt – das bereits Bestehende fortsetzt, weiterführt und zuletzt durch ein ästhetisches Werturteil, durch seine Erhebung zum Ästhetisch-Schöneren ersetzt. Die Schönheit ist für Wolf Ferrari auch kein von unterschiedlichen Sichtweisen abhängiges Phänomen. Sie liegt nicht in, sondern oberhalb bzw. außerhalb der Geschichte. Sie ist aber für Wolf Ferrari eine zeitlose ästhetische Entität, die jede Epoche zwar anders auffasst und daher unterschiedlich zum Leben bringt, aber dem Werturteil nicht anheim fällt. Er sieht sie als ein Abstraktum, das alle im Laufe der Zeit entstandenen ästhetischen Prämissen

---

37 HAMANN, P. «Betrachtungen zur Instrumentalmusik Wolf-Ferraris». *Ermanno Wolf-Ferrari* (Komponisten in Bayern, 8), hrsg. von P. Hamann, R. Maxym [et al.]. Tutzing: Schneider, 1986, S. 89.
38 SEEDORF, Th. *Studien zur kompositorischen Mozart-Rezeption...*, S. 1.
39 *Ibid.*, S. 5.
40 Diesen Rahmen wird er später erweitern, siehe SEEDORF, Th. *Studien zur kompositorischen Mozart-Rezeption...*, S. 41-43.

sowie alle im Laufe der Geschichte vom Menschen aufgeprägten Ideale umfasst und in sich summiert:

> Kann man besser das unterscheiden, was in der Musik Wesen, Seele, Wunder, kurz: Schönheit, Kunst ist, von dem, was bloß ihre klangliche Fleischwerdung ist, ihre Technik? [...] Die Fleischwerdung der Schönheit (die einzelnen schönen Werke der Tonkunst) sind zahllos. Die Schönheit selbst ist eine und lebt ganz in jeder einzelnen Fleischwerdung. [...] Schön ist selbst schon ein Superlativ. Somit hat in der Kunst (wenn diese Schönheit ist) der Begriff Fortschritt keinen wesentlichen Sinn. Wenn es so wäre, so würde man das Schöne entweder nie oder nur am Ende der Welt erreichen.[41]

Nach Wolf Ferraris Auffassung liefern die im Laufe der Musikgeschichte geschaffenen Werke so viele Abbilder der Schönheit, die nicht zu verurteilen sind, sondern die – im Unterschied zur Perspektive des überheblich gewordenen modernen Menschen – alle miteinander als gleichwertig aufzufassen sind. Im Schaffen der Schönheit liegt das Ziel aller Künste, der Musik inklusive. Wie dieses zu erreichen ist, ist nicht vorgegeben und für Wolf Ferrari sicherlich belanglos, solange der Komponist diesem gerecht wird. Aus dieser Anschauung heraus bedeutet es, auf Bachs Schönheit bzw. Wege zum Musikalisch- Schönen zurückzugreifen oder bei der Komposition an sie anzuknüpfen, nicht Altes wiederzubeleben, sondern sich einer bereits gelungenen Form der «Fleischwerdung der Schönheit» zu bedienen, um eine neue Schönheit, um überhaupt Neues zu erschaffen: «Die Neuheit um der Neuheit willen ist gar nichts wert! Wenn Schönheit vorhanden ist, so ist Neuheit – immer – schon

---

41 WOLF FERRARI, E. «Einleitung zu der Gedankenwelt des Meisters», zitiert nach GRISSON, A. C. *Ermanno Wolf Ferrari*. Zürich [et al.]: Amalthea, 1958, S. 76.

dabei.»[42] Allerdings standen bei der zur Bildung seiner Ästhetik führenden Reflexion nicht so sehr einzelne, vom Komponisten durchstudierte Kompositionen Bachs im Vordergrund. Ihm schwebte vielmehr das Bachsche Werk als Ganzes vor Augen. Daraus leitete Wolf Ferrari Merkmale ab, denen er eine ästhetische Vorbildfunktion beimaß und an denen er sein eigenes Komponieren bewertete: «Die Geschlossenheit Bachs, die Einheit Wagners beneide ich und möchte etwas Ähnliches erreichen.»[43] In einem weiteren Brief an Kurth geht Wolf Ferrari eingehender auf seine Beziehung zu Bach und dessen Ästhetik ein:

Nun, einerseits habe ich bei Bach, besonders bei den Arien in den Kantaten, den Eindruck wie bei gewissen Volksbildern in Italien, bei welche[n man], wenn man von links hineinschaut, Garibaldi sieht, von rechts Mazzini und von der Mitte Vittorio Emmanuele; d.h. die Periodisierung ist so klar und fest, dass dagegen eine Beethovensymphonie konfus erscheint; andererseits ist alles dabei so ineinanderfließend, so wundersam zueinander in unmerklicher Beziehung stehend, so organisch fest und weich zugleich, dass man den Eindruck hat, nichts sei dabei scharf begrenzt. Während bei Wagner das Zerfließende aufdringlich ist, ist dieses Unendliche bei Bach apollinisch klar und von einer Demut der Größe, die einen immer wieder verwirrt.[44]

Eben diese Momente, die Wolf Ferrari an Bachs Musik so bewundert –insbesondere die Periodik und die Beziehungen zwischen den Materialien und Teilen –, ziehen sich durch die ganze *Canzone* aus dem Klavierquintett Opus 6. Er baut darin eine «klare und feste Periodisierung» auf, die anhand von

42 WOLF FERRARI, E. «Einleitung zu der Gedankenwelt des Meisters», S. 75.
43 Brief an Ernst Kurth vom 28. April 1919, in WOLF FERRARI, E. *Briefe...*, S. 53 f.
44 Brief an *ibid.* vom 22. Juni 1919, in *ibid.*, S. 57.

unterschiedlich langen, aber rekurrenten periodischen Gebilden (den fünf-, vier- und siebentaktigen Gruppen) Strukturen ergibt. Er bildet «unmerkliche Beziehungen», indem er die die jeweiligen melodischen Elemente einbindenden Teile untereinander verzahnt. Die beiden ersten Teile stehen in einem kontrastierenden Verhältnis zueinander, obwohl eine doch selbst dünne Verwandtschaft in den Materialien besteht. Im dritten Teil wiederum werden die Elemente dieser beiden vorangegangenen Teile durch die Synthese einander angenähert. Es sind daher die «unmerklichen Beziehungen», die auf eine dichte, klare und letztlich runde Form abzielen, und die es schließlich erlauben, dass der Mittelsatz aus dem Klavierquintett Opus 6 die Geschlossenheit erreicht, die sich Wolf Ferrari zum höchsten ästhetischen Ziel einer Komposition gesetzt hat.

* * *

El concepto de *Canzone*, que constituye el título del segundo movimiento del Quinteto con piano Opus 6 (1900) de Ermanno Wolf Ferrari, fue empleado de manera diversa a lo largo de la historia de la música. Por un lado denomina un género vocal o instrumental (Gabrieli) y por otro lado una técnica de composición operística así como una «composición melodiosa» (R. Kiefer, *MGG*-Sachteil 2, [2]1995, col. 417). El hecho de que tal indicación se encuentre en un compositor como Wolf Ferrari quien combinaba en muchas de sus posteriores obras elementos arcaicos con otros contemporáneos, plantea la cuestión si en dicho movimiento del Quinteto se produzca tal síntesis estilística.

Efectivamente, eso es el caso. No obstante, al contrario de lo esperado, no hay puntos communes con Gabrieli y tampoco con Mozart. Más bien, Wolf Ferrari se orienta en la utilización del término en diccionarios alemanes de finales del siglo XVIII y principio del siglo XIX, que definen «canzona» como *Lied ohne Worte*, es decir una romanza sin palabras. Más allá de recursos estilísticos que recuerdan a Brahms y R. Strauss, Wolf Ferrari emplea dos elementos del período barroco que él admiraba en la música de Bach. Esta combinación de lo antiguo y lo nuevo permite conclusiones en torno a la estética personal del compositor que parece ser ya constituida en sus composiciones de juventud.

The term *Canzone* that entitles the second movement of Ermanno Wolf Ferrari's Piano quintet Opus 6 (1900) was used in different ways during the history of Western music. It means on the one hand a certain vocal or instrumental genre (Gabrieli), and, on the other hand, a compositional technique from opera (Mozart) as well as a «melodious composition» (R. Kiefer, *MGG*-Sachteil 2, ²1995, col. 417). The fact, that this denomination is to be found in a composer like Wolf Ferrari who in many of his later works combined archaic elements with contemporary style features, leads to the question, whether there exists such a synthesis in the referred movement of the Piano quintet.

It is indeed the case. Nevertheless, differently than expected, the composition has not much in common with Gabrieli and Mozart. Wolf Ferrari adopts the application of the term from German dictionaries of the late 18th and early 19th centuries which understand «canzone» as *Lied ohne Worte*, a wordless song. Beside the stylistic means which recall Brahms and R. Strauss, Wolf Ferrari used two features from the Baroque period era that he admired especially in Bach's music. This combination of old and new permits conclusions on his own compositional aesthetics which he seems to have entirely developed already in his early works.

Le terme de *Canzone*, qui constitue le titre du second mouvement dans le Quintette avec piano Opus 6 (1900) de Wolf Ferrari, a été employé de diverses manières au cours de l'histoire musicale. Il signifie d'une part un genre vocal ou instrumental (Gabrieli), d'autre part une sorte de mouvement issu de l'opéra

(Mozart) ou encore une simple « composition mélodieuse » (R. Kiefer, *MGG*-Sachteil 2, ²1995, col. 417). Le fait qu'une telle indication de mouvement apparaisse justement chez un compositeur comme Wolf Ferrari, qui combine dans beaucoup de ses œuvres composées après ce Quintette avec piano des éléments contemporains avec d'autres issus de temps reculés de l'histoire de la musique, n'est certainement pas un hasard, mais pousse plutôt à la question, si l'on ne se trouverait pas devant une telle synthèse dans ce mouvement du Quintette avec piano Opus 6.

C'est le cas. Cependant, contrairement à certaines attentes, on ne rencontre aucune similitude avec Gabrieli ou Mozart. Il apparaît plutôt que Wolf Ferrari se sert de la signification traditionnelle que diffusent les dictionnaires musicaux allemands de la fin du XVIIIᵉ et du début du XIXᵉ siècles et qui comprend le terme «canzone» comme un *Lied ohne Worte*, une romance sans parole. Outre des éléments stylistiques qui rappellent Brahms et R. Strauss, Wolf Ferrari prend de l'époque baroque de deux traits de composition, dont il admirait l'utilisation justement chez Bach. La combinaison d'ancien et de nouveau telle qu'on la retrouve dans la *Canzone* du Quintette avec piano Opus 6, permet donc de tirer des conclusions sur l'esthétique très personnelle du compositeur, une esthétique qui paraît avoir été présente dès ses premières œuvres.

Der Begriff der *Canzone*, der den Titel des zweiten Satzes aus dem Klavierquintett Opus 6 (1900) von Wolf Ferrari bildet, wurde im Laufe der Musikgeschichte verschiedentlich eingesetzt. Er bedeutete einerseits eine vokale bzw. instrumentale Gattung (Gabrieli), andererseits eine operistische Satzart (Mozart) sowie eine «melodiöse Komposition» (R. Kiefer, *MGG*-Sachteil 2, ²1995, Sp. 417). Dass man einer solchen Satzbezeichnung ausgerechnet bei einem Komponisten wie Wolf Ferrari begegnet, der in vielen Werken seines späteren Schaffens Elemente aus früheren Zeiten und vergangenen Gattungen der Musikgeschichte mit zeitgenössischen Stilmitteln kombinierte, wirft die Frage auf, ob in diesem Satz des Klavierquintetts Opus 6 eine solche Synthese vorliegt.

Das ist tatsächlich der Fall. Doch anders als erwartet, finden sich keine Gemeinsamkeiten mit Gabrieli, ebenso wenig wie mit Mozart. Vielmehr knüpft Wolf Ferrari an die Verwendung des Begriffs «Canzone» aus den deutschen Lexika des späten 18. und frühen 19. Jahrhunderts an, welche die Canzone mit einem Lied ohne Worte gleichsetzten. Über stilistische Mittel hinaus, die an Brahms und R. Strauss erinnern, greift Wolf Ferrari auf zwei Momente des Barockzeitalters zurück, die er an Bach unmittelbar bewunderte. Diese Kombination von Alt und Neu erlaubt Rückschlüsse zu seiner ganz persönlichen Ästhetik, die bereits in seinen jungen Jahren völlig ausgeprägt gewesen zu sein scheint.

VIII. Le 2ᵉ mouvement du Quatuor à cordes (1893) de Claude Debussy : à la recherche d'une identité à travers la confrontation des cultures

Henri Gonnard

Le 29 décembre 1893, lorsque le Quatuor à cordes en sol mineur Opus 10 de Claude Debussy est créé à la Société Nationale[1] par le Quatuor Isaÿe, la représentation du genre que l'on a, en France, est celle du paradigme de la pensée musicale dans ce qu'elle a de plus concentré, de plus « essentiel ». Écrire pour quatuor peut ainsi constituer, pour un jeune compositeur, l'opportunité de réaliser une manière de chef-d'œuvre de compagnon du devoir lui permettant d'accéder à la reconnaissance de ses pairs et du public. Celui de Debussy, achevé alors que le musicien a trente-et-un ans, se situe en partie dans ce cas de figure, s'agissant de l'une de ses productions les plus traditionnellement architecturées[2] et, de plus, établie

---

1 Dans les salons Pleyel, où sont exécutées, au sein de la Société Nationale, les œuvres destinées à une petite formation (les œuvres pour orchestre le sont salle Érard et celles pour orgue en l'église St-Gervais).

2 Son premier et son dernier mouvement peuvent être rattachés à la forme-sonate ; le deuxième – celui qui va nous préoccuper – est un scherzo et le troisième adopte la forme-lied d'une façon caractérisée.

sur un thème « cyclique », dans la descendance directe de César Franck.

Or, en même temps, l'œuvre se démarque de la pensée abstraite, quintessenciée, que l'on attend de la forme, particulièrement dans son deuxième mouvement, *Assez vif et bien rythmé*, dont l'intérêt mélodico-harmonique, rythmique et sonoriel résulte de l'incidence de l'oralité au sein même du genre le plus « écrit » de la musique occidentale.[3]

Il paraît alors intéressant d'explorer plus avant la façon qu'a ici l'oralité de donner à ce morceau son indéniable fraîcheur d'inspiration. Car si Manuel de Falla, admiratif, considérait qu'il « [...] pourrait passer dans sa plus grande partie pour l'une des plus belles danses andalouses qu'on ait jamais composées », le compositeur français lui déclarera, de façon *a priori* déconcertante, « ne pas avoir eu la moindre intention de donner à ce Scherzo un caractère espagnol ».[4] Aussi, à la suite de rappels préliminaires relatifs d'une part à l'hispanisme en France – qui semble ici, en première approche, être à l'origine de la démarche de l'auteur – et, d'autre part, au mode andalou, tenterons-nous de serrer au plus près la nature du statut de l'oralité dans ce morceau à partir d'observations analytiques surtout axées sur son intérêt mélodico-harmonique.

L'hispanisme en France et le mode andalou

L'hispanisme est un courant français qui, tout au long du XIXe siècle et singulièrement sous le second Empire,[5] met à l'honneur

---

3 Dès 1994, Paul Dukas parlait à ce titre – sans l'appliquer explicitement à ce mouvement – de « l'intensité du coloris » de ce quatuor. Voir DUKAS, P. *Chroniques musicales sur deux siècles, 1892-1932* [1948], préface de J.-V. Richard. Paris : Stock, 1980, p. 141.

4 FALLA, M. de. « Claude Debussy et l'Espagne » [*La Revue Musicale*, 1920]. *Ecrits sur la musique et sur les musiciens*. Introduction et notes de F. Sopeña, traduction de l'espagnol et présentation française par J.-D. Krynen. Arles : Actes Sud, 1992, p. 109.

5 En raison notamment de la présence à la cour impériale d'Eugénie de Montijo, née à Grenade. Voir BERGADÀ, M. « Hispanisme ». *Dictionnaire de la musique en France au XIXe siècle*, dir. par J.-M. Fauquet. Paris : Fayard, 2003, pp. 594-595.

l'Espagne et sa civilisation comme source d'inspiration littéraire et artistique. Il est à l'origine, entre autres, d'*España* (1845) de Théophile Gautier, de *Carmen* (1847) de Prosper Mérimée puis de Georges Bizet (1875) ou encore du *Torero mort* (1868) d'Édouard Manet.[6] Dans ces productions, « l'ailleurs » vient stimuler l'imagination des écrivains et des artistes avant d'embraser l'imagination de ceux qui goûtent leurs œuvres. C'est dire que l'essentiel est dans le choc qu'il produit, non dans les reconstitutions qu'il pourrait engendrer. Aussi bien, en dépit de la vision superficielle de la culture espagnole sur laquelle il s'appuie, l'hispanisme a-t-il été en mesure d'avoir une réelle fécondité artistique. Or, lorsque le Quatuor à cordes de Claude Debussy est créé, en 1893, l'Exposition Universelle de 1889 est proche, qui a permis non seulement au compositeur d'être saisi, comme chacun sait, par le gamelan javanais, mais aussi d'entendre de la musique espagnole.[7] Sachant que le mode andalou, qui identifie cette dernière de manière accusée, est mis à profit dans le mouvement qui nous préoccupe, que peut-on dire, d'abord, de cette échelle en tant que telle ?

Le mode andalou est l'une des deux formes de l'échelle à double seconde augmentée – l'autre étant le mode tzigane.[8]

---

6 L'hispanisme s'inscrit lui-même dans l'orientalisme dont le coup d'envoi est attribué à l'expédition de Bonaparte en Egypte (1798-1801) et qui prit corps après la mort du poète anglais Byron, en 1824. En musique, c'est Félicien David qui s'en fera le promoteur, dès 1836 avec ses Mélodies orientales pour piano, puis, surtout, à partir de 1844 avec son « ode symphonie » Le Désert, où est notamment mise à profit une mélodie rapportée d'un séjour en Egypte.

7 Il y fait référence dans un article du 1er décembre 1913. Voir DEBUSSY, C. *Monsieur Croche et autres écrits*. Introduction et des notes de F. Lesure. Edition revue et augmentée. Paris : Gallimard, 1987, p. 250.

8 L'origine commune de ces deux échelles serait l'Inde. En effet, du Xe au XIIe siècle, les tziganes ont émigré vers l'Occident, les uns ayant transité par la Perse, la Syrie et l'Asie mineure avant d'arriver en Europe centrale, les autres – les tziganes espagnols – ayant rejoint le Sud de l'Espagne en passant par l'Afrique du Nord : l'échelle tzigane est propre aux premiers, le mode andalou aux seconds, c'est-à-dire aux gitans, les tziganes espagnols. Voir GUT, S. « L'échelle à double seconde augmentée : origine et utilisation dans la musique occidentale ». *Musurgia (Analyse et Pratique Musicales)*, VII-2, 2000, pp. 41-60.

Il dérive du mode phrygien de *mi* à travers la mise en jeu de notes mobiles qui peuvent modifier la directivité éminemment descendante de celui-ci. Soyons plus précis : le mode andalou donne lieu principalement,[9] par le biais de ses notes mobiles, à la transformation, soit : 1) de l'un ; 2) de l'autre ; 3) des deux tétracordes à la fois du mode de *mi*. Dans les deux premiers cas, il demeure de directivité descendante en vertu de la présence d'un tétracorde descendant en son sein (le second dans le premier cas, le premier dans le second cas, dont le demi-ton, qui introduit une *différence* par rapport aux tons, est situé dans le grave) ;[10] dans le troisième cas, il devient stable et peut alors être présenté aussi bien de façon ascendante que descendante (ces deux formes sont symétriques) ; c'est dans ce dernier cas de figure seulement qu'il acquiert sa physionomie caractéristique d'échelle à *double* seconde augmentée (Ex. 1).

2 tétracordes descendants
→ mode *descendant*

1) transformation de son tétracorde supérieur
(tétracorde stable + tétracorde descendant)
→ mode *descendant*

2) transformation de son tétracorde inférieur
(tétracorde descendant + tétracorde stable)
→ mode *descendant*

3) transformation de ses deux tétracordes
(2 tétracordes stables)
→ mode *stable*

Exemple 1 : Les trois formes principales du mode andalou

9 Nous prenons également en compte ici les notes mobiles mises en jeu par Debussy lui-même dans le mouvement concerné de son Quatuor. *Cf.* notre note 85 à ce sujet.

10 Tout en l'étant moins que sa structure de référence, le mode de *mi*, qui comporte, lui, deux tétracordes descendants. Pour la notion de descendance (et d'ascendance) graduelle impliquée par cette approche et pour la mise à profit en musique de celle-ci de différence, nous renvoyons respectivement à nos ouvrages : GONNARD, H. *La musique modale en France de Berlioz à Debussy* (Collection « Musique-Musicologie », 33, dirigée par D. Pistone). Paris : Librairie Honoré Champion Éditeur, 2000, pp. 102-104; *Ibid. Introduction à la musique tonale. Perspectives théoriques méthodologiques et analytiques.* Paris : Champion, 2011, p. 39. Le modèle de la seconde approche est linguistique : il se trouve dans les mots de Ferdinand de Saussure selon lesquels « dans la langue, il n'y a que des différences ». Voir SAUSSURE, F. *Cours de linguistique générale* [1916], publié par C. Bally et A. Séchehaye. Paris : Payot & Rivages, 1995, p. 166.

Au plan harmonique, on peut considérer – en continuant à le référer au mode descendant de *mi*, y compris dans le troisième cas de figure identifié ci-dessus – que son accord de dominante lui-même doit non seulement être appréhendé en tant que V[e] degré « du dessous », mais dans l'ordre *descendant* (de l'aigu au grave), c'est-à-dire avec les notes *la-fa-ré* – et, si l'on ajoute la 7e,[11] l'accord de septième mineure et quinte diminuée *la-fa-ré-si* –, le *la* (et non le *si*) étant la note dominante (Ex. 2).

Exemple 2 : Dominante « du dessous » et *descendante* du mode andalou[12]

La perspective radicale de la théorie du « dualisme harmonique » trouve ici, de façon exceptionnelle,[13] une application pratique satisfaisante dans l'ordre vertical : l'accord de septième mineure et quinte diminuée concerné n'inclut-il pas l'intervalle de triton *fa-si* – instable par excellence[14] – d'une manière comparable à ce qu'il en est dans l'accord tonal de septième de dominante ?[15] Et l'on est d'autant plus fondé à s'appuyer sur cette approche que tel est bien l'harmonie que Debussy fait alterner avec celle de tonique dans le mouvement en question de son Quatuor, comme nous allons maintenant le voir.

---

11 Selon la doctrine ramiste des accords *par supposition*. Voir RAMEAU, J.-P. *Traité de l'harmonie*. Paris: Ballard, 1722. Édition consultée : reprint Méridiens-Klincksieck, 1986, pp. 73-77.

12 Dans l'exemple, le *la*, dominante « du dessous », est encadré, et la flèche descendante indique qu'il convient d'envisager l'accord de haut en bas – de l'aigu au grave.

13 Seuls le mode phrygien de *mi* et le mode andalou, en effet, peuvent être mis en œuvre harmoniquement de la sorte.

14 Voir GUT, S. « Les phénomènes de stabilité et d'instabilité en harmonie ». *Musicologie au fil des siècles, hommage à Serge Gut*. Paris : Presses de l'Université de Paris-Sorbonne, 1998, pp. 61-75.

15 Voir GONNARD, H. *La musique modale...*, pp. 112-113, note 37, et p. 258.

L'intérêt mélodico-harmonique du mouvement

Au préalable, rappelons que ce mouvement est organisé selon le schéma ABA'B'A", A correspondant au Scherzo proprement dit et B au Trio : A s'étend des mesures 1 à 53, B des mesures 54 à 85, A' des mesures 86 à 107. Quant à B' et A", ils prennent place respectivement des mesures 108 à 147 et 148 à 167 avant qu'une coda (mes. 168-177) ne conclue le morceau. On a de la sorte, avec ce mouvement dont la durée n'excède pas quatre minutes, un bon échantillon de la concentration, la « contraction formelle »[16] qui caractérise l'ensemble de l'ouvrage. Par ailleurs, son thème principal s'avère se rattacher au thème A du premier mouvement et c'est donc à partir de là qu'il commence à se révéler comme cyclique, comme nous allons le mettre en valeur un peu plus loin. Mais surtout, il est remarquable par sa mise en œuvre du mode andalou ainsi que par le jeu virtuose de *pizzicati* qui lui est ensuite associé, pouvant évoquer l'instrument emblématique de l'Espagne qu'est la guitare. C'est évidemment à ce double titre que ce morceau, selon Manuel de Falla « [...] pourrait passer, dans sa plus grande partie, pour l'une des plus belles danses andalouses qu'on ait jamais composées ».[17]

Sur la même tonique que celle du morceau initial favorisant la perception du lien thématique et modal entre le thème A du premier mouvement – en *sol* phrygien – et celui de ce Scherzo, est exposé à l'alto, après quatre accords qui peuvent renvoyer au jeu populaire de la guitare, la figure mélodique de mode andalou sur *sol* (Ex. 3).

---

16 Voir FISCHER, M. « Le Quatuor à cordes en sol mineur de Claude Debussy. De la contraction formelle à la polyvalence de l'idée génératrice ». *Musurgia (Analyse et Pratique Musicales)*, VIII-3/4, 2001, pp. 33-59.

17 FALLA, M. de. *Ecrits sur la musique et sur les musiciens...*, p. 109.

Exemple 3 : Debussy, Quatuor en sol mineur, mouvement I, mesures 1 à 2, et mouvement II, mesures 3 à 4

Par rapport au thème cyclique tel qu'il se présente dans le premier mouvement, on remarque que : 1) son tempo est quasiment identique (112 à la noire pointée correspond à quelque chose près à 63 à la blanche que l'on avait précédemment, ce qui aboutit à un mouvement presque équivalent) ; 2) les hauteurs de notes de leur première mesure sont les mêmes, à l'exception du *fa,* naturel dans le premier mouvement et d'abord dièse dans le deuxième. En matière de différenciation, on constate en contrepartie que : 1) ce thème prend place ici dans une mesure ternaire à 6/8, de binaire (4/4) qu'il était pour commencer, ce qui modifie sa physionomie rythmique pour lui conférer une légèreté ludique (rattachable à la notion de Scherzo) ; 2) est exploitée la mobilité de son 2ᵉ degré – dans l'ordre descendant – *fa,* alternativement dièse puis naturel.

Observons alors que les deux mesures harmoniques qui précèdent, en affirmant l'accord de tonique de *sol* majeur, incluent de leur côté, eu égard au mode andalou, son 6ᵉ degré descendant mobile *si/si* bémol – sous la forme d'un *si* naturel, par conséquent, dans ce cadre – avant qu'il ne soit bémol dans l'énoncé du thème qui suit analysé plus haut (Ex. 4).

Exemple 4 : Debussy, Quatuor en sol mineur, mouvement II, mesures 1 à 2

Ainsi, Debussy exploite d'entrée – dès les quatre premières mesures de ce morceau – la mobilité des deux degrés du mode andalou mis en exergue au début de cette contribution[18] puisque, sur tonique *sol*, ses notes constitutives – en descendant – sont, dans sa forme la plus courante :[19] *sol - fa* dièse/*fa* naturel (mobile) - *mi* bémol - *ré* - *do* - *si*/*si* bémol (mobile) - *la* bémol - *sol*, ce qui, on l'a vu, l'apparente au mode phrygien de *mi* – auquel le compositeur fait appel dans le premier mouvement de son Quatuor.

Ces quatre mesures successivement harmoniques (quatre accords avec 6ᵉ degré descendant mobile *si* naturel engendrant un accord parfait majeur de tonique) et mélodiques (le *si* étant alors bémol) sont réitérées à partir de la mesure 5, avant que le jeu ne devienne exclusivement harmonique, mesure 9, dans le cadre d'une nouvelle réitération des deux mesures d'alto qui s'avère obstinée (cette réitération va se poursuivre jusqu'à la mesure 32 pour reprendre mesure 37 dans un nouveau dispositif instrumental).[20] Le primitivisme de cet *ostinato* mélodico-rythmique se conjugue à partir de là à un jeu harmonique d'une grande cohérence syntaxique, cette combinaison constituant, à notre sens, le ferment de l'efficacité expressive de cette première partie : les autres instruments entrés en scène font alterner systématiquement, jusqu'à la mesure 18 (avant le chiffre 7), l'accord majeur de tonique et la dominante « du dessous » *et descendante* correspondants. En d'autres termes, dans la perspective du dualisme harmonique menée jusqu'au bout de sa logique

---

18 *Ré* dièse/*ré* bécarre sur *mi* → *fa* dièse/*fa* bécarre sur *sol* ; *sol* dièse/*sol* bécarre sur *mi* → *si*/*si* bémol sur *sol*.

19 La plus courante parce que le 7ᵉ degré descendant (le *la* bémol, sur tonique *sol*) peut aussi être mobile. Mais, quand elle est mise en œuvre – ce qui n'est pas le cas ici –, la mobilité de ce degré éloigne le mode andalou de la spécificité descendante du mode phrygien de *mi*.

20 Pour la question des réitérations chez Debussy, voir RUWET, N. « Note sur les duplications dans l'œuvre de Debussy ». *Langage, musique, poésie*. Paris : Le Seuil, 1972, pp. 70-99, et BOURION, S. *Le style de Claude Debussy. Duplication, répétition et dualité dans les stratégies de composition*. Paris : Vrin, 2011.

présentée ci-dessus – applicable, on l'a vu, de façon satisfaisante au mode de *mi* et au mode andalou –, le second accord peut être appréhendé non seulement en tant que V^e degré « du dessous » épousant la directivité descendante de la structure mélodique à l'œuvre ici, mais *de l'aigu au grave*, c'est-à-dire avec les notes *do - la* bémol – *fa - ré*, le *do* – et non le *ré* – étant la dominante.[21] Or, cela donne lieu à l'harmonie de prédilection de Debussy, la septième mineure et quinte diminuée, qu'il emploie volontiers en dehors de tout contexte fonctionnel mais qui, ici, a un intérêt à la fois fonctionnel (affirmation du mode andalou sur *sol*) et sonoriel (forme sans fondamentale de la riche neuvième naturelle). On a au total une harmonie en parfaite adéquation avec l'échelle concernée – harmonie dans laquelle la sensible descendante *la* bémol est un demi-ton au-dessus de la tonique *sol* – et d'une grande plénitude en soi (Ex. 5).

Exemple 5 : Debussy, Quatuor en sol mineur, mouvement II, mesures 9 à 10

Pour en finir avec cette partie A (le Scherzo proprement dit), précisons qu'elle se subdivise elle-même en trois sections, *a1*, *a2* et *a1'* : la deuxième commence mesure 19 (chiffre 7) sur la dominante « du dessous » (mais non descendante) majorisée et exploite le *sforzando* pour l'articuler en deux périodes ; la troisième (mes. 37, à *a Tempo*) donne lieu à un renforcement

---

21 Notons à ce sujet qu'une analyse traditionnelle qui, s'inscrivant dans l'ordre ascendant, adopterait le *ré* comme dominante, aboutirait au même accord, à savoir *ré-fa-la* bémol-*do*.

« orchestral » en confiant le thème *arco* au violon I et en introduisant des notes étrangères au mode quand le violoncelle le répète dans le grave à partir de la mesure 47.[22] De sorte que cette partie initiale combine :

–intérêt mélodique et harmonique du mode andalou, en unité de conception avec le mode de *mi* propre au premier mouvement ;

–intérêt sonoriel et évocatoire de la magie des *pizzicati* de cordes ;

–intérêt rythmique de cette « danse andalouse » (outre le primitivisme de l'*ostinato*, on peut observer l'incidence du duolet engendrant la birythmie du trois pour deux, importante au violoncelle, plus ponctuelle mais non moins expressive au violon I).

En ce qui concerne le Trio B, on remarquera d'abord qu'il est en rapport de tierce et, plus exactement, de sous-médiante vis-à-vis de A (*mi* bémol majeur) et qu'il fait réapparaître le thème cyclique en augmentation au violon I sur une pédale de tonique et de dominante au violoncelle, au-dessus de laquelle se greffent des accords de septième diminuée (notamment +2 qui introduit le rapport de triton). Quant à A, il s'appuie lors du début de sa dernière et « véritable » reprise (A'', mes. 148, chiffre 11) sur des accords non fonctionnels qui s'allient à un éparpillement de la matière sonore (l'harmonie de tonique intervenant néanmoins sur le premier temps de chaque mesure avant de se fixer, mes. 152-153, sur une note pédale), le tout prenant place dans une riche mise en œuvre rythmique ternaire à cinq temps (mesure à 15/8 avec articulation en 3 temps + 2 temps) ; seule la coda (mes. 168) réintroduit la mesure à 6/8.

---

22 Un accord de sixte sur *fa* avec *ré* bémol introduisant le rapport de triton cher au compositeur (ici vis-à-vis de la tonique) intervient sur le deuxième temps des mesures 47 et 49, en alternance avec *ré* bécarre, puis, mesure 53, intervient un *mi* bécarre dans le cadre d'une élimination du thème faisant la jonction avec le Trio qui suit.

Au-delà de la couleur locale

Ce Scherzo fait figure de joyau[23] à l'intérieur d'un ouvrage qui précède d'un an le *Prélude à l'après-midi d'un faune* (1894) considéré par beaucoup comme la première partition du Debussy « essentiel » après les incertitudes stylistiques ayant amené le compositeur, durant sa période d'apprentissage, à subir les influences mêlées de Gounod, Franck, Massenet ou Moussorgsky. Or, compte tenu des observations analytiques qui précèdent, la fraîcheur d'inspiration qui se dégage déjà de ce morceau tient selon nous à l'étincelle obtenue par la confrontation qu'il offre entre la pensée abstraite traditionnellement attendue du genre et son triple intérêt mélodico-harmonique (emploi du mode andalou), rythmique (réitérations obstinées de formules, birythmie du trois pour deux, utilisation de la mesure à 15/8) et sonoriel (texture morcellée de la matière sonore issue du jeu des *pizzicati*). Et, à notre sens, c'est du réinvestissement rigoureux de ces éléments « extérieurs » à la tradition classico-romantique – c'est-à-dire de la cohérence interne de leur mise en œuvre – que résulte la dimension novatrice du mouvement. Ajoutons ici, si l'on se place du seul point de vue syntaxique, qu'à aucun moment l'accord de tonique issu du mode andalou n'est traité comme accord de dominante tonale, ce que l'imprégnation de la tonalité majeure-mineure aurait pu entraîner. Autrement dit, Debussy reste aux prises avec les conséquences verticales de l'emploi de la forme concernée de l'échelle à double augmentée sans exploiter la possibilité qui aurait été la sienne de graviter du mode andalou sur *sol* à la tonalité d'*ut* mineur.[24]

Dans ces conditions, la réponse du compositeur français à Manuel de Falla selon laquelle il n'aurait pas cherché à intégrer

---

23 Dans cette perspective qualitative, on peut à notre sens placer après lui le 3ᵉ (*Andantino*), le 1ᵉʳ (*Animé et très décidé*) et enfin le 4ᵉ mouvement (*Très modéré, En animant peu à peu* et *Très mouvementé*).

24 On peut d'autant plus le souligner que cette dernière démarche sera celle de Falla lui-même dans sa Sérénade pour piano seul de 1901, fût-ce une œuvre de jeunesse.

dans ce Scherzo des éléments issus de la tradition espagnole s'explique par le désir de ne pas être assimilé à un musicien introduisant de façon passagère, transitoire et anecdotique une couleur locale[25] alors que le statut de l'oralité va ici plus loin. Dans un contexte de remise en cause de la tradition classico-romantique, Debussy cherche à repenser la composition dans ses fondements mêmes par le recours à cette dimension orale dans le cadre savant particulièrement « écrit » du quatuor à cordes, l'oralité en question émanant, au surplus, d'une autre culture que celle dont il est issu. On l'aura compris : sa démarche se situe au-delà de l'hispanisme car on assiste, avec ce mouvement, à l'émergence de la recherche d'une identité proprement artistique fondée sur le dialogue entre les cultures, qui s'oppose elle-même au nationalisme dans lequel, lors de la Première Guerre mondiale, le compositeur se laissera entraîner sur le plan personnel.

* * *

A partir del siglo XIX, España ha constituido una importante fuente de inspiración para los escritores y artistas franceses. Si bien es verdad que el *hispanismo* –como el orientalismo en el cual se enmarca– se apoya en una visión superficial de la cultura española, su fecundidad en el arte no puede ser cuestionada.

25 De la même façon que, l'appréhendant comme réductrice, il a récusé l'appellation d'impressionniste. Voir à ce sujet notre contribution : GONNARD, H. « L'impressionnisme, Manuel de Falla et Debussy ». *Cruces de caminos. Intercambios musicales y artísticos en la Europa de la primera mitad del siglo XX*, edit. par G. Pérez Zalduondo et M.-I. Cabrera García. Granada : Editorial Universidad de Granada, 2010, pp. 151-165. Cela étant, l'Espagne mauresque continuera à éveiller son imagination créatrice – et, cette fois, de façon explicite – dans « La Soirée dans Grenade » (*Estampes*, 1903) ou « La Puerta del Vino » (*Préludes*, deuxième livre, 1913). La source visuelle de cette dernière pièce (une carte postale de Manuel de Falla) est reproduite dans NOMMICK, Y. « Manuel de Falla y la Alhambra : medio siglo de fascinación ». *Manuel de Falla y la Alhambra*, edit. por F. Baena e Y. Nommick. Granada : Patronato de la Alhambra y Generalife – Fundación Archivo Manuel de Falla, 2005, p. 77.

Desde esta perspectiva, se puede contrastar la valoración que Manuel de Falla hizo del segundo movimiento del Cuarteto de cuerda de Claude Debussy –«una de las más bellas danzas andaluzas que jamás se haya compuesto»– con las palabras del compositor francés de «no haber tenido la menor intención en dar a este Scherzo un carácter español». Se contribuye así a determinar el surgimiento de la especificidad en cuanto a la actitud compositiva del músico: la búsqueda de una identidad propiamente artística fundada en el diálogo entre las culturas, que se opone al nacionalismo por el cual Debussy se dejará llevar a nivel personal.

From the 19th century onwards, Spain has been an important source of inspiration for French writers and artists. If it is true that *hispanism* – like the orientalism of which it is a part – is based on a superficial vision of Spanish culture, its fertility in arts cannot be questioned. From this perspective, we can contrast the commentary of Manuel de Falla on the second movement of Claude Debussy's String quartet, said to be «one of the most beautiful Andalusian dances ever composed», with the words of the French composer himself, who «did not have any intention of giving to this Scherzo a Spanish character». This contributes, then, to attempt to identify an emergence of the specificity of the compositional actions of the musician: searching for an artistic identity based on a dialogue between cultures, opposed to the nationalism in which Debussy was finding himself on a personal level.

A partir du XIXᵉ siècle, l'Espagne a constitué une importante source d'inspiration pour les écrivains et les artistes français. S'il est vrai que l'*hispanisme* – comme l'orientalisme dans lequel il s'inscrit – s'appuie sur une vision superficielle de la culture espagnole, sa fécondité dans l'art ne saurait être mise en doute. Dans cette perspective, on confrontera l'appréciation de Manuel de Falla à propos du 2ᵉ mouvement du Quatuor à cordes de Claude

Debussy – « l'une des plus belles danses andalouses qu'on ait jamais composée » – avec les mots du compositeur français : « ne pas avoir eu la moindre intention de donner à ce Scherzo un caractère espagnol ». On contribuera ainsi à cerner l'émergence de la spécificité de l'agir compositionnel du musicien : la recherche d'une identité proprement artistique fondée sur le dialogue entre les cultures, qui s'oppose elle-même au nationalisme dans lequel Debussy se laissera entraîner sur le plan personnel.

IX. Le rôle et l'utilisation du « folklore » dans les quatuors à cordes français composés à la charnière des XIXe et XXe siècles : une quête d'identité ?

Florence Doé de Maindreville

Au lendemain de la guerre de 1870 et de la cinglante défaite contre la Prusse, un fort sentiment nationaliste se propage en France. Tout comme leurs compatriotes, et face à des œuvres germaniques omniprésentes dans les programmes de concert,[1] les compositeurs ressentent alors la nécessité de forger un répertoire français, notamment pour la musique instrumentale, et ce, malgré leur admiration pour les maîtres austro-allemands.

Dans ce contexte, le cas du quatuor à cordes est particulièrement révélateur et illustre toute l'ambiguïté des auteurs, pris en tenaille entre leur fascination pour la musique germanique et leur volonté d'affirmer une identité propre.

Perçu comme la « quintessence »[2] de la composition et de l'expression musicale –

---

1 Voir notamment les programmes de concert présentés dans FAUQUET, J.-M. *Les sociétés de musique de chambre à Paris de la Restauration à 1870*. Paris : Aux Amateurs de livres, 1986.

2 INDY, V. d'. « Quatuor à cordes ». *Cours de composition musicale*, vol. II, 2e partie. Paris : Durand, 1933, p. 212.

Oui, c'est bien le genre le plus élevé et le plus digne parmi tous dans la musique. Il n'est pas de manifestation qui nous révèle plus complètement le génie d'un maître. Par l'écriture, par la pensée, par la manière de mettre en valeur les idées, de les répartir aux quatre instruments de même famille et de même nature, le Quatuor à cordes est la forme de composition la plus difficile qui existe.[3]

– le genre génère, en effet, une attitude particulière : écrire un quatuor correspond à la volonté de s'inscrire dans une tradition glorieuse essentiellement austro-allemande qui effraie, fascine et motive tout à la fois, c'est aussi une manière de prouver qu'on maîtrise son métier, qu'on sait composer. Défi et quête de reconnaissance, la composition d'un quatuor à cordes est vécue comme une épreuve incontournable pour se considérer compositeur à part entière. Construction et unité sont alors des critères importants pour lesquels les modèles restent avant tout germaniques, Beethoven étant pour beaucoup la référence absolue.[4] Il importe donc pour les auteurs français de concevoir des œuvres solidement construites et montrées comme telles, ancrées dans la tradition, tout en offrant une expression nouvelle plus spécifiquement française.

Dans ce sens, le folklore[5] ouvre des perspectives prometteuses, ce que Paul Dukas formule de la manière suivante : « Le chant

3 *Ibid.* « Quatuor à cordes ». *Bulletin français de la Société Internationale de Musicologie,* mars 1909, p. 232.

4 Citons cette phrase du compositeur Albéric Magnard : « C'est toujours à Ludwig [van Beethoven] qu'il faut en revenir, et toute la musique du XIXᵉ siècle est bien pâle en regard des derniers quatuors, des dernières symphonies et des dernières sonates du géant. » [MAGNARD, A. *Correspondance (1888-1894),* réunie et annotée par C. Vlach. Paris : Société Française de Musicologie, 1997, p. 214.]

5 Par folklore, nous entendons l'ensemble « des traditions, des usages et de l'art populaire d'un pays, d'une région, d'un groupe humain » selon la définition donnée par *Le Petit Robert* (Paris : Dictionnaires Le Robert, 2010, p. 1067). Cette définition rend les termes de folklore et de chant populaire très proches : ils ont donc été utilisés indistinctement dans le présent article.

populaire est, encore à présent, dans l'état actuel de la musique, le plus sûr moyen de différenciation de langues sonores que nous possédions. »[6] Et les quatuors contemporains issus de l'Est et du Nord de l'Europe qui remportent un joli succès en France sont autant d'exemples qui viennent conforter cette position : plébiscité et étonnamment présent dans les programmes de concert, le Quatuor Opus 27 de Grieg est ainsi perçu comme une alternative aux modèles allemands – « les compositeurs français étaient séduits par ce talent qu'avaient Svendsen et Grieg de créer un style national sans sortir des formes classiques »[7] ; plusieurs quatuors russes (de Borodin et Glazunov en particulier) et, dans une moindre mesure, tchèques sont aussi très appréciés, l'inspiration populaire étant soulignée par des termes évocateurs tels que « couleur », « fantaisie », « pittoresque », dans la presse française de l'époque.[8]

6 DUKAS, P. *Chroniques musicales sur deux siècles 1892-1932* [1948], préface de J.-V. Richard. Paris : Stock, 1980, p. 205.

7 HERRESTHAL, H., REZNICEK, L. *Rhapsodie norvégienne*, traduction de Ch. de Batz. Caen : Presses Universitaires de Caen, 1994, p. 92. Dans le même sens, citons cette critique de l'époque à propos du Quatuor de Grieg : « la supériorité de Grieg provient de ce qu'il a su rester un artiste national et incarner par ses chants l'âme de son pays. Au lieu de se façonner à l'école des maîtres du passé, il se contenta de leur emprunter la part de science nécessaire pour pouvoir exprimer dans un langage bien personnel l'abondance de ses idées. Comme les maîtres de l'école russe moderne, il rafraîchit son inspiration aux sources de la mélodie populaire. En écoutant chanter les voix de son pays, il entendit chanter sa propre âme et la rêverie des pays du Nord, la poésie des claires nuits, toutes les émotions qui emplissent la nature, se formèrent à son image, animée par des rythmes singuliers, nerveux, fougueux jusqu'à la férocité qu'il répandit en une foule de petites pièces pas toutes égales mais dont plusieurs sont singulièrement réussies. » (MANGEOT, A. *Le Monde Musical*, 30-04-1903, p. 118.)

8 Citons cette critique du Deuxième Quatuor de Glazunov, révélatrice aussi des attentes et des tendances esthétiques de cette période : « Ce quatuor dont toutes les parties ne sont évidemment pas également recommandables [...] est néanmoins d'une originalité rare. Les thèmes, parfois très courts, mais toujours nets et précis ont le plus généralement le caractère de la mélodie populaire russe : le scherzo, composé de deux motifs, l'un allure classique formant opposition avec le suivant, une mélodie ravissante et savoureuse empruntée sans doute à quelque chanson nationale, est un morceau excellent ; dans l'*adagio molto,* où sont parsemées des bribes de phrases mélodiques que

Il faut noter que cette attirance pour le folklore n'est pas nouvelle en France non plus et qu'elle se développe tout au long du XIXe siècle. Dès les années 1840, le folklore du « terroir », connaît en effet une véritable vogue. En 1852, Fortoul, ministre d'éducation civique, donne le coup d'envoi officiel d'une collecte de chansons populaires et, au tournant des XIXe et XXe siècles, plusieurs musicologues et compositeurs s'attachent à recueillir le patrimoine régional : Bretagne pour Louis-Albert Bourgault-Ducoudray,[9] Dauphiné pour Julien Tiersot,[10] Vivarais et Vercors pour Vincent d'Indy,[11] puis Bourgogne pour Maurice Emmanuel,[12] entre autres. S'il s'agit, dans un premier temps, de participer à la réévaluation et au sauvetage du chant populaire, et de reconstituer un répertoire, le chant populaire fait ensuite l'objet d'un intérêt nouveau de la part des musiciens français : « La chanson de terroir est alors investie d'une mission supérieure. Elle incarne d'abord l'identité de la nation, s'exprimant dans la simplicité et la vitalité de son peuple. Elle devient ensuite la matrice originelle de toute la culture musicale nationale [...]. »[13] Ainsi, le chant populaire est instrumentalisé, mis au service de l'identité nationale et, « au delà de son intérêt propre, doit aider au ressourcement identitaire des musiciens français ».[14]

---

souvent l'auteur ne prend pas la peine de développer, un Russe de mes amis disait reconnaître des thèmes de chansons de travail de son pays, chants de labour ou de moisson, et retrouver dans ce morceau comme une peinture musicale du mouvement et de la vie des 'champs paternels'. » (TIERSOT, J. *Le Ménestrel*, 09-02-1890, p. 45.)

9 *Trente Mélodies populaires de Basse-Bretagne*, recueillies et harmonisées par L.-A. Bourgault-Ducoudray, avec une traduction française en vers adaptée à la musique par Fr. Coppée. Paris : Lemoine et fils, novembre 1885.

10 *Chansons populaires,* recueillies dans les Alpes françaises (Savoie et Dauphiné) par J. Tiersot. Grenoble : H. Falque et F. Perrin, 1903.

11 *Chansons populaires,* recueillies dans le Vivarais et le Vercors par V. d'Indy, mises en ordre, avec une préface et des notes par J. Tiersot. Paris : Heugel, 1892.

12 EMMANUEL, M. *XXX chansons bourguignonnes du pays de Beaune, précédées d'une étude historique.* Paris : Durand, 1917.

13 ALTEN, M. « Les compositeurs français et le folklore : l'originalité de Maurice Emmanuel ». *Maurice Emmanuel, compositeur français*, dir. S. Douche. Praha : Bärenreiter, 2007, p. 106.

14 *Ibid*, p. 103.

Partant de ce contexte et de ces constats, la présente étude porte sur l'impact et le rôle du folklore dans les quatuors à cordes français composés à la charnière des XIXᵉ et XXᵉ siècles et est centrée sur plusieurs points clé : quelle position les compositeurs affichent-ils face au « folklore » dans leurs œuvres ? Dans quelles circonstances et de quelle manière les éléments populaires y sont-ils utilisés ? Comment les compositeurs les concilient-ils avec les problèmes d'unité et de construction ? Ces éléments participent-ils à créer une spécificité ?

Cette étude[15] a été menée sur de nombreuses œuvres, dont la plupart – mais pas toutes – ont été créées ou jouées pendant cette période bien particulière à la Société Nationale de Musique, tribune pour la musique française contemporaine, représentant alors les diverses tendances esthétiques de l'époque. Elle aborde des compositeurs de toute provenance, tantôt issus du Conservatoire, de la *Schola cantorum*, de l'École Niedermeyer, ou encore élèves de Franck, et mêle personnalités officielles et incontournables du monde de la musique de l'époque comme Vincent d'Indy (1851-1931), Théodore Dubois (1837-1924), Camille Saint-Saëns (1835-1821), Charles Gounod (1818-1893), Joseph-Guy Ropartz (1864-1955),[16] Camille Chevillard (1859-1923)[17] et, dans une moindre mesure, Maurice Emmanuel (1862-1938), davantage reconnu comme musicologue que comme auteur, à des artistes plus indépendants tels que Albéric Magnard (1865-1914)[18] et Jean Cras (1879-1932).[19]

---

15 Dont le point de départ se trouve dans : DOÉ DE MAINDREVILLE, F. *Les quatuors à cordes français joués à la Société Nationale entre 1887 et 1910.* Thèse de musicologie, Université de Paris Sorbonne, 2004.

16 Élève du Conservatoire et de Franck. Nommé, en 1894, directeur du Conservatoire et des Concerts symphoniques de Nancy.

17 Issu du Conservatoire. Chef de l'Orchestre Lamoureux, directeur musical de l'Opéra de Paris (à partir de 1914) et professeur de la classe de musique d'ensemble en 1907.

18 Cours privés de composition avec d'Indy. Professeur à la *Schola Cantorum*.

19 Quelques leçons particulières avec Duparc. Carrière dans la marine.

L'attitude des compositeurs face au « folklore »

Les références au populaire sont loin d'être systématiques dans le répertoire étudié mais sont toutefois courantes. Tantôt citation, tantôt évocation, ces références engendrent des attitudes distinctes chez les compositeurs qui, néanmoins, se rejoignent sur la nécessité d'être clairs pour les auditeurs.

Certains compositeurs exploitent un folklore régional de manière explicite. Cras et Ropartz, tous deux originaires de Bretagne et très attachés à leur région, la mettent ainsi à l'honneur dans leur quatuor à cordes comme dans d'autres de leurs œuvres : le premier a alors intitulé son unique Quatuor à cordes écrit en 1909 « à ma Bretagne » et a puisé son inspiration dans le *Barzaz Breiz*[20] selon Paul-André Bempéchat ;[21] le second a transcrit, dans son Premier Quatuor (1893), la « Complainte de St Servais »,[22] un air qui proviendrait du Pays de Vannes d'après Fernand Lamy.[23] Choisie par Ropartz comme thème principal de son finale, cette phrase bretonne vers laquelle l'ensemble de l'œuvre converge, imprègne le quatuor et lui donne un caractère particulier :

Exemple 1 : Ropartz, Quatuor à cordes n° 1, mouvement IV, mesures 1 à 18

---

20 *Barzaz Breiz. Chants populaires de la Bretagne*, recueillis, traduits et annotés par le vicomte Hersart de La Villemarqué. Paris : Didier, 1867 (6ᵉ édition).

21 BEMPÉCHAT, A.-P. *Jean Cras : Polymath of music and letters*. Farnham : Ashgate, 2009, p. 252.

22 *Chansons populaires et folkloriques*, notées par J.-G. Ropartz, ms. BnF, Mus. MS-15110, [Ca 1889], p. 1.

23 LAMY, F. *Joseph Guy-Ropartz : l'homme et l'œuvre*. Paris : Durand, 1948, p. 39.

À l'inverse, d'autres auteurs ne signalent qu'une inspiration générale : « dans le sentiment d'un chant populaire » écrit par exemple d'Indy pour le Scherzo de son Premier Quatuor Opus 35 (1890-1891), « Vif et populaire », indique quant à lui Magnard pour le finale de son œuvre Opus 16 (1903), « Quasi una canzone populare », mentionne aussi Chevillard (1898).

D'autres, encore, n'utilisent aucun qualificatif particulier, mais le caractère populaire ne fait guère de doute comme dans les Scherzi des quatuors de Saint-Saëns (1899) et d'Emmanuel (1903). De manière plus générale, on peut noter que le caractère populaire voulu par les auteurs a suffisamment été évident à l'époque pour être relevé par les chroniqueurs lors des premières auditions des œuvres : c'est, entre autres, le cas du Scherzo du Deuxième Quatuor de d'Indy (1897), pour lequel le critique du *Guide Musical* a écrit « le *très animé*, par exemple [...] est un véritable chef-d'œuvre dans le style populaire et où le premier violon chante une phrase absolument adorable ».[24]

Pour tous ces exemples, les indications – lesquelles sont essentiellement en français – ainsi que l'absence d'indications sont précieuses et révèlent des démarches différentes de celles de Ropartz ou de Cras : en effet, il n'y a pas ici d'ancrage précis dans un terroir ou, du moins, les auteurs n'ont pas souhaité le mettre en valeur. Autrement dit, il s'agit moins d'afficher une source d'inspiration et des liens avec une région que de se positionner plus largement comme compositeur français.

Dans le même sens, rien n'indique si les compositeurs ont directement puisé leurs mélodies dans le répertoire populaire ou s'ils les ont écrites en en imitant le style. Bien que les auteurs se soient malheureusement peu exprimés sur ce sujet, il semble cependant qu'ils aient le plus souvent opté pour cette deuxième solution dans leur quatuor à cordes.

De tels choix ont été effectués notamment – et de manière un peu étonnante – par Emmanuel et d'Indy, compositeurs qui ont en commun d'avoir participé à la collecte des chansons populaires

---

24 IMBERT, H. *Le Guide Musical*, 13-03-1898, p. 244.

initiée par Tiersot, et d'avoir donc été en contact direct avec le folklore régional dont ils ont recueilli et transcrit des mélodies. On peut en outre insister sur le fait qu'ils se sont appuyés sur des mélodies populaires pour certaines de leurs œuvres[25] mais qu'ils ont préféré les inventer pour leurs quatuors à cordes.

Ainsi, Emmanuel construit-il son Scherzo sur une idée dont la simplicité, l'aspect dansant et les accents sur les temps faibles évoquent une mélodie populaire (Ex. 2).

Exemple 2 : Emmanuel, Quatuor à cordes, mouvement II, mesures 9 à 16

D'Indy procède de même pour les thèmes des mouvements centraux de ses quatuors. Celui du Scherzo du Deuxième Quatuor Opus 45, par exemple, est réalisé à partir de quelques notes seulement,[26] notes qui génèrent la totalité de l'œuvre. Sur ce profil mélodique, il note un phrasé « piqué » pour les interprètes, juxtapose des mesures à 5/4, à 3/4 puis à 1/4, ajoute des accents qui soulignent au début l'irrégularité de la mesure à cinq temps (3+2) et qui produisent à la fin une impression d'accélération, chaque croche étant marquée. Tous ces procédés contribuent à créer un ensemble très réussi en style populaire qui est largement exploité durant la totalité du mouvement (Ex. 3).

Exemple 3 : D'Indy, Quatuor à cordes n° 2 op. 45, mouvement II, mesures 1 à 5

25 D'Emmanuel, mentionnons par exemple la Sonatine n° 3 pour piano (1920) qui cite une chanson bourguignonne et de d'Indy, la *Symphonie sur un chant montagnard français* Opus 25, dite « symphonie cévenole » (1886) qui repose sur une chanson de berger du Vivarais.

26 Elles sont présentées en exergue, au début de la partition, sous différentes clés donnant *sol-la-do-si* et *si-do-mi-ré*.

On l'aura compris, entre citation et évocation, régionalisme et nationalisme, différentes positions, toutes lourdes de sens, coexistent dans ce répertoire. S'il s'agit pour les uns de se ressourcer à ses racines, de trouver dans le folklore de sa région une inspiration différente et un moyen de renouvellement et de spécificité, pour les autres, c'est davantage une façon de se distinguer des modèles, de revendiquer un art français, les évocations « populaires » étant alors mises au service d'une identité nationale. Cette position nationaliste n'est alors pas sans rappeler la devise *Ars Gallica* un peu belliqueuse de la Société Nationale de Musique, dans laquelle la plupart des œuvres étudiées ici ont été créées ou jouées.

Des techniques de composition au service d'enjeux multiples

L'insertion de thèmes populaires – ou écrits dans un style populaire – offre aux compositeurs l'opportunité de renouveler l'expression du quatuor à plusieurs niveaux. Outre le maniement et la réécriture de tournures mélodiques et rythmiques spécifiques dans les œuvres, les différentes composantes du langage musical sont amenées à être repensées. Traitées de diverses manières, elles révèlent alors des objectifs et des enjeux compositionnels multiples.

L'écriture du quatuor est ainsi travaillée dans une perspective populaire, les compositeurs prenant plaisir à imaginer de nouvelles combinaisons, de nouvelles couleurs. En plus des multiples effets tirés des *pizzicati* par la plupart des auteurs, d'autres arrangements inusités pour les instruments à cordes viennent en enrichir la palette expressive.

Le thème breton de Ropartz nous en offre un très joli exemple (Ex. 4), avec un accompagnement réparti entre le premier violon, l'alto et le violoncelle. Réalisé de manière inhabituelle, cet accompagnement évoque tant par son graphisme que par sa ligne qui court d'un instrument à l'autre dans un ambitus large, l'écriture et la sonorité de la harpe celtique :

Exemple 4 : Ropartz, Quatuor à cordes n° 1, mouvement IV, mesures 1 à 8

Magnard, également, parvient à créer d'étonnants et éblouissants effets folkloriques qui résultent de la superposition et de l'alternance rapide de modes de jeu distincts, *pizzicati* et *arco*, joués dans un ambitus restreint sous une mélodie écrite en style populaire (Ex. 5).

Exemple 5 : Magnard, Quatuor à cordes, mouvement IV, mesures 132 à 139

Outre ces effets d'écriture souvent réussis, l'insertion de thèmes populaires provoque aussi une réflexion sur l'harmonisation qui se traduit par différentes approches. D'abord, il y a ceux qui paraissent embarrassés pour harmoniser.

C'est le cas de Ropartz, par exemple. Ainsi, dans le Scherzo de son Quatuor à cordes n° 1, la tournure mélodique singulière de la mélodie, avec sa tierce majeure *la* bécarre et sa sixte mineure *ré* bémol (Ex. 6), le conduit à plaquer, en guise d'harmonisation, des *ostinati* fondés sur les quatre notes du thème – *fa-la-do-ré* bémol – qui se maintiennent durant la totalité de la phrase :

Exemple 6 : Ropartz, Quatuor à cordes n° 1, mouvement II, mesures 107 à 118

L'harmonisation du thème principal breton précédemment évoqué mérite aussi d'être soulignée : en effet, le compositeur n'a apporté qu'une seule modification – mais ô combien significative – à son thème en ajoutant un dièse à la note *fa* (voir Ex. 1, mes. 9 et 13). En transformant cette note en sensible, le compositeur lui donne un profil tonal, absent de l'original, profil qu'il renforce par une harmonisation fonctionnelle en *sol* mineur.

Comme Ropartz, certains auteurs français de l'époque choisissent de rester sur des schémas fonctionnels tonals. Lors de la présentation des thèmes, les harmonisations tonales sont alors souvent simples puis elles ont tendance à se complexifier au cours des mouvements grâce à l'ajout de chromatismes et de notes de passage notamment.

D'autres compositeurs conservent un parcours fonctionnel mais l'altèrent légèrement en supprimant la sensible, en privilégiant les enchaînements plagaux. Parmi eux, citons Saint-Saëns qui, après avoir exposé une première fois le thème du Scherzo, en propose une deuxième version avec un cheminement harmonique similaire mais sans sensible :

Exemple 7 : Saint-Saëns, Quatuor à cordes n° 1, mouvement II, mesures 48 à 51

Tous ces auteurs restent néanmoins assujettis la tonalité en gardant le modèle I-II-V[27] à peine modifié, alors que d'autres, en revanche, s'attachent à imaginer une harmonie distincte des parcours fonctionnels classiques.

Gounod, par exemple, écrit, dans son Deuxième Quatuor,[28] une pédale de tonique sur laquelle il greffe essentiellement des accords de sixte enchaînés parallèlement comme une sorte de « faux bourdon ». Ces parallélismes, ces mouvements conjoints favorisent à la fois l'équivoque pour plusieurs accords (voir notamment la mesure 2 de l'exemple 8)[29] mais aussi la domination de degrés secondaires (II, iii, vi) ce qui affaiblit la tonalité et souligne l'aspect populaire de ce passage.

Exemple 8 : Gounod, Quatuor à cordes n° 2, mouvement II, mesures 54 à 58

27 Les chiffres romains indiquent les degrés tonals majeurs, les minuscules les degrés mineurs.

28 La date de composition de ce quatuor qui est resté inédit n'est pas connue avec précision. Toutefois, le quatuor a été créé à la Société Nationale de Musique en 1887. Il est donc fort probable qu'il ait été écrit peu de temps avant.

29 Pour cet exemple comme pour les suivants, la lettre « M. » notée en majuscule indique un ton majeur tandis que la minuscule « m. » représente un ton mineur.

Quant à d'Indy, qui se penche précisément à cette époque sur cette question délicate de l'harmonisation du chant populaire en transcrivant des mélodies du Vivarais auxquelles il ajoute un accompagnement de piano,[30] il choisit de s'appuyer sur des harmonies simples qui soulignent la tournure mélodique originale et évitent d'aller à son encontre. C'est ainsi qu'il harmonise le thème du Scherzo de l'Opus 45 avec de nombreux accords sur les second et quatrième degrés et des enchaînements qui vont à rebours des parcours fonctionnels tonals et qui engendrent alors un parcours moins directionnel, dans lequel le caractère populaire du thème déjà très marqué rythmiquement est renforcé (Ex. 9) :[31]

Exemple 9 : D'Indy, Quatuor à cordes n° 2 op. 45, mouvement II, mesures 1 à 5

Dans le Scherzo du Premier Quatuor Opus 35 (Ex. 10), le compositeur profite aussi de la tournure modale de la mélodie pour dessiner un parcours différent et souvent ambigu, basé sur des accords parfaits sans sensible. Si le thème s'entend assez bien en *ré*

---

30 Voir *Chansons populaires du Vivarais* Opus *52*, recueillies et transcrites avec accompagnement de piano par V. d'Indy. Paris : Durand, 1900.

31 Pour schématiser ce parcours, la théorie des vecteurs harmoniques qui vise à mettre en valeur des progressions de la basse fondamentale par un système de flèches a été utilisée : les flèches qui sont dirigées vers la droite indiquent des progressions « dominantes » de quinte descendante et de seconde ascendante ; celles qui sont orientées vers la gauche représentent des progressions « plagales » de quinte ascendante et de seconde descendante ; enfin, les progressions par tierce qui pour la plupart peuvent être perçues comme des substitutions sont illustrées par des traits simples. On remarque, dans le présent exemple, qu'une majorité de flèches sont dirigées vers la gauche et vont donc dans le sens contraire d'un parcours tonal classique. Pour davantage de détails sur cette théorie, se reporter à l'article de MEEUS, N. « Vecteurs harmoniques ». *Musurgia (Analyse et Pratique Musicales)*, X-4, 2003, pp. 5-32.

mineur – surtout au début –, l'harmonisation peut se comprendre aussi bien en *ré*, qu'en *sol* mineur ou encore en *fa* majeur. D'Indy joue ainsi sur cette ambiguïté jusqu'à la fin du mouvement :

Exemple 10 : D'Indy, Quatuor à cordes n° 1 op. 35, mouvement III, mesures 1 à 9

D'autres compositeurs encore combinent plusieurs techniques : c'est le cas, entre autres, de Cras, de Magnard,[32] ou encore de Chevillard. Ce dernier, par exemple, hésite, dans son mouvement lent intitulé *quasi una canzone populare* (Ex. 11), entre une harmonisation avec et sans sensible, le tout sur des pédales de tonique ou de dominante jouées par le violoncelle ; il ajoute en outre de nombreuses notes de passage, chromatiques ou non, qui viennent éclairer différemment la mélodie (comme l'accord mineur avec sixte majeure sur le deuxième temps de la première mesure) et oscille entre enchaînements fonctionnels au début et parcours à rebours, dans les mesures 10 à 12. Il prend également plaisir à entretenir une certaine ambiguïté tonale entre *fa* mineur et *la* bémol majeur à la fin de la phrase :

---

32 Se reporter ci-après (§ 3.2.) à l'étude détaillée de leur quatuor à cordes, et notamment aux exemples musicaux n° 15, 16 et 18.

Exemple 11 : Chevillard, Quatuor à cordes, mouvement II, mesures 1 à 12

Tous ces exemples mettent en valeur des attitudes distinctes dans le traitement des thèmes populaires, ou d'inspiration populaire, et des conceptions harmoniques différentes voire opposées. Il y a bien sûr un certain nombre de clichés harmoniques qui reviennent dans la plupart des œuvres, dans les finals notamment : citons les enchaînements plagaux omniprésents qui alternent premier et quatrième ou second degré renversé, les accords avec quintes parallèles, les pédales et les bourdons nombreux également qui engendrent des sonorités rustiques. Mais en dehors de ces effets communs à tous, certains compositeurs ne retiennent que la spécificité mélodique du thème qu'ils harmonisent selon des schémas fonctionnels tonals parfois légèrement déformés tandis que d'autres en font le point de départ d'un renouvellement plus important, tentant alors une alternative à l'harmonie tonale qui reste à l'écoute le point de référence. Différentes solutions sont ainsi expérimentées qui ne fonctionnent pas comme un « système » mais produisent des couleurs nouvelles, parfois surprenantes, par rapport à l'ordre tonal prévu. Ces solutions permettent ainsi d'accentuer le caractère populaire et offrent une touche plus personnelle.[33]

La localisation et l'exploitation du populaire dans les œuvres

Un cadre préétabli

On peut constater que les thèmes populaires – ou écrits en style populaire – ne sont pas exploités de la même manière au cours d'une œuvre et qu'une fonction bien précise liée aux différents mouvements leur est attribuée. Ainsi, au cours des Scherzi, les thèmes sont en général peu modifiés : ils sont insérés comme des images, des objets dont le caractère populaire très affirmé – tournures mélodiques, rythme, harmonie, écriture des instruments à cordes – donne à ce mouvement une expression singulière souvent réussie. Parmi les nombreux exemples, on peut évoquer le Scherzo du Deuxième Quatuor de d'Indy Opus 45 dont la forme en cinq volets (ABACA) permet faire entendre trois fois sans modification notable la partie en style populaire qui donne beaucoup de dynamisme et de pétillement au mouvement ou encore celui du Premier Quatuor de Saint-Saëns (ABA' coda) dont la partie A présente trois fois le thème d'inspiration populaire (voir Ex. 7) légèrement varié, imprégnant ainsi de sa couleur la totalité du mouvement.

Les passages en style populaire sont donc bien localisés et ne s'intègrent pas à l'ensemble de l'œuvre mais semblent, au contraire, surajoutés, ce que Dukas formule en ces termes : « cet emploi de l'originalité locale demeure factice par excès même d'originalité. »[34]

---

33 Pour davantage de détails et d'autres exemples d'œuvres relatifs à l'impact du folklore sur l'harmonie, se reporter à DOÉ DE MAINDREVILLE, F. *Les quatuors à cordes français...*, pp. 291-333.
34 DUKAS, P. *Chroniques musicales...*, p. 206.

En revanche, dans les finals, les thèmes populaires, souvent moins caractérisés, sont davantage transformés : offrant une couleur un peu différente renforcée par les nombreux enchaînements plagaux et les bourdons, ils sont ensuite altérés et développés selon les techniques habituelles appliquées aux autres thèmes (modulations, chromatismes, etc.) et sont adaptés au déroulement de la forme, sonate ou rondo-sonate dans la plupart des cas.

Autrement dit, l'exploitation du folklore dans le quatuor à cordes ne suscite en général pas de technique compositionnelle particulière au niveau des constructions et des formes, les passages en style populaire étant, en effet, tantôt plaqués, tantôt adaptés, ce que Debussy exprime, non sans humour, de la manière suivante :

> Bientôt cependant, la mode du thème populaire s'étendit sur l'univers musical : on remua les moindres provinces, de l'est à l'ouest ; on arracha à de vieilles bouches paysannes des refrains ingénus, tout ahuris de se retrouver vêtus de dentelles harmonieuses. Ils en gardèrent un petit air tristement gêné ; [...].[35]

Ces passages ont alors essentiellement une fonction de coloration plus ou moins fugitive et plus ou moins marquée selon les œuvres. Plusieurs quatuors à cordes français de l'époque s'échappent toutefois de ce cadre et présentent des solutions originales par rapport à l'exploitation du folklore.

Des cas particuliers

L'unique Quatuor de Cras, notamment, fournit un beau contrexemple au cadre décrit précédemment. On peut d'abord rappeler que le compositeur breton fait usage de thèmes inspirés directement du folklore (*Barzaz Breiz*) dans chacun des quatre

---

35 DEBUSSY C. *Monsieur Croche et autres écrits*. Introduction et notes de F. Lesure. Edition revue et augmentée. Paris : Gallimard, 1987, p. 26.

mouvements. Ceux-ci prennent néanmoins plus ou moins d'importance : dans le mouvement initial, un motif populaire n'apparaît que fugitivement tandis que les thèmes des mouvements centraux cimentent la quasi totalité de ceux-ci ; dans le finale, à deux nouvelles idées populaires au rôle assez secondaire viennent s'ajouter, à la fin, les rappels thématiques des mouvements antérieurs, rappels qui renforcent notablement la présence du populaire. Voici, synthétisée pour l'ensemble de l'œuvre dans le tableau suivant, la place que réserve Cras au populaire, signalé par des différentes trames grisées :

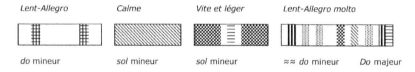

Tableau : Cras, Quatuor à cordes (place des éléments populaires)

Le compositeur s'attache aussi à élaborer autour de ces thèmes des sonorités populaires pour les instruments à cordes. Le troisième mouvement en est particulièrement évocateur du début à la fin et les notes et accords en *pizzicati,* très présents, suggèrent sans aucun doute la harpe celtique (Ex. 12) :

Exemple 12 : Cras, Quatuor à cordes, mouvement III, mesures 28 à 34

L'harmonie est elle aussi fondée en partie sur des procédés de la musique populaire que le compositeur réinterprète.

Dans le Scherzo, par exemple, Cras choisit d'accompagner sa mélodie par un bourdon (Ex. 13) : celui-ci est répété pendant plus de vingt mesures de façon immuable tandis qu'au-dessus de lui, la phrase évolue. Il en résulte à la fois des frottements, comme à la mesure 13 où une septième majeure apparaît, et une oscillation entre majeur et mineur due à l'alternance dans la mélodie des notes *si* bémol et *si* bécarre, celle-ci étant ensuite brodée par un *la* dièse (que l'on perçoit comme un *si* bémol). Dans ce mouvement, le compositeur reprend donc de la musique populaire la technique du bourdon auquel il superpose des lignes plus qu'il ne les harmonise produisant ainsi des rencontres de notes et des sonorités inhabituelles :

Exemple 13 : Cras, Quatuor à cordes, mouvement III, mesures 5 à 17

Dans le mouvement lent également, Cras parvient à créer un climat envoûtant en combinant des enchaînements plagaux, disposés de façon atypique sous forme d'accords de sixtes, avec une conduite conjointe des voix. L'harmonisation de ce passage (Ex. 14), qui évoque une sorte de choral breton, est inattendue : dès le début, le renversement de l'accord de tonique de *sol* produit l'illusion du ton de *si* bémol majeur tandis que les glissements chromatiques, à partir de la mesure 4, vont à l'encontre de la simplicité de la ligne mélodique.

Exemple 14 : Cras, Quatuor à cordes, mouvement II, mesures 1 à 5

Ce mélange de différents procédés, issus tantôt de la musique populaire, tantôt du post-wagnérisme, et que tout semble opposer, est caractéristique de Cras. Celui-ci arrive à les relier grâce la conduite conjointe des voix et a tendance à complexifier ces combinaisons au fur et à mesure du déroulement des mouvements. La suite immédiate du thème précédent en donne un bon aperçu (Ex. 15) : grâce à la réalisation de belles lignes mélodiques superposées dans lesquelles les enchaînements plagaux, les mouvements conjoints et les enharmonies (voir notamment aux mesures 6 et 7, le *do* bémol qui se transforme en *si* bécarre et le *mi* bémol en *ré* dièse) sont privilégiés, le compositeur module tout en douceur et va, en quelques mesures, du ton principal de *sol* mineur à celui, éloigné, de *sol* dièse mineur en passant par *mi* bémol majeur.

Exemple 15 : Cras, Quatuor à cordes, mouvement II, mesures 5 á 9

Ainsi, en combinant diverses techniques, de son temps et du folklore, Cras parvient-il à créer une œuvre tout à la fois ancrée dans sa région natale et au ton très personnel, empreinte d'un bout à l'autre de sonorités populaires revisitées.

Toute autre mais aussi personnelle est la démarche de Magnard dans son unique Quatuor à cordes écrit en 1903.

D'abord, on peut noter que, parmi les quatre mouvements de cette œuvre, seul le finale intitulé *Danses* fait référence au « terroir ». Magnard semble alors prendre un grand plaisir à y multiplier les thèmes d'allure populaire, allant jusqu'à substituer au développement traditionnel de la forme sonate une partie contrastante qui repose sur un nouvel élément évoquant le folklore : pas moins de sept idées différentes, allant de la comptine à la valse, se côtoient alors et s'alternent. L'ensemble donne ainsi une impression de pot-pourri de danses aux métriques différentes et juxtaposées.

Si l'harmonisation renforce parfois le côté populaire par un certain nombre d'artifices (accords sans sensible, quarte à la place de tierce, enchainements plagaux, bourdons, écriture en quintes parallèles, etc.), plus souvent elle va à son encontre. Magnard fait ainsi subir des « déformations » surprenantes aux thèmes d'inspiration populaire inventés dans le finale : c'est le cas de cette mélodie présentée d'abord sur bourdon en *ré* dièse mineur (Ex. 16) et qui revient par la suite dans une version très étonnante, la mélodie étant en *do* dièse majeur et l'harmonisation sur *sol* dièse mineur, l'ensemble provoquant un effet quasiment polytonal (voir Ex. 6 ci-avant).

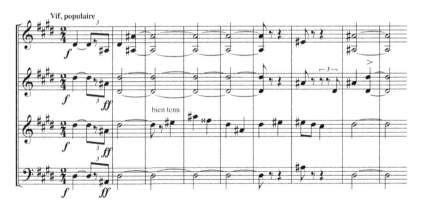

Exemple 16 : Magnard, Quatuor à cordes, mouvement IV, mesures 41 à 49

Dans le même sens, le compositeur aime superposer aux thèmes des harmonies inattendues, souvent dues à une écriture contrapuntique riche, procédé qu'il pratique de manière intensive dans son œuvre. Au cours de l'exposition, cette phrase à l'allure de comptine (Ex. 17) en présente un exemple caractéristique : l'harmonisation de plus en plus complexe, l'ajout de nombreuses notes de passages et l'écriture foisonnante des cordes viennent alors s'opposer à la simplicité de la ligne mélodique et l'altèrent progressivement.

Exemple 17 : Magnard, Quatuor à cordes, mouvement IV, mesures 67 à 72

Cet exemple met également en lumière un autre procédé de composition cher à Magnard dans le finale de son Quatuor. Celui-ci, en effet, garde souvent ses thèmes intacts mais en renouvelle l'éclairage en modifiant tout ce qui les entoure : harmonies, arrangements des cordes différents à chaque réapparition, utilisation du contrepoint (fugué, notamment). Il fait alors preuve d'une inventivité remarquable en variant ces divers paramètres et parvient à créer des climats extraordinaires.

Le rythme et la métrique sont aussi utilisés comme un moyen efficace de variation. De ce point de vue, l'exemple du thème principal du finale (Ex. 18) est particulièrement révélateur : court et d'inspiration populaire, celui-ci est inscrit d'abord dans une mesure à trois temps,

Exemple 18 : Magnard, Quatuor à cordes, mouvement IV, mesures 1à 2

avant d'être réexposé dans une mesure à 2/4 accentuée une fois sur deux (donc tous les quatre temps), ce qui le déforme (Ex. 19).

Exemple 19 : Magnard, Quatuor à cordes, mouvement IV, mesures 245 à 248

Puis, dans le développement terminal, il est repris en ternaire (9/8 et 6/8), avec une accentuation encore nouvelle tous les cinq temps (Ex. 20).

Exemple 20 : Magnard, Quatuor à cordes, mouvement IV, mesures 365 à 368

Pour composer son mouvement, Magnard s'appuie donc sur la variation, une technique très présente dans la musique populaire, qu'il intègre profondément à son langage. La vitalité rythmique intense, les sonorités saisissantes dues à son appropriation et à sa réinterprétation du folklore en font une œuvre fascinante. Elles donnent aussi un souffle nouveau à ce finale de Quatuor et en régénèrent l'esthétique.

Conclusion

Cette étude menée sur un nombre conséquent de quatuors à cordes écrits en France au tournant des XIXe et XXe siècles a pu mettre à jour une grande diversité des approches dans l'utilisation du « folklore » et de sa réappropriation mais aussi des constantes dans sa finalité.

Seulement une partie des auteurs de l'époque, rappelons-le, s'appuie sur des thèmes populaires ou de style populaire : certains compositeurs, Chausson et Debussy notamment, n'ont pas éprouvé la nécessité de se tourner vers le terroir pour écrire leur quatuor à cordes, ce dernier allant alors puiser en partie dans un folklore plus éloigné géographiquement, bien au-delà des frontières françaises.

Pour la plupart des œuvres concernées, soulignons à nouveau le fait que les passages populaires sont localisés à des moments bien précis, toujours les mêmes d'un quatuor à l'autre : objets ajoutés, greffés dans les Scherzi, ils sont utilisés comme thème principal dans les finales où ils subissent de nombreuses transformations. La quasi absence de thèmes populaires dans les *Adagi* et surtout dans les mouvements initiaux ne peut alors qu'étonner et interpeler : y-a-t-il incompatibilité entre le statut prestigieux dont jouit la forme sonate et un style populaire ? Plus généralement, un dilemme semble s'établir chez les compositeurs français entre la volonté d'écrire un quatuor à cordes (et de s'inscrire dans son histoire), et le désir de renouveler ce genre savant par des éléments populaires.

Finalement, ce folklore cité ou évoqué n'acquiert qu'un rôle superficiel dans la majeure partie des cas : il n'est employé que localement dans les passages qui s'y prêtent le mieux (c'est-à-dire les danses) et sert par ses tournures mélodiques, rythmiques, harmoniques, moins usitées, à colorer différemment certains passages, plus ou moins fortement selon les compositeurs. Il offre ainsi un très joli moment « dépaysant » mais sans être réellement intégré comme, par exemple, dans le Premier

Quatuor de Smetana et l'Opus 27 de Grieg ou encore les Opus 51, 80 et 105 de Dvořák, des œuvres toutes portées et nourries par le folklore.

En dehors de quelques cas particuliers, les auteurs français se cantonnent alors le plus souvent à quelques artifices et la démarche semble, en partie, relever de la démonstration et de l'affichage, ce que Schaeffner formule ainsi :

> Mais le plus souvent par « national » s'entend chez les compositeurs de musique artistique la volonté de rompre avec une influence étrangère prédominante [...], et à cet effet le désir de voir se refléter dans la musique d'élaboration savante, certains traits, *d'ailleurs arbitrairement choisis*, de la musique populaire.[36]

Au lieu d'en faire le point de départ d'une réflexion à un renouvellement profond qui aurait peut-être créé une réelle spécificité française et, par là-même une réelle identité, les compositeurs se limitent donc à quelques traits où « sous les agréments d'une certaine géographie pittoresque reviennent invariablement les mêmes coupes ».[37]

* * *

En la bisagra de los siglos XIX y XX, los cuartetos de cuerda florecieron en Francia. Más que el fruto de una necesidad real interior, la búsqueda de reconocimiento y la voluntad de forjar un repertorio francés de calidad parecen ser los principales objetivos de los compositores, la mayoría de ellos obsesionados con la tradición germánica, y en particular con los Cuartetos de Beethoven. En este contexto, la explotación de los elementos populares –o de inspiración popular– dentro de las obras puede

---

36 SCHAEFFNER, A. « Musique savante, musique populaire, musique nationale ». *Variations sur la musique*. Paris : Fayard, 1998, p. 56.
37 *Ibid.*

estar percibida como una alternativa, un medio de escapar o de distinguirse de los modelos austro-alemanes.

El artículo pretende primero precisar qué facetas se esconden debajo del término «popular» y qué posición adoptan los compositores en sus cuartetos de cuerda con respecto a esta cuestión: las diferencias entre la cita y la evocación, el regionalismo y el nacionalismo, así como las aproximaciones y enfoques son reveladas. Después, serán analizados el papel y el impacto de «lo popular» en varias obras según dos ejes: por un lado, los parámetros de composición empleados y, por otro, el lugar y la explotación de «lo popular» dentro de distintos movimientos.

At the turn of the 19th and 20th centuries, string quartets flourished in France. More than the result of a real and internal need, the search for recognition and the will to forge a French repertoire of high-quality seem to have been the main targets for many composers, most of them were haunted by the German tradition (in particular Beethoven's String quartets). In this context, the exploitation of popular elements – or popular inspiration – in their works can be perceived as an alternative, a means to escape and to distinguish themselves from Austro-German models.

The paper aims first to clarify the aspects that are hidden under the term «popular» and the position that composers adopted in their string quartets concerning this question: differences between quotation and evocation, regionalism and nationalism, and approaches and distinct issues are revealed. Then, the role and impact of the «popular» are analyzed in several works along two axes: on the one hand, the employed compositional parameters, and on the other, the placement and exploitation of the «popular» within different movements.

À la charnière des XIXe et XXe siècles, les quatuors à cordes fleurissent en France. Plus que le fruit d'une réelle nécessité intérieure, la quête de reconnaissance et la volonté de forger un répertoire français de qualité, semblent être les objectifs principaux des compositeurs, hantés pour la plupart d'entre eux, par la tradition germanique, les Quatuors de Beethoven en particulier. Dans ce contexte, l'exploitation d'éléments populaires – ou d'inspiration populaire – au sein des œuvres peut alors être perçue comme une alternative, un moyen de s'échapper et de se démarquer des modèles austro-allemands.

L'article s'attache d'abord à préciser quelles facettes se cachent sous le terme de « populaire » et quelle position les compositeurs adoptent dans leur quatuor à cordes sur cette question : entre citation et évocation, entre régionalisme et nationalisme, des démarches et des enjeux distincts sont ainsi mis à jour. Le rôle et l'impact du « populaire » dans les œuvres sont ensuite analysés selon deux axes : paramètres compositionnels touchés et utilisés, d'une part, place et exploitation du populaire au sein des différents mouvements, d'autre part.

X. *Romería castellana* Opus 76 (1925) d'Henri Collet : un quintette à vent aux accents castillans

Stéphan Etcharry

Le 6 août 1989, c'est dans le cadre d'un hommage à Jean Cocteau, au Festival estival de Paris, que l'Ensemble Erwartung, dirigé par Bernard Desgraupes, donnait pour la toute première fois en concert le Quintette pour instruments à vent (op. 76) d'Henri Collet (1885-1951), au Château de Maisons-Laffitte.[1] La présence

---

1 Ce concert fut enregistré par Radio France et retransmis sur France Musique le 26 octobre 1989 dans une émission intitulée « Hommage à Jean Cocteau par l'Ensemble Erwartung ». Les solistes accompagnant l'Ensemble Erwartung dirigé par Bernard Desgraupes étaient : Corinne Laporte (soprano), Stuart Patterson (ténor), Glenn Chambers (baryton), Jean-Louis Paya (basse) et Françoise Thinat (piano). À côté de l'œuvre de Collet furent jouées six miniatures pour piano solo – chacune d'entre elles ne dépassant pas les deux minutes – (*Valse* de Francis Poulenc, *Mazurka* de Darius Milhaud, *Pastorale* de Germaine Tailleferre, *Prélude* de Georges Auric, *Sarabande* d'Arthur Honegger et *Romance sans paroles* de Louis Durey), pièces regroupées en 1920 par l'éditeur Demets pour constituer le fameux *Album des Six*, seule œuvre commune du Groupe (signalons que l'ordre originel des pièces figurant dans la partition est le suivant : *Prélude* d'Auric, *Romance sans paroles* de Durey, *Sarabande* d'Honegger, *Mazurka* de Milhaud, *Valse* de Poulenc et *Pastorale* de Tailleferre). On interpréta aussi la complainte en trois actes *Le Pauvre matelot*, sur un livret de Jean Cocteau et une musique de Darius Milhaud (op. 92). Je tiens à remercier le personnel

de Collet auprès de Cocteau venait rappeler une nouvelle fois – s'il en était encore besoin – le rôle du musicographe inspiré[2] qui, par l'heureuse formulation de son slogan « publicitaire » dans deux articles de *Comœdia* de janvier 1920, lançait officiellement sous les feux de la rampe les jeunes compositeurs du « Groupe des Six ».[3] Tout juste trois jours après la parution du premier de ces articles, dans une lettre en date du 19 janvier, Cocteau – l' « inspirateur », le « théoricien du groupe »[4] – tenait à remercier personnellement le journaliste à la plume heureuse : « Mon cher Collet, / Je suis profondément touché par votre article. Les uns écument de rage, les autres se réjouissent. Je vous remercie au nom de ces autres et de moi-même. »[5]

Pourtant, à côté de ces considérations d'ordre littéraire et esthétique, la présence du Quintette pour instruments à vent de Collet dans ce programme musical devait, dans le même temps, surprendre plus d'un auditeur. Il révélait en effet une œuvre iné-

du centre de consultation de l'INA (Inathèque de France, bibliothèque du site François Mitterrand de la BnF) – et plus particulièrement Mme Sylvie Fégar et M. Michel Raynal – pour son accueil chaleureux et son aide précieuse.

2 Collet était en effet universitaire, hispaniste, professeur d'espagnol, traducteur, romancier, directeur de collection, chroniqueur, critique musical, musicographe, pianiste... et compositeur, rôle qui lui tenait le plus à cœur, comme il l'écrit lui-même dans ses *Mémoires* : « Croyez-vous que je sois professeur d'espagnol *pour mon plaisir* ? Non ! Mais ce *métier* m'assure l'indépendance matérielle et, le soir, ou pendant mes vacances, je suis tout entier à ma chère musique, sans compter un instant sur elle pour me permettre d'acheter un paquet de tabac [...]. » (COLLET, H. *Mémoires d'un musicien*. Manuscrit autographe, Tome 1, ACC, p. 18. Les passages en italique sont soulignés par l'auteur.)

3 COLLET, H. « Un livre de Rimski et un livre de Cocteau : les Cinq Russes, les Six Français et Erik Satie ». *Comœdia*, 2587, 16-01-1920 ; *Ibid.* « Les Six Français : Darius Milhaud, Louis Durey, Georges Auric, Arthur Honegger, Francis Poulenc et Germaine Tailleferre ». *Comœdia*, 2594, 23-01-1920. Ces deux articles sont intégralement reproduits en annexe du livre de ROY, J. *Le Groupe des Six* (Collection « Solfèges »). Paris : Seuil, 1994, pp. 192-203. Deux ans plus tard, un troisième article de Collet, souvent oublié, portera sur « Le crépuscule des Six ». *Comœdia*, 3312, 09-01-1922.

4 COLLET, H. « Un livre de Rimski et un livre de Cocteau : les Cinq Russes, les Six Français et Erik Satie ». Art. cit.

5 COCTEAU, J. Lettre autographe manuscrite à Henri Collet, 19-01-1920. Paris : Archives privées Clostre-Collet (nous désignerons désormais ces archives par l'abréviation ACC), dossier « Groupe des Six ».

dite de musique de chambre d'un compositeur très peu connu – voire complètement inconnu – des mélomanes, faisant ainsi momentanément oublier la seule étiquette de critique musical qui colle définitivement à la peau de ce fin lettré, véritable « touche-à-tout » de la première moitié du XXᵉ siècle. Surprise encore car, dans ce concert-hommage à celui qui, au sortir du bourbier de la Grande Guerre, « demand[ait] une musique française de France »,[6] le Quintette de Collet apparaît résolument en marge de ce manifeste franco-français, regardant plutôt *tras los montes* – de l'autre côté de la barrière pyrénéenne –, vers le pays ensoleillé de Don Quichotte, du Cid et de Carmen. Bien que la muse inspiratrice espagnole a nourri une part non négligeable de l'imaginaire de nombreux compositeurs français, du début du XIXᵉ siècle au milieu du XXᵉ, se propageant de la romance et de la mélodie vers l'opéra et l'opéra-comique avant de contaminer peu à peu les genres purement instrumentaux (symphonie et musique de chambre), il semble que son souffle n'ait jamais atteint les rives du répertoire spécifique du quintette à vent. On peut, dès lors, souligner l'originalité de l'initiative colletienne en ce domaine. Mais quelle image le compositeur donne-t-il de l'Espagne en cette année 1925, date d'achèvement de son Quintette, au cœur même des années folles, trois ans avant l'emblématique *Bolero* (1928) de Ravel ? Sacrifie-t-il à une simple mode hispanique ou propose-t-il une conception plus personnelle et originale de la représentation de l'imaginaire espagnol dans la musique française ?

Une première partie reviendra sur les raisons qui ont conduit le compositeur vers l'hispanisme – dénominateur commun d'une très grande partie de son catalogue d'œuvres musicales – et sur la définition de la couleur générale qui se dégage de sa *Romería caste-llana.* Je m'attarderai ensuite sur la conception colletienne, dans

---

6 COCTEAU, J. *Le Coq et l'Arlequin* [1918]. Préface de G. Auric [1978]. Paris : Stock Musique, 1979, p. 58. Notons qu'Henri Collet citait cette accroche de Cocteau en ouverture de son article de *Comœdia* du 16 janvier 1920. Il réagissait aussitôt après en écrivant : « Et nous sommes heureux de nous rencontrer avec lui, car c'est ce que nous prêchons à la tribune de *Comœdia*. »

un tel contexte hispanisant, de la formation « quintette à vent » et sur l'analyse de son écriture instrumentale interne. Enfin, une dernière section se concentrera plus précisément sur certains éléments saillants du langage musical du compositeur qui lui permettent d'évoquer l'Espagne en général, l'identité castillane en particulier.

Géographies castillanes

Réminiscences affectives

Bien que né à Paris le 5 novembre 1885, Henri Collet migre à Bordeaux, à l'aube de sa dixième année, afin de suivre son père nouvellement promu ingénieur principal à la Compagnie des chemins de fer du Midi. C'est dans la cité girondine que le jeune homme se voit plongé dans un véritable bain culturel hispanique – présence d'une communauté d'Espagnols qui ont notamment fui le rétablissement de l'absolutisme par Ferdinand VII (1784-1833),[7] succès grandissant des courses de taureaux dans le Sud-Ouest, programmes de diffusion de la langue castillane dans l'enseignement secondaire, dans les années 1890, puis création du tout premier poste de maître de conférences d'études hispaniques à la Faculté des Lettres en 1898[8] – et que se construit progressivement son imaginaire.

Dès les toutes premières années du XXᵉ siècle, le jeune Collet se rend régulièrement en Espagne afin de progresser dans la langue de Cervantes puis, un peu plus tard, de mener à bien ses recherches dans les archives de la péninsule dans le cadre de ses études universitaires bordelaises. Il effectue de nombreux séjours linguistiques, notamment au collège des maristes de Vitoria – capitale de la province basque d'Álava –, à Burgos puis à Madrid. C'est

---

7 Roi d'Espagne en 1808 puis de 1814 à 1833.

8 Pour de plus amples renseignements à ce sujet, je renvoie au chapitre I de ma thèse de doctorat : ETCHARRY, S. *Henri Collet (1885-1951), compositeur : un itinéraire singulier dans l'hispanisme musical français*. Thèse de doctorat en histoire de la musique et musicologie Université de Paris IV Paris-Sorbonne, 2004. Exemplaire microfiché, Atelier National de Reproduction des Thèses, Université de Lille III, code : 1054.42528/04, ISSN : 0294-1767.

principalement dans ces deux dernières villes que va se forger la conscience castillane de Collet. À la fin du mois d'août 1907, il travaille à Burgos avec le compositeur, maître de chapelle et « folkloriste convaincu » Federico Olmeda (1865-1909), auteur d'un chansonnier entamé dans les années 1896 et publié en 1903 : le *Folk-lore* [sic] *de Castilla o Cancionero popular de Burgos* [*Folklore de Castille ou Chansonnier populaire de Burgos*].[9] En 1929, dans son essai *L'Essor de la musique espagnole au XXᵉ siècle*, couronné la même année du Prix de l'Institut d'Études Hispaniques, Collet rendra un vibrant hommage à son initiateur en matière de musique populaire – espagnole, en général, castillane, en particulier :

Olmeda fut un véritable précurseur ; [...] il ne s'est pas contenté d'emprunter au peuple ses récits ou ses thèmes, mais [...] il en a pénétré le mystère, et s'en est incorporé la poésie. Tel admirable lied entendu par les monts castillans refleurit chez Olmeda après avoir subi une sorte de cristallisation au creuset de son âme. La mélopée issue du sol natal, Olmeda en devina avec sa sensibilité aiguë toute la portée humaine. Et si, dans la symphonie en *la* par exemple, on entend la voix de la *meseta*, du haut plateau de Castille, c'est que cette musique embrasse par la noblesse de la pensée et la pureté de sa forme, la plus grande et la plus large humanité. Mais, folkloriste convaincu, Olmeda sait bien que la musique doit garder le caractère propre à sa nationalité. Or, pour être vraiment nationale, une musique doit se vivifier aux sources populaires. Olmeda y puisa largement.[10]

---

9 OLMEDA, F. *Folk-lore de Castilla o Cancionero popular de Burgos.* Séville : Librería editorial de María Auxiliadora, 1/1903 ; Burgos : Publicaciones de la Excma. Diputación Provincial de Burgos, 2/1975 (fac-similé), 3/1992 (fac-similé), 217 p.

10 COLLET, H. *L'Essor de la musique espagnole au XXᵉ siècle.* Paris : Éditions Max Eschig, 1929, p. 18. Collet avait déjà consacré de copieuses lignes à Olmeda dans les articles suivants : COLLET, H. « La musique espagnole moderne (1ʳᵉ partie) ». *S.I.M.,* IV-3, 15-03-1908, pp. 272-290 ; COLLET, H. « Nécrologie. D. Federico Olmeda ». *Bulletin français de la Société Internationale de Musicologie,* Paris, 1909 ; COLLET,

Collet s'inscrit donc en porte-parole des idées de son maître, affirmant dans ses *Mémoires* : « [Je] pensais comme lui que c'était sur la base du chant populaire que devait être construite la musique. »[11] Le Français est lui-même sensible au paysage sévère et désolé de la région de Castille située dans la *Meseta* du sud, paysage qu'il connaît bien pour l'avoir maintes fois parcouru et qui, depuis le train, s'offre à ses yeux durant l'un de ses voyages :

Le train m'emmena sans vitesse exagérée à travers des steppes jaunâtres, quasi désertes, bornées à l'horizon de monotones collines violettes. Parfois, un bourg confondu avec le sol et décelé seulement par un clocher en ruines. Des moulins à vent me font signe de leurs longs bras maigres. Des villageois conduisent des ânes faméliques par les chemins poussiéreux. L'uniformité du paysage m'invite à la somnolence.[12]

Un peu plus loin dans son roman *L'Île de Barataria*, on peut encore lire :

On connaît l'aridité de la campagne romaine. La campagne madrilène ne lui cède en rien. Au sortir de la capitale, la route empierrée s'achemine à travers une plaine jaunâtre, monotone, déserte. [...] On eût cru voyager sur une planète inhabitée, ou

---

H. « Espagne. Le XIXᵉ siècle. Deuxième partie : la renaissance musicale [novembre 1919] ». *Encyclopédie de la musique et dictionnaire du conservatoire*, dir. par A. Lavignac et L. de la Laurencie, première partie, vol. 4 (Espagne-Portugal). Paris : Librairie, 1920, pp. 2470-2484. Dédiée « A su amigo D. Joseph Bonnet » [« à son ami Joseph Bonnet »], la Sinfonía en la [*Symphonie en la*] de Federico Olmeda – dont il est question dans la citation – a probablement été composée en 1908. Le manuscrit autographe est conservé en Espagne, à l'*Archivo de la Diputación Provincial de Burgos* (voir PALACIOS GAROZ, M.-Á. *Federico Olmeda, un maestro de capilla atípico*. Burgos : Ayuntamiento de Burgos, Instituto Municipal de Cultura, 2003, p. 319).

11 COLLET, H. *Mémoires d'un musicien...*, p. 3. Le passage en italique est souligné par son auteur.

12 COLLET, H. *L'Île de Barataria*. Paris : Albin Michel, 1929, p. 29.

désolée par une catastrophe. Les cahots répétés du chemin de granit ajoutaient à la mélancolie du paysage dont la solitude s'interrompt à peine à l'apparition de quelques rares maisons blanches d'où émerge un campanile mutilé ![13]

Comme par un processus d'identification inconsciente aux artistes, penseurs et écrivains de ce que l'on a appelé la « Génération de 1898 »,[14] se comportant même véritablement comme l'un d'eux, Collet se plaît à décrire ces rudes paysages castillans, comme auraient pu les évoquer par exemple dans leurs écrits Miguel de Unamuno (1864-1936), Azorín (1873-1967) – pseudonyme de José Augusto Trinidad Martínez Ruiz – ou Antonio Machado (1875-1939), comme auraient pu encore les peindre Darío de Regoyos (1857-1913), Ignacio Zuloaga (1870-1945) ou Ricardo Baroja (1871-1953). Ainsi s'agit-il pour Henri Collet d'une géographie rattachée au vécu, au souvenir et à la réminiscence, premier regard rétrospectif, en quelque sorte, sur ses années de jeunesse passées en Espagne.

Vox populi[15]

L'appareil péritextuel[16] – j'entends ici tout ce qui ne concerne pas directement le texte musical à proprement parler, autrement dit l'ensemble des titres et sous-titres qui accompagnent l'œuvre – oriente assurément l'imaginaire

---

13 *Ibid.*, p. 95.
14 La bibliographie sur ce sujet est particulièrement abondante. Pour une vision synthétique de la question, on pourra notamment consulter CALVO CARILLA, J. L. *La cara oculta del 98 : Místicos e intelectuales en la España del fin de siglo (1895-1902)*. Madrid : Ediciones Cátedra, 1998 ; LAÍN ENTRALGO, P. *La generación del 98* (Collection « Austral », 405). Madrid : Editorial Espasa Calpe, 1/1947, 1997.
15 COLLET, H. *L'Essor...*, p. 15 : « Il a fallu bien des années pour que la voix du peuple, *vox populi*, devienne la voix divine, *vox dei*. »
16 Le péritexte (ou épitexte) – titre, sous-titre, quatrième de couverture, préface, épigraphe, dédicace, envoi, *etc.* – est l'une des déclinaisons du paratexte. Ces mots sont empruntés à la terminologie communément admise de la critique littéraire contemporaine (voir notamment GENETTE, G. *Seuils*. Paris : Seuil, 1987).

de l'auditeur de ce Quintette qui s'inscrit, de fait, dans une perspective d'ordre sémantique. En effet, c'est tout d'abord le titre général *Romería castellana* – véritable orientation de type programmatique – qui interpelle le mélomane et détermine au préalable son écoute. La langue de Cervantes est ici directement choisie, irrésistible appel d'un ailleurs exotique, séduisante invitation au voyage en terre espagnole. Pourtant, on est bien loin de l'expérience baudelairienne, toute en intériorité, faite d'imagination, de rêve et d'idéal. Collet nous invite plutôt à l'accompagner dans un voyage réel où, d'emblée, la destination géographique est annoncée : la Castille, berceau historique de la péninsule ibérique occupant une bonne partie de la *Meseta*, ce haut plateau central et aride cerné de massifs montagneux. Pour ce qui concerne le premier terme – *Romería* –, plus obscur aux yeux du non initié aux « *cosas de España* », aux « choses d'Espagne », Collet l'explicite à un deuxième niveau, entre parenthèses et en français cette fois-ci, en apportant la précision suivante : *Fête votive castillane*. La « feria » espagnole est donc bien de mise ici. Mais elle n'a pourtant plus rien à voir avec les voluptés de la *Feria* ravélienne de 1907 (n° 4 de la *Rapsodie espagnole*) ou encore avec l'explosion dionysiaque du *Matin d'un jour de fête* de l'*Iberia* debussyste de 1908 (n° 3 d'*Iberia*, 2ᵉ volet des trois *Images* pour orchestre). Dans son Quintette à vent, Collet se joint au peuple pour fêter un saint patron auquel est vouée la paroisse d'un village castillan. Ces *romerías* sont en effet très répandues sur l'ensemble du territoire espagnol, et plus particulièrement en Castille, jouissant d'une grande ferveur populaire. Elles consistent généralement en processions où sont exhibées, sur de lourds chars portés à même les épaules masculines, les statues et icônes du Christ, de la Vierge, des saintes et saints de l'église en question. Plusieurs de ces fêtes réservent un de leurs points forts à des moments champêtres, au beau milieu d'une prairie, où sont acheminées les statues, où l'on chante, danse, où l'on peut boire et manger, dans un subtil et troublant mélange de tradition catholique et de croyances païennes. Un quart de siècle plus tôt, le compositeur bordelais Raoul Laparra (1876-1943), ami d'Henri Collet, nous proposait déjà sa propre vision d'un épisode d'une *romería* au début du premier acte de son drame lyrique *La Habanera* créé à Paris, au théâtre national de l'Opéra-Comique le 26 février 1908 :

> Une grande salle dans un palais habité maintenant par des paysans. À droite, des marches de bois dégringolent dans l'ombre d'une trop large cage d'escalier. À gauche, une fenêtre haute, armée de battants épais, s'ouvre sur une place d'où montent les accents nasillards des *gaitas* de Castille (musettes castillanes), au milieu des rires, des sifflets, des appels d'une foule en liesse et de la joie des cloches. Sous un ciel vibrant, on aperçoit des maisons cuites de soleil où du peuple, sur les balcons, agite ses taches criardes parmi le pavoisement des loques vives. De ce même côté de la salle, il y a une porte basse, non loin de la rampe. Partout, un éparpillement de tables, de restes de victuailles, de vaisselles bousculées. Près de la fenêtre, quatre compères se sont attardés à boire et lutinent, au lever du rideau, une fille qui s'enfuit en poussant des cris de poule affolée.[17]

Ce caractère, à la fois populaire et religieux, se voit confirmé dans le Quintette de Collet par les titres qu'il donne à ses trois mouvements constitutifs : les deux premiers proposent en effet de se diriger « Vers la Ville Sainte » puis, dans un esprit de dévotion, de se joindre « Au pèlerinage » avant de se retrouver, pour le troisième et dernier volet de l'œuvre, « Sur la Pradera »[18] – c'est-à-dire sur la prairie évoquée un peu plus haut.

---

17 LAPARRA, R. *La Habanera*, drame lyrique en trois actes. Partition piano et chant réduite par l'auteur. Paris : Enoch & Cⁱᶜ, 1907, p. 20.

18 En 1937, Collet se dirigera à nouveau « *Hacia la Pradera* » [Vers la prairie] dans le quatrième et dernier mouvement de son quatuor à cordes, le *Quatuor castillan*.

Deux conceptions de l'Espagne se font donc ici pleinement jour, ouvrant ainsi de nouvelles perspectives dans le paysage de l'hispanisme musical français. L'évocation de l'Ibérie sous l'angle castillan témoigne tout d'abord de la volonté évidente du compositeur de se démarquer de l'image uniformément andalouse qui a fait les belles heures de l'hispanisme musical français au tournant des XIXᵉ et XXᵉ siècles. Laparra ne résumait-il d'ailleurs pas à merveille cet état de fait, en 1914, dans la préface de son copieux article « La musique et la danse populaires en Espagne » de l'*Encyclopédie* de Lavignac en écrivant que « l'on fit de l'Andalousie toute l'Espagne » ?[19] *Romería castellana* n'est d'ailleurs pas une exception dans la production musicale de Collet. La majorité de ses œuvres est en effet dédiée à la Castille, comme en témoignent, par exemple, les titres suivants : *El Escorial* (pour piano, 1910-1911), *Poème de Burgos* (pour violon et orchestre, 1912), *Chants de Castille* (pour piano, en deux recueils, 1920 et 1921), *Poema de un día – six mélodies castillanes* (pour voix et piano, 1920), *Castellanas* (pour quatuor à cordes avec piano, 1921), *Sonate castillane* (pour violon et piano, 1921), *Trio castillan* (pour violon, violoncelle et piano, 1921), *Cinco canciones populares castellanas* (pour voix et piano, 1923), *Danzas castellanas* (pour piano, 1924), *Rapsodie castillane* (pour alto ou violon et orchestre ou piano, 1925), *Sept chansons populaires de Burgos – Siete canciones populares de Burgos* (pour voix et piano, 1926), *Quatuor castillan* (pour quatuor à cordes, 1937). L'ami Laparra offrait d'ailleurs dans *Le Ménestrel*, en 1922, une saisissante et poétique synthèse : « [Collet] s'est enfermé en Castille comme dans un burg, fanatiquement, à tel point qu'il semble insensible, presque, aux beautés qui ne sont pas de ces plaines superbement hostiles, qui ne fleurent pas le mutisme de Las Huelgas ou l'automne au Parral. »[20]

---

19 LAPARRA, R. « La musique et la danse populaires en Espagne ». *Encyclopédie de la musique et dictionnaire du conservatoire*, dir. par A. Lavignac et L. de la Laurencie, première partie, vol. 4 (Espagne-Portugal). Paris : Librairie Delagrave, 1920, p. 2353.
20 LAPARRA, R. « Le Mouvement musical à l'Étranger – Espagne ». *Le Ménestrel*, 4481 (84ᵉ année, n° 11), 17-03-1922, p. 127.

Enfin, seconde originalité dans la coloration hispanique de son Quintette : Collet nous offre un véritable instantané de la vie du peuple de Castille, durant l'un des moments forts qui rythment l'existence, au jour le jour, des habitants anonymes de très nombreux villages castillans. Tout se passe comme si le compositeur s'inspirait directement d'un document ethnographique, comme si son œuvre musicale tentait de se faire le témoin des traditions populaires observées sur le terrain. Cette vision de l'Espagne, inconnue de la musique française de cette époque, serait à rapprocher, dans une certaine mesure, de la démarche d'un Béla Bartók, par exemple. Elle est en tout cas à rattacher à une conception régionaliste de la musique, du fait même de l'organisation du territoire espagnol en régions nettement différenciées, chacune ayant son identité culturelle propre. Ainsi, en viendrait-on presque à oublier l'*ingenioso hidalgo Don Quijote* devant ses moulins à vent et notre gitane Carmen dans sa manufacture de tabac à Séville.

Mais ce déplacement géographique – amorcé par le propre vécu de Collet ainsi que par la trace laissée dans son œuvre par le biais du paratexte – s'accompagne-t-il pour autant d'un renouveau du langage musical proprement dit, d'une mutation esthétique dans le paysage de l'hispanisme musical français ?

Une stylisation de l'*instrumentarium* populaire

L'évocation d'une banda *musicale*

Dans *Le Ménestrel* du vendredi 24 octobre 1924, quelques mois justement avant l'achèvement de sa *Romería castellana*, Collet faisait part de ses profondes convictions concernant le Quintette à vent, l'inscrivant dans une tradition somme toute récente en matière de constitution d'un répertoire spécifique mais augurant pour lui d'un bel avenir dans la musique « moderne » :

Je crois fermement pour ma part à la formation prochaine d'une littérature musicale pour instruments à vent. J'y crois, et je la désire d'autant plus ardemment que, faisant moi-même partie, en qualité de corniste, d'un quintette à vent, j'ai pu constater quelles immenses ressources offrait un tel assemblage aux compositeurs modernes, en même temps que je déplorais la pauvreté du répertoire qui nous est offert. Mais il nous suffisait de jouer tel quintette de Mozart ou de Rimsky, de Magnard ou d'Erwin Lendrai, ou encore le délicieux *Divertissement* de Roussel, pour nous imaginer que le fonds de la beauté musicale était inépuisable. Il nous suffisait d'apprendre que le *quintuor* de Schönberg allait paraître, pour nous figurer qu'enfin les compositeurs modernes comprennent l'importance que doit prendre désormais la *musique de chambre pour instruments à vent.*[21]

Certes, le Quintette à vent n'est pas à proprement parler représentatif de l'*instrumentarium* typiquement espagnol, tout au moins de prime abord : point de trace ici de guitares, de castagnettes ou de tambours de basque, incontournables marqueurs signalétiques de l'altérité espagnole. Après s'être rangé sous la bannière du titre accrocheur *Romería castellana* et avoir répondu à cette invitation au voyage vers le sud péninsulaire, l'auditeur est ainsi en droit de manifester une certaine déception par rapport à ses attentes et de reprocher au compositeur de n'avoir pas tenu sa promesse programmatique. L'horizon d'attente semble bien difficile à atteindre. Pour autant, Collet n'est pas maladroitement passé à côté des sèmes musicaux qui lui auraient permis d'évoquer dans son œuvre la couleur exogène méridionale. Sa démarche compositionnelle, pleinement consciente et esthétiquement revendiquée, tente de sensibiliser le public à une nouvelle conception musicale de l'Espagne, celle qu'il annonce justement en tête de son ouvrage : une Espagne *populaire* et *castillane*. Car

---

21 COLLET, H. « Cordes et vents ». *Le Ménestrel*, 4617 (86ᵉ année, nᵒ 43), 24-10-1924, p. 433.

les instruments à vent jouent en effet un rôle particulièrement important dans la musique traditionnelle castillane, comme le rappelle notamment Laparra dans son article de l'*Encyclopédie de Lavignac*.[22] Les instruments à vent les plus répandus sont les *dulzainas* ou *gaitas* – sortes de « musettes et hautbois rustiques » à la « sonorité aiguë et pénétrante » –, les « antiques *chirimías* » – « une espèce de compromis rustique entre le hautbois et la clarinette » – ainsi que les *bombardas* – anches doubles appartenant encore à la famille des hautbois. Ainsi, à travers l'*instrumentarium* « savant » du Quintette à vent, Collet tente, par l'utilisation qu'il en fait – nous y reviendrons un peu plus tard –, de styliser et de recréer ces « timbres populaires » typiques qui ont très certainement dû le marquer lors de ses pérégrinations en terre castillane en général, dans la région de Burgos en particulier.

Le compositeur convie ainsi notre imaginaire à s'évader de la salle de concert pour se diriger vers l'extérieur et se mêler à la procession d'une *romería* en suivant son itinéraire depuis la Ville Sainte jusqu'à la prairie – la *pradera* – aux alentours du village. Il rattache directement l'ensemble quintette à vent – en tant que formation instrumentale – à ses origines, à sa fonction première de musique de plein air qui renvoie par là même à la notion de musique populaire, à cette « musique naturelle » dont parle par exemple, en octobre 1920, le Gaditan Manuel de Falla.[23] Les *bandas* musicales, groupes composés de diverses combinaisons d'aérophones, sont répandues sur tout le territoire espagnol, sortant dans la rue pour la moindre manifestation festive, qu'elle soit de nature profane ou religieuse. On peut citer par exemple la *cobla*, de Catalogne, groupe de danseurs et d'instrumentistes s'illustrant notamment dans l'interprétation de la sardane. En janvier 1920, Collet montrait combien il était déjà sensible à ces sonorités populaires exclusive-

---

22 LAPARRA, R. *Encyclopédie*..., p. 2367.

23 FALLA, M. de. « Claude Debussy et l'Espagne ». Texte rétabli par J.-D. Krynen selon le manuscrit autographe de l'article publié dans la *Revue musicale* de décembre 1920. *Écrits sur la musique et les musiciens* (traduits et présentés par J.-D. Krynen). Arles : Actes sud, 1992, pp. 109 et 113.

ment constituées de vents et l'idée de composition de son Quintette devait inconsciemment commencer à germer en lui :

> Un orchestre sans cordes peut avoir une beauté antique, tel celui de la *cobla* catalane composé de douze instrumentistes jouant du *flubiol* (petite flûte à bec), de deux *tibles* (sortes de hautbois à forte sonorité), de deux *ténors* (cor anglais au timbre plus chaud et plus robuste que les nôtres), de deux *cornetins*, deux *trombons*, deux *fiscorns*, un *contrabaix* (contre-basse).[24]

Les instruments « classiques » constitutifs du Quintette à vent de Collet (flûte, hautbois, clarinette en *sib*, cor en *fa* et basson) font donc penser, par analogie, aux sonorités de ces ensembles à vent caractéristiques de la musique populaire espagnole en général, castillane en particulier. Ainsi, la formation du Quintette à vent sort-elle de son cadre traditionnellement savant par la connota-tion populaire que lui insuffle le compositeur français.

L'écriture instrumentale interne

Collet semble trouver dans sa composition l'application directe de ses conceptions esthétiques en matière de musique. Il s'explique plus précisément à ce sujet dans son article déjà cité, « Cordes et vents », paru dans *Le Ménestrel* du 24 octobre 1924 :

> Et quelle admirable école de composition que celle que nous dicte la quintuple voix des vents ! Ici, point de gri-sailles, d'envoûtements sensuels, de titillation de cordes, de remplissages fastidieux, d'arpèges écœurants, mais une musique saine, robuste, issue de la nature, fière ou rêveuse, héroïque ou tendre, joyeuse ou profonde. Une musique aux contours nets, toute en arêtes vives, à l'emporte-pièce. Une

---

24 COLLET, H. *Comœdia*, 2594, 23-01-1920.

musique où le *contrepoint* vivifiant est la loi, où l'*horizonta-lité* triomphe du vertical, où la ligne, la mélodie ne sauraient être absentes sans obliger des instruments disparates à s'unir en accords plaqués qui seraient une souffrance pour l'oreille.[25]

L'accent est ainsi mis par Collet sur la prééminence de la dimension horizontale du discours musical d'où se détache un goût prononcé pour des mélodies de style incisif et concis. Cette conception essentiellement mélodique de cette musique qu'il veut « saine, robuste, issue de la nature », de cette musique « aux contours nets, toute en arêtes vives, à l'emporte-pièce » n'est-elle justement pas à rattacher directement à l'esthétique de la musique populaire castillane ?

La texture générale du premier mouvement apparaît le plus souvent claire et aérée. Ses deux thèmes principaux circulent d'un instrument à l'autre, d'une manière relativement équili-brée, aucun d'eux n'étant relégué au second plan dans la prise respective de parole. Les entrées en imitation caractérisent plutôt le traitement polyphonique du premier élément théma-tique. Mais si Collet se plaît à jouer avec sa tête de quatre notes répétées et accentuées qui lui permet de se détacher aisément des autres voix, jamais il ne va plus loin que le simple exposé d'en-trées décalées de ce motif. On ne trouve ainsi aucune trace de travail contrapuntique à la rhétorique plus poussée et rigoureuse qui ferait plus ou moins penser à un *fugato*. Dès le tout début de l'œuvre, par exemple, Collet s'arrange pour diviser en deux parties égales la reprise de la carrure de huit mesures énoncée au hautbois dans son entier. Il distribue à la flûte ses quatre premières mesures tandis que la clarinette prend le relais dans les quatre dernières. Le fait que ce deuxième membre de phrase commence justement par la cellule initiale de quatre notes répétées, transposée une quarte juste inférieure, peut donner

---

25 COLLET, H. *Le Ménestrel*, 24-10-1924, p. 433.

l'illusion d'entrée fuguée d'une deuxième voix, illusion entre-
tenue par la « fausse » entrée du cor dans la mesure précédente
(mes. 12),[26] toujours sur la même tête de ce sujet virtuel (Ex.1).

Exemple 1 : Collet, *Romería castellana* op. 76, mouvement I (« Vers la Ville Sainte »), mesures 1 à 16

26 Les numéros de mesures correspondent à notre propre décompte des mesures
sur la partition inédite du manuscrit autographe (ACC). Ultérieurement dans notre
étude, nous désignerons les trois mouvements constitutifs du Quintette par des
chiffres romains et les numéros de pages correspondront également à la numérotation
des pages de ce même manuscrit autographe.

La trame du tissu sonore du deuxième mouvement « Au pèleri-nage », peut-être par l'évocation de son caractère religieux, apparaît en revanche beaucoup plus dense et resserrée. Le discours musical devient plus homophonique, plus vertical, en un mot : plus harmo-nique. Une impression de traitement en « bloc » sonore se dégage notamment de l'*Andantino* initial et du *Con moto* central. Pourtant, à y regarder de plus près, et bien qu'une ligne mélodique principale émerge généralement de l'édifice polyphonique, il s'avère que chaque voix a sa propre vie intrinsèque, présentant une réelle auto-nomie horizontale, un véritable intérêt mélodique. La dimension harmonique du discours vient donc à la rencontre de sa dimension contrapuntique, complémentarité dans le geste d'écriture qui n'est pas sans rappeler le caractère et le style musical du choral (Ex. 2).

Exemple 2 : Collet, *Romería castellana* op. 76, mouvement II (« Au pèlerinage »), mesures 1 à 12

On retrouve une synthèse de ces deux textures musicales – contrapuntique et harmonique – dans le dernier mouvement « Sur la Pradera ». Cet ultime volet du Quintette à vent confirme, plus particulièrement à deux reprises, l'attention que porte Collet à la diversité timbrique et à l'intérêt mélodique renouvelé de chaque partie instrumentale. Les mesures 53 à 64 présentent en effet une phrase mélodique de douze mesures très clairement construite en antécédent / conséquent, phrase qui reprend d'ailleurs, à quelques mutations près, l'idée initiale du deuxième mouvement que se partageaient le cor et le hautbois (voir Ex. 2). Le premier membre de phrase est distribué au trio flûte (rôle mélodique) / hautbois / clarinette tandis que, dans la seconde carrure, le trio change de configuration : clarinette (qui prend le relais de la flûte dans l'énoncé mélodique) / cor / basson (voir Ex. 3).

Exemple 3 : Collet, *Romería castellana* op. 76, mouvement III (« Sur la Pradera »), mesures 53 à 64

Toujours dans ce troisième mouvement, dans la continuité même de l'exemple 3, on rencontre une autre manifestation particulièrement significative de ce renouvellement des combinaisons de timbres. Dans un tempo *Jocoso* contrastant avec le *Lento* précédent, Collet réexpose en effet la polyphonie à deux voix qui ouvrait le Quintette (début du 1ᵉʳ mouvement) mais il prend soin d'en varier l'instrumentation : le couple flûte (thème) / hautbois (contre-chant) remplace désormais l'alliance initiale hautbois (thème) / basson (contre-chant) (voir 3ᵉ mouvement, *Jocoso vivo*, mes. 65-83).

Enfin, le compositeur a recours à certains procédés d'écriture qui lui permettent de rehausser musicalement la touche populaire de son Quintette. Les doublures à la tierce entre flûte et hautbois (I, p. 3 et III, p. 5), bien que minoritaires, sont toujours efficaces pour souligner le diatonisme et la simplicité des chants instrumentaux. Le premier mouvement offre deux exemples significatifs de la stylisation de ces résonances musicales d'essence populaire. Tandis que le cor *solo* reprend *marcato* et à la dominante (*ré* majeur) le thème B dans le *Stringendo sempre* de l'épisode central, la flûte, le hautbois (à la tierce inférieure de la flûte) et la clarinette (à la tierce inférieure du hautbois) jouent un contre-chant (Ex. 4, mes. 65-69). Il résulte de la superposition de ces trois lignes mélodiques une série de triades parallèles, à l'état fondamental, qui donne au passage une sonorité toute particulière, principalement dûe à l'ignorance volontaire des règles enseignées dans les traités d'harmonie et suggérant par là même l'aspect « brut » et « naturel » de la musique populaire. Enfin, dans une démarche absolument similaire, lorsque le basson *solo*, jusqu'alors momentanément délaissé, s'empare à son tour du thème, le ramenant au ton principal de *sol* majeur, les quatre autres instruments du Quintette s'installent pendant sept mesures sur une plage harmonique statique résultant d'un étagement de quartes et de quintes justes. Tout en mettant en valeur le chant du basson, cette disposition témoigne à nouveau d'un certain « archaïsme » qui vient styliser, selon la propre lecture de Collet, des sonorités de musique traditionnelle (Ex. 4, mes. 72-78).

Exemple 4 : Collet, *Romería castellana* op. 76, mouvement I (« Vers la Ville Sainte »), mesures 65 à 78

Idiomatismes hispanisants

Modalité

Si le langage rythmique de *Romería castellana* ne dévoile aucun marqueur significatif de l'altérité espagnole comme pourraient le faire, par exemple, le fameux triolet mélismatique de doubles croches venant ponctuer les fins de phrases mélodiques ou encore les rythmes de danses emblématiques que sont la *habanera*, le *bolero*, la *jota* ou la *seguidilla* – nouvelle tentative de Collet de se démarquer des poncifs de l'hispanisme musical issus de la tradition dix-neuviémiste –, les couleurs modales viennent en revanche apporter quelques touches discrètes d'hispanisme, dans un contexte éminemment tonal. Le premier mouvement « Vers la Ville Sainte » présente ainsi un exemple remarquable d'échelle mélodique à double seconde augmentée où ledit intervalle figure au milieu de chacun des deux tétracordes qui composent l'octave, c'est-à-dire entre les degrés mélodiques II-III et VI-VII (Ex. 5).

Exemple 5 : Échelle à double seconde augmentée sur *ré*

Très utilisée en Orient – au sens le plus large du terme – et parfois donc appelée aussi « échelle orientale »,[27] elle est porteuse d'une couleur exotique lorsqu'elle pénètre le répertoire savant de la musique occidentale du XIXᵉ siècle et de la première

---

27 Pour la distinguer notamment d'une autre échelle à double seconde augmentée (l'« échelle tzigane ») où les deux secondes augmentées s'inscrivent entre les degrés mélodiques III-IV et VI-VII. Voir GUT, S. « L'Échelle à double seconde augmentée : Origines et utilisation dans la musique occidentale ». *Musurgia (Analyse et Pratique Musicales)*, VII-2, 2000, pp. 41 et 47.

moitié du XXᵉ siècle : « exotisme et utilisation de la gamme à double seconde augmentée sont presque toujours inséparables » nous rappelle, à juste titre, le musicologue Serge Gut.[28] En 1914, Laparra la nommait quant à lui « gamme arabe » affirmant avec beaucoup de poésie, comme à l'accoutumée, que son caractère oriental

> [...] est frappant pour quiconque a voyagé dans la Méditerranée islamique. Du grouillement lumineux des marchés marocains s'élèvent d'analogues mélopées. En Grèce, la mer au bleu solide, les îles d'or exhalent des choses du même style, dans des allures que l'on retrouve encore en Turquie, sous l'ombre fraîche des platanes, aux comédies dansées des théâtres d'été.[29]

Quant à Collet, il reconsidère cette échelle dans le paysage musical espagnol, sans la rattacher pour autant, comme on a trop souvent coutume de le faire, aux seules franges méridionales de la Péninsule ibérique (notamment à la région d'Andalousie) ; il remarque au contraire l'étendue de son utilisation à travers l'ensemble des régions constitutives du territoire espagnol, précisant notamment que « la Castille même nous offre maint chant d'une couleur arabe ».[30] Sa présence dans son Quintette à vent – dédié à la Castille – apparaît donc comme une application, une mise en pratique, de son constat de nature musicologique.

L'échelle « à double seconde augmentée » de la *Romería castellana* apparaît entre les mesures 27 et 34 du premier mouvement « Vers la Ville Sainte » (Ex. 6). Polarisée sur un *ré* tenu en valeurs longues au hautbois, à la clarinette et au basson, elle est égrenée à la flûte et au cor (qui jouent à deux octaves d'intervalle l'une de l'autre) sur la totalité de ses degrés constitutifs.

---

28 *Ibid.*, p. 42.
29 LAPARRA, R. *Encyclopédie...*, p. 2354. Henri Collet fait également référence à la citation de son compatriote Laparra dans *L'Essor...*, p. 28.
30 COLLET, H. *Ibid.*

Durant quatre mesures (mes. 27-30), elle épouse le profil d'une pente descendante avant que la clarinette ne la reprenne en écho durant les quatre mesures suivantes (mes. 31-34). Lors de ces deux énoncés consécutifs, Collet nous propose deux arrangements différents de cette échelle. À sa première exposition, il se contente de l'accompagner par une simple note pédale (*ré*) tenue durant quatre mesures. À sa réexposition intégrale à la clarinette seule, il reprend la note pédale (*ré*) tenue au cor, au hautbois et à la flûte mais il demande cette fois-ci au basson de dérouler en mouvement contraire (ascendant) une échelle de *sol* sur *ré* : *ré* - *mi* bécarre - *fa#* - *sol* - *la* - *si* bécarre - *do* (bécarre) - *ré*.

Exemple 6 : Collet, *Romería castellana* op. 76, mouvement I (« Vers la Ville Sainte »), mesures 27 à 34

Ainsi, Collet se débarrasse-t-il dans ce passage de toute connotation harmonique, laissant les échelles modales se déployer dans leur seule dimension mélodique : les lignes horizontales ainsi tissées, dans la pureté de leur simple énoncé scalaire, assurent donc une prééminence contrapuntique au discours musical.

Deux cadences de type « andalou », particulièrement intéressantes par l'ambiguïté modale qu'elles engendrent l'une et l'autre, viennent encore souligner cette conception horizontale du discours musical à des moments-clés pourtant intimement liés à la dimension harmonique, c'est-à-dire à la verticalité, dans la rhétorique tonale. Dans la première cadence, à la fin du premier mouvement (Ex. 7), Collet opte pour une nouvelle disposition originale mettant en valeur les superpositions de quinte juste (entre le basson et le cor) et de quartes justes (entre la clarinette, le hautbois et la flûte). L'effet de cette disposition caractéristique est amplifié par le cheminement parallèle de ces intervalles d'une verticalité à l'autre, les quintes évoluant en mouvement contraire par rapport aux quartes.

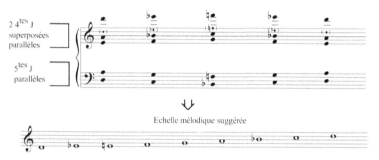

Exemple 7 : Collet, *Romería castellana* op. 76, mouvement I (« Vers la Ville Sainte »), mesures 79 à 83 (réduction)

Si l'on considère les quintes de la basse comme fondement de l'édifice harmonique, on est incontestablement en présence d'une cadence en *ré*. Cependant, la couleur dominante de « cadence andalouse » n'est justement pas donnée par la voix inférieure. En effet, au lieu de présenter l'intervalle caractéristique de seconde mineure descendante, la basse opère un mouvement ascendant de seconde majeure. C'est au contraire dans les étagements de quartes justes des trois voix supérieures qu'il convient de rechercher la chute signalétique de seconde mineure qui se décline, de façon autonome, à chacun des instruments aigüs : *mib-ré* à la flûte, *sib-la* au hautbois, *fa-mi* bécarre à la clarinette.

Il y a donc, en quelque sorte, prééminence de la ligne horizontale – et plus spécialement de la partie supérieure (flûte) – dans la définition de cette cadence. On note encore une ambiguïté dans la mobilité du IIe degré de l'échelle de *ré* (*mi* bécarre ou bémol) qui peut induire, de fait, une hésitation de perception auditive entre l'échelle de *la* sur *ré* (*ré-mi-fa-sol-la-sib-do-ré*) ou celle de *mi* sur la même finale *ré* (*ré-mib-fa-sol-la-sib-do-ré*).

On retrouve un autre exemple de cadence « andalouse » sur *ré*, assez similaire dans sa conception, dans le deuxième mouvement « Au pèlerinage », juste avant le *Da Capo* final (Ex. 8).

Echelle mélodique suggérée

Exemple 8 : Collet, *Romería castellana* op. 76, mouvement II (« Au pèlerinage »), mesures 105 à 107 (réduction)

La même progression de deux quintes consécutives ascendantes à la basse confirme bien, sans ambiguïté aucune, une cadence en *ré* (voir exemple 8, mes. 2-3). En revanche, aucune des cinq lignes mélodiques constitutives de la polyphonie ne présente l'intervalle caractéristique de l'échelle de *mi* venant colorer le pôle ainsi établi : la seconde mineure descendante. On note en effet une seconde majeure ascendante (*do-ré*) au basson et à la flûte, une nouvelle seconde majeure ascendante (*sol-la*) au cor et à la clarinette et une seconde augmentée ascendante (*mib-fa#*) au hautbois. La couleur de « mode andalou » est malgré tout suggérée puisqu'en ordonnant l'ensemble des hauteurs de cette cadence sous forme d'échelle, on aboutit à l'énoncé scalaire descendant suivant : *ré-do-sib-la-sol-fa#-mib-ré*. C'est donc la perception verticale générale qui prévaut ici sur la dimension horizontale – contrapuntique – du discours musical dans la définition de cette « cadence andalouse ».

Intertextualité et authenticité

De la même manière qu'il procède dans ses mélodies et ses chansons espagnoles pour voix et piano,[31] Collet puise une large part de son inspiration mélodique dans le folklore castillan, gage pour lui d'une certaine authenticité, comme s'il parvenait ainsi à saisir et à transmettre l'essence même de cette âme castillane. Le chansonnier de Federico Olmeda[32] joue à ce titre un rôle tout à fait essentiel, véritable fonds nourricier de sa muse inspiratrice. *Romería castellana* remet une nouvelle fois à l'honneur dans la musique de chambre de Collet le folklore castillan transcrit par son maître Olmeda avec qui, rappelons-le, il avait étudié dans sa jeunesse, à Burgos puis à Madrid, entre 1907 et 1909.[33] Ainsi, le premier mouvement « Vers la Ville Sainte » reprend-il le chant à danser *Al Agudo* « *Con el picotín* » n° 143[34] (*cf.* Ex. 9 avec

31 Voir notamment : ETCHARRY, S. « Les mélodies castillanes d'Henri Collet (1885-1951) : une approche originale de l'Espagne dans la musique française ». *La musique entre France et Espagne. Interactions stylistiques 1870-1939* (Collection « Musiques / Écritures »), édit. par L. Jambou. Paris : Presses de l'Université de Paris-Sorbonne, 2003, pp. 129-149.

32 OLMEDA, F. *Folk-lore de Castilla...*

33 Pour approfondir ce sujet, voir notamment : ETCHARRY, S. *Henri Collet (1885-1951), compositeur...*, pp. 123-137 ; *Ibid. Henri Collet, un étudiant français en Espagne* (Collection « Correspondance », dirigée par L. Florin). Lettres d'Henri Collet à Georges Baudin, choisies, présentées et annotées par S. Etcharry. [Montrem] : Les Amis de la musique française, 2005, 41 p. ; *Ibid.* « Un compositeur français face au folklore espagnol : Henri Collet (1885-1951) ». *L'Éducation musicale*, I-487, décembre 2001, pp. 11-13 ; II-488, janvier 2002, pp. 18-21 ; *Ibid.* « Hispanisme et intertextualité dans l'œuvre musicale d'Henri Collet (1885-1951) : nature, modalité, sémantique ». *Philomusica on-line*, 9-2 (en ligne <http://philomusica. unipv.it/index.php/phi>), Sezione III, Università degli Studi di Pavia – Facoltà di Musicologia. Crémone : Pavia University Press, 2010, pp. 1-18.

34 La numérotation et la pagination sont celles de l'édition originale du chansonnier d'Olmeda, reprises dans l'édition fac-similé de 1992 (voir ci-dessus).

Ex. 1 de Collet), tandis que la cellule rythmique introductive du deuxième thème exposé au ton homonyme de *sol* majeur (*Deciso*, partie de hautbois, mes. 47 ; puis hautbois + flûte, mes. 55 ; puis cor, mes. 63 ; et enfin basson, mes. 72) s'inspire pour sa part de l'*Entradilla* n° 271 (*cf.* Ex. 10 avec Ex. 4 de Collet, *Vivo*, partie de basson).

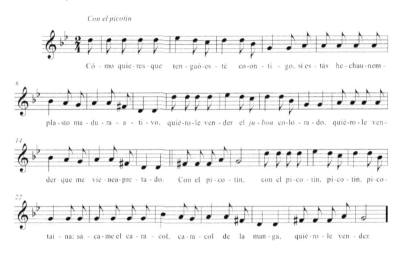

Exemple 9 : Olmeda, *Folklore de Burgos*, n° 143

Exemple 10 : Olmeda, *Folklore de Burgos*, n° 271

Comme le montrent ces deux exemples musicaux, Olmeda opte dans son chansonnier pour une présentation monodique de ces airs populaires, refusant de les dénaturer en les habillant d'une parure harmonique, au contraire, par exemple, de Felipe Pedrell (1841-1922) dans son fameux *Cancionero musical popu-*

lar español[35] dans lequel le Catalan propose un « enrobage » musical aux thèmes populaires originels, trahissant ainsi une lecture artistique – et donc personnelle – du folklore espagnol.

Quant au deuxième mouvement « Au pèlerinage », il s'ouvre sur un thème d'essence populaire qui reprend le début – les douze premières mesures – du chant à danser *Al Agudo* nº 171 du *Cancionero* d'Olmeda (Ex. 11). Le cor en *fa* joue le premier membre de phrase de six mesures tandis que le hautbois prend son relais en énonçant le deuxième membre de phrase conclusif, comptant lui aussi six mesures (*cf.* Ex. 2 de Collet).

Exemple 11 : Olmeda, *Folklore de Burgos*, nº 171

Formes additives et procédés cycliques

Jouant à fond la carte de la couleur populaire dans sa musique, Collet prend bien soin d'éviter de verser sa pâte sonore dans les moules préétablis des grandes formes classiques et romantiques qui viennent traditionnellement organiser – et même si elles intègrent parfois en leur sein des marques certaines d'évolution – les œuvres de musique de chambre en général, françaises en particulier, encore dans cette première moitié du XXᵉ siècle. Car ce caractère de clarté – que Collet rattache ici à la vigueur de la sève musicale populaire – qui le préoccupait tant dans la gestion des lignes mélodiques de son

---

35 PEDRELL, F. *Cancionero musical popular español*, 4 vols. Valls : Eduardo Castells, 1917-1922.

Quintette à vent, mais aussi dans les emprunts thématiques fidèles au fonds populaire castillan, il souhaite également le retrouver au niveau de l'articulation formelle. C'est, dans une sorte de négatif, ce qui ressort de sa critique à l'encontre de ce « thème abstrait » – autrement dit surgi de l'imagination d'un compositeur et non de l'âme du peuple qui, lui, « vit » ce « thème » musical, au jour le jour, par son chant immémorial et intergénérationnel – qui serait ensuite soumis à des « combinaisons formelles » préconçues puis trop savamment développé – « malaxé », écrit-il ! – et qui, du coup, diluerait son identité nationale pourtant profondément enracinée dans un terroir :

> Pour un musicien, la musique ne saurait avoir une étiquette nationale. Il n'est que la musique tout court, avec ses lois et ses formes élaborées patiemment à travers les siècles. Et, cependant, l'on peut prétendre que la musique ainsi considérée aboutit fatalement à une impasse. Du moment que la matière musicale est destituée de tout coloris particulier et offerte à quiconque, l'on devine qu'avec l'énorme concurrence des artisans internationaux, cette matière s'épuise en soi après s'être tarie dans les combinaisons formelles auxquelles elle se trouve soumise. Un thème abstrait en son dessin, malaxé par un symphoniste averti, s'étiole comme une plante de serre, et ses bouffissures ne peuvent donner l'illusion de la santé véritable. Son parfum s'évade des fioles les plus hermétiques. Au bout de quelques années, la symphonie savante apparaît avec toutes ses rides, irrémédiablement désuète. Ainsi de Beethoven, de Mendelssohn, de Schumann, de Franck.[36]

Dans son Quintette, Collet bannit toute notion de développement au profit d'un esprit rapsodique constant. Les architectures mises en œuvre au sein de chacun des trois mouvements de la

---

36 COLLET, H. *L'Essor...*, p. 7.

Romería castellana proposent donc plutôt des formes « additives » qui procèdent par juxtaposition de sections thématiques contrastantes, comme que le laissent apparaître les trois tableaux qui suivent (voir Tab. 1, 2 et 3). Le premier mouvement est une claire forme tripartite A-B-A' où le thème propre à chacune des trois sections reste inexorablement en *sol* (mineur pour les deux volets extrêmes A et A' et majeur pour la partie centrale B). Seules les deux transitions – séparant A de B, puis B du retour de A' – affichent un caractère moins stable en quittant la tonique pour se fixer, dans les deux cas, sur la dominante du ton principal.

A		B		A'
Jocoso		*Deciso*		*Jocoso*
Thème 1	Transition motif « a »	Thème 2	Transition motif « b »	Thème 1 *Da Capo*
Hb. / Fl.		Hb. / Fl. + Hb. / Cor / Bn.		Hb. / Fl.
1-26	27-46	47-78	79-93	[1-26] + 2 mes.
26 mes.	20 mes.	32 mes.	15 mes.	28 mes.
sol	V de *sol*	SOL	V de *sol*	*sol*

Tableau 1 : Collet, *Romería castellana* op. 76, mouvement I (« Vers la Ville Sainte » – plan structurel)

Le deuxième mouvement combine tout à la fois une forme en arche et, grâce au retour régulier du « thème-refrain » A, une forme rondo, aboutissant au schéma structurel suivant : A-B-A'-C-A'-B'-A. On peut toutefois nuancer cette évacuation consciente du développement dans l'agencement formel élaboré par Collet puisque son deuxième mouvement renvoie, à de multiples reprises, à des principes de variance (transformations intervalliques, condensés rythmiques) qui, sans aller jusqu'à un processus développant pleinement assumé, témoignent cependant de son intérêt pour les potentialités musicales que portent en eux les thèmes sur lesquels il s'appuie et confèrent, dans le même temps, un caractère unitaire au mouvement.

A	B		A'		C	A'
Andantino					Con moto	Lento
Th. 3	motif « c1 »	motif « c2 »	Th. 3 condensé		Th. 4	Th. 3 condensé
Cor / Hb.	Fl.	Hb. / Fl.		Bn. / Fl. / Cl. / Bn.	Fl.	Cl. / Bn. / Cl.
1-12	13-19	20-22	23-26	27-38	39-51	52-60
12 mes.	14 mes.			12 mes.	13 mes.	9 mes.
sol / SOL			sol / SOL	si / RÉ / MI / DO#	FA	FA / ré / V de SI b

B'					A
[Lento]			Con moto		Andantino
	motif « c1 »	motif « c2 »	à partir de motif « c2 »	nouvelle transformation du motif « c2 »	Th. 3 Da Capo
	Tutti	Hb. / Cl. / Bn. / Fl. / Hb.	Hb. / Cor / Cl. / Fl. / Tutti	Hb. / Cor / Fl. / Tutti	Cor / Hb.
61-62	63-65	66-73	74-93	94-107	1-12 [= 108-119]
13 mes.			20 mes.	14 mes.	12 mes.
(DO)			V de do	cadence andalouse sur ré (=> V de sol)	sol / SOL

Tableau 2 : Collet, *Romería castellana* op. 76, mouvement II (« Au pèlerinage » – plan structurel)

Quant au troisième et dernier volet « Sur la Pradera », il reprend les principes mis en œuvre dans le précédent (forme en arche et retour d'un épisode refrain) tout en jouant d'une part sur la complexification de sa structure rapsodique (il rajoute en effet une cinquième section thématique « E ») et, d'autre part, sur l'irrégularité des retours des thèmes et des motifs. Il en résulte un schéma structurel du type A-B-C-D-A'-E-D'-B'-C'-A" où la section E représenterait le centre d'une forme en arche (le A' « refrain » venant s'immiscer entre D et E, dans le déroulement linéaire qui voit se succéder et se juxtaposer les différents épisodes thématiques de ce véritable « patchwork ») et où le repli de la forme sur elle-même attendu par rapport à l'axe de symétrie E (D'-C'-B'-A") verrait la permutation des segments C' et B'.

A			B		C	D	A'
Allegro vivo			Lento		Accelerando	Jocoso vivo	A tempo
Th. 5	échelle descendante	motif « d »	Tête Th. 2 (I)	Th. 2 tronqué	Rappel Th. 3 (II)	Retour Th 1 (I)	Th. 5
Fl. (+ Tutti)	Fl. (+ Tutti)	Fl.	Bn. / Hb.	Cor	Fl. / Cl.	Fl. / Cl. / Hb. / Cor / Bn.	Fl. (+ Tutti)
1-15	16-24	25-41	42-47	48-52	53-64	65-83	84-98
15 mes.	9 mes.	17 mes.	11 mes.		12 mes.	19 mes.	15 mes.
V de SOL				sol (cad. andalouse sur ré)	sol	Sol => V de SOL	V de SOL

E		D'	B'	C'	A"
Calando	Stringendo	Cantando		Andante subito	A tempo (calando)
motif « e »	motif « f »	Retour Th 1 (I) : var. ryth. + majeur	Tête Th. 2 (I)	Rappel Th. 3 (II)	Th. 5 (Tutti) + tête Th 1 (I) au Bn. puis tête Th. 3 (II) transformé au Bn.
Fl.	Fl.	Cor + Cl. / Fl.	Cor / Bn. / Fl.	Cl. / Fl. / Hb. / Cor / Bn.	Tutti avec Bn. soliste
99-106	107-114	115-140	141-148	149-168	169-193
8 mes.	8 mes.	26 mes.	8 mes.	20 mes.	25 mes.
V de SOL	SOL	DO	DO	FA DO (163)	SOL (V IV / I => cadence plagale)

Tableau 3 : Collet, *Romería castellana* op. 76, mouvement III (« Sur la Pradera » – plan structurel)

Dans un souci d'unification cyclique – qui manquait peut-être jusqu'alors à son Quintette à vent –, le troisième et dernier mouvement « Sur la Pradera » apparaît comme une sorte de récapitulation générale, de grande réexposition à l'échelle de l'œuvre dans son ensemble, qui voit triompher le principe rapsodique. On y décèle en effet une profusion de rappels thématiques provenant tout aussi bien du premier mouvement (voir Tab. 3, sections B, D puis D', B' et A") que du deuxième (voir Tab. 3, sections C, C' et A"). Au-delà de pures préoccupations d'unité formelle, on peut livrer une lecture d'ordre sémantique de ce réseau de retours thématiques ainsi constitué, renvoyant aux propos liminaires de la présente étude : l'essence religieuse de cette fête votive castillane confine à une explosion dionysiaque où la prière et le recueillement atteignent une nouvelle dimension de ferveur, cette fois dans la liesse populaire.

De la couleur espagnole... au style français

La *Romería castellana* d'Henri Collet dévoile ainsi une image musicale alternative dans le paysage de l'hispanisme musical français de ce premier quart du XXe siècle, *quasi* univoquement orienté vers l'Andalousie et ses clichés rebattus pour la majorité des autres musiciens français ayant chanté les sortilèges espagnols. Le compositeur choisit en effet de nous faire découvrir les hauts plateaux arides de Castille et la musique traditionnelle de son peuple, lors d'une fête religieuse. Et le Quintette à vent ne se résume semble-t-il pas pour lui à un simple passage obligé dans l'exploration de la diversité des combinaisons instrumentales que propose le répertoire de musique de chambre. Replacée dans un tel contexte hispanisant, et à côté des marqueurs musicaux plus communément répandus pour évoquer l'Espagne (modalité, emprunts mélodiques, instrumentation), cette formation prend donc chez Collet une couleur et un sens particuliers puisqu'elle tente de styliser l'*instrumentarium* populaire de cette région centrale de la Péninsule ibérique.

Dans le même temps, derrière le décor dépaysant de cette fête votive castillane – premier niveau de lecture et d'écoute de l'œuvre –, le Quintette pour instruments à vent de Collet ne vient-il pas également à la rencontre, en quelque sorte, d'une certaine esthétique française, celle prônée en 1918 par Cocteau dans *Le Coq et l'Arlequin* ? Certains aphorismes de son manifeste semblent en effet entrer en résonance parfaite avec les propres conceptions musicales colletiennes. Citons, parmi les plus significatifs :

> La simplicité qui arrive en réaction d'un raffinement relève de ce raffinement ; elle dégage, elle condense la richesse acquise.[37] [...] Le public, rompu aux surcharges, méconnaît les œuvres dépouillées.[38] [...] En musique la ligne c'est la mélodie.[39] [...] Assez de nuages, de vagues, d'aquariums, d'ondines et de parfums la nuit ; il nous faut une musique sur la terre, *une musique de tous les jours.*[40] [...] On peut espérer bientôt un orchestre sans la caresse des cordes. Un riche orphéon de bois, de cuivres et de batterie.[41]

Or, le 16 janvier 1920, dans son article de *Comœdia* déjà maintes fois cité,[42] Collet considère que le « renouveau de la musique française » doit inévitablement passer « par un magnifique et volontaire retour à la simplicité ». Comme dans l'opuscule de Cocteau, ce sont les mots « simple », « net » et « lumineux » qui reviennent le plus souvent sous sa propre plume. Dans son second article du 23 janvier, résumant les traits saillants de l'esthétique musicale du Groupe des Six, il rappelle encore :

> C'est une entière satisfaction pour l'intelligence que ces œuvres de dimensions et de caractères distincts, où rien n'est inutile, où tout est clair, où l'on perçoit l'ordonnance des motifs et de leurs enchaînements avec une aisance que

---

37 COCTEAU, J. *Le Coq...*, p. 43.
38 *Ibid.*, p. 72.
39 *Ibid.*, p. 59.
40 *Ibid.*, p. 61.
41 *Ibid.*, p. 65.
42 COLLET, H. « Un livre de Rimski et un livre de Cocteau : les Cinq Russes, les Six Français et Erik Satie ». *Comœdia...*

l'on n'éprouve jamais devant la belle polyphonie impressionniste. Les mélodies sont en général d'un style ramassé, d'un saisissant raccourci. Ce n'est que substance. La sauce est dédaignée. Les pièces polyphoniques ne délaient point les thèmes, mais les représentent en un morcellement d'une extrême diversité.[43]

L'ensemble de ces caractéristiques musicales ne peuvent-elles finalement pas s'appliquer à l'esthétique qui émane du Quintette à vent de Collet ? Ainsi, dépassant le paradoxe soulevé en introduction de la présente étude, l'interprétation de la *Romería castellana* dans le cadre du concert en hommage à Cocteau prenait-elle donc tout son sens, au-delà même du simple rôle joué par Collet dans la réunion de six compositeurs de l'avant-garde musicale française de l'entre-deux-guerres. Car derrière l'Espagne pointe bel et bien la France.

* * *

Compuesto en París entre las dos guerras mundiales, una docena de años después de sus estancias de estudios en España, el Quinteto para instrumentos de viento de Henri Collet (1885-1951) hizo penetrar la música popular ibérica en el repertorio culto de la música de cámara francesa. Pero, al igual que la mayor parte del catálogo de Collet, la obra se centra en Castilla –región central de la Península– e intenta revelar otra imagen de España, al margen de los habituales tópicos andaluces. Una mirada casi «etnográfica», la estilización de un conjunto para viento tradicional, la presencia de giros modales, los préstamos al folklore castellano original y la utilización de la forma rapsódica, son los principales procedimientos empleados por el compositor para conseguir una expresión renovada –desde un punto de vista francés– del hispanismo musical.

43 *Ibid.* « Les Six Français : Darius Milhaud, Louis Durey, Georges Auric, Arthur Honegger, Francis Poulenc et Germaine Tailleferre ». *Comœdia...*

Composed in Paris between the two World Wars, about a dozen years after his study visits to Spain, the Wind Quintet of Henri Collet (1885-1951) made the Iberian popular music penetrate into the French chamber music repertoire. But, like the major part of Collet's catalogue, this work is focused on Castile – central region of the Iberian Peninsula – and tries to unveil some other image of Spain, away from the usual Andalusian clichés. An almost «ethnographical» view, the stylization of a traditional wind ensemble, the use of modal turns, the borrowing of original Castilian folklore, and the reflecting on the rhapsodic form are the main processes applied by the composer in order to achieve – from a French point of view – a renewed expression of musical hispanicism.

Écrit à Paris dans l'entre-deux-guerres, une douzaine d'années après ses séjours d'études en Espagne, le Quintette à vent d'Henri Collet (1885-1951) fait pénétrer la musique populaire ibérique au sein du répertoire savant de la musique de chambre française. Mais, comme la majorité du catalogue de Collet, l'œuvre se focalise sur la Castille – région centrale de la Péninsule – et tente de dévoiler une autre image de l'Espagne, en marge des clichés le plus souvent andalous. Un regard presque « ethnographique », la stylisation d'un ensemble à vent traditionnel, l'utilisation de tournures modales, l'emprunt au folklore castillan original, et la réflexion sur la forme rapsodique sont autant de procédés mis en œuvre par le compositeur pour tenter d'aboutir à une expression renouvelée de l'hispanité musicale.

Bibliografía

AGUADO SÁNCHEZ, E. «El repertorio interpretado por la Sociedad de Cuartetos de Madrid (1863-1894)». *Música. Revista del Real Conservatorio de Música de Madrid*, 7, 8 y 9, 2000-2002, págs. 27-140.

ALEMANY i MOYA, J. *Retrat Eduard Toldrà y Soler*. Vilanova i la Geltrú: Ajuntament de Vilanova i la Geltrú, 1999.

ALONSO, C. «Nacionalismo». *Diccionario de la música española e iberoamericana*, vol. 7, edit. por E. Casares. Madrid: ICCMU, 2000, págs. 924-944.

ALONSO, C. [et al.]. *Creación musical, cultura popular y construcción nacional en la España contemporánea*. Madrid: ICCMU, 2010.

ALONSO, M. *Catálogo de obras de Conrado del Campo*. Madrid: Fundación Juan March, 1986.

ALTEN, M. «Les compositeurs français et le folklore: l'originalité de Maurice Emmanuel». *Maurice Emmanuel, compositeur français*, dir. por S. Douche. Praga: Bärenreiter, 2007, págs 97-107.

ANDRÉS VIERGE, M. *Fernando Remacha. El compositor y su obra*. Madrid: ICCMU, 1998.

---. «Fernando Remacha Villar (1898-1984). 6 claves sobre su vida y obra». *Cuadernos de Música*, 5, 1998, págs. 23-40.

ANSORENA, J. L. «La tambaleante historia de las orquestas en San Sebastián». *Txistulari*, 138, 1989, págs. 8-9.

ARCHET. «León. Sociedad de Conciertos». *Revista Musical*, 2, febrero de 1909.

ARDAVÍN, C. X. «Eugenio d'Ors entre nosotros». *Oceanografía de Xènius. Estudios críticos en torno a Eugenio d'Ors*, edit. por C. X. Ardavín, E. E. Merino y X. Pla. Kassel: Reichenberger, 2005, págs. 1-21.

ARRIAGA, E. de. *El Cuarteto: su origen, desarrollo, y encantos, conferencia con ejemplos dada en el Círculo de Bellas Artes y Ateneo de Bilbao el miércoles 5 de Abril de 1916*. Bilbao: Garmendia y Viciola Impresores, [s.f.].

AVIÑOA, X. *Història de la Música Catalana, Valenciana i Balear, IV: del Modernisme a la Guerra Civil (1900-1939)*. Barcelona: Edicions 62, 1999.

AYATS, J. «Sardana». *Diccionario de la música española e hispanoamericana*, vol. 9, edit. por E. Casares. Madrid: ICCMU, 2002, págs. 832-833.

BAGÜÉS ERRIONDO, J. *Ilustración musical en el País Vasco*. Donostia-San Sebastián: Real Sociedad Bascongada de Amigos del País, 1990-1991.

BARR, C. «The Musicological Legacy of Elizabeth Sprague Coolidge». *The Journal of Musicology*, 11-2, (spring) 1993, págs. 250-268.

BARROSO, M. H. «El cuarteto de cuerda y el Cuarteto Español». *Revista Musical*, 7, julio de 1911.

BELAUSTEGUI, J. J. «Los cuartetos de Arriaga. Estudio crítico». *Euskal-Erria*, 58, 1908, págs. 312-316.

BEMPÉCHAT, A.-P. *Jean Cras: Polymath of music and letters*. Farnham: Ashgate, 2009.

BENITO, E. de. «Las Sociedades Filarmónicas en España». *Revista Musical*, 3, marzo de 1909.

BERGADÀ, M. «Hispanisme». *Dictionnaire de la musique en France au XIXᵉ siècle*, dir. por J.-M. Fauquet. París: Fayard, 2003, págs. 594-595.

BOURION, S. *Le style de Claude Debussy. Duplication, répétition et dualité dans les stratégies de composition*. París: Vrin, 2011.

BREIG, W. «Bach-Familie. V. Einzeldarstellungen. 5. Johann Sebastian». *Die Musik in Geschichte und Gegenwart*, Personenteil 1, edit. por L. Finscher. Kassel [et al.]: Bärenreiter, ²1999, cols. 1397-1535.

BU-HAR. «Gijón». *Revista Musical*, 3, marzo de 1912.

CABOT, J.; BOADA, P. «Fundació Concepció Rabell i Cibils (Vda. Romaguera). Premis Musicals». *Revista Musical Catalana*, 193-197, enero a mayo de 1920, págs. 32-34.

CÁCERES-PEÑUEL, M. «'Una posturita estética que no representa sino un frenazo'». *Los señores de la crítica. Periodismo musical e ideología del modernismo en Madrid (1900-1950)*, edit. por T. Cascudo y M. Palacios. Sevilla: Doble J, 2012, págs. 255-277.

CALDWELL, J. «Canzona». *The New Grove Dictionary of Music and Musicians*, vol. 5, edit. por S. Sadie. Londres, Nueva York: Macmillan Publishers, ²2001, págs. 75-78.

CALMELL, C. *Eduard Toldrà, compositor*. Tesis doctoral, Universitat de Barcelona, 1991.

CALMELL, C.; GARCÍA ESTEFANÍA, A. *Eduard Toldrà. Catálogos de Compositores*. Madrid: Fundación Autor, 1995.

CALMELL, C. «Toldrà, Eduard». *Diccionario de la música española e hispanoamericana*, vol. 10, edit. por E. Casares. Madrid: ICCMU, 2002, págs. 318-321.

---. «Un ideari per a la música del nou-cents». *Recerca Musicològica*, 14-15, 2004-2005, págs. 87-106.

CALVO CARILLA, J. L. *La cara oculta del 98: Místicos e intelectuales en la España del fin de siglo (1895-1902)*. Madrid: Ediciones Cátedra, 1998.

CAPDEVILA, M.; CALMELL, C. *Eduard Toldrà* (Col·lecció «Compositors Catalans», 5). Barcelona: Boileau, 1995, págs. 132-143.

CARBÓ, F.; SIMBOR, V. *Literatura catalana del siglo XX*. Madrid: Síntesis, 2005.

CASCUDO, T.; PALACIOS, M. (eds.). *Los señores de la crítica. Periodismo musical e ideología del modernismo en Madrid (1900-1950)*. Sevilla: Doble J, 2012.

CASCUDO, T.; GAN QUESADA, G. (eds.) *Palabra de crítico. Estudios sobre música, prensa e ideología*. Sevilla: Doble J, 2014.

CASELLA, A. «Il linguaggio di G. F. Malipiero». *La Rasségna Musicale* (numero commemorativo), febrero-marzo 1942, reproducido en SCARPA, G. (ed.). *L'opera di Gian Francesco Malipiero: saggi di scrittori italiani e stranieri, con una introduzione di Guido M. Gatti*. Treviso: Edizioni di Treviso – Libreria Canova, 1952, págs. 127-132.

CASTRO Y SERRANO, J. de. *Los Cuartetos del Conservatorio. Breves consideraciones sobre la música clásica*. Madrid: Centro General de la Administración, 1866.

CHAVARRIA, X. «Eduard Toldrà. El noucentisme fet música (II)». *Serra d'Or*, 622, octubre de 2011, págs. 53-56.

COCTEAU, J. *Le Coq et l'Arlequin* [1918]. Préface de G. Auric [1978]. París: Stock Musique, 1979.

---. *Lettre autographe manuscrite à Henri Collet*, 19-01-1920 (París, Archives privées Clostre-Collet, dossier «Groupe des Six»).

COLLET, H. «La musique espagnole moderne (1re partie)». *S.I.M.*, IV-3, 15-03-1908, págs. 272-290.

---. «Nécrologie. D. Federico Olmeda». *Bulletin français de la Société Internationale de Musicologie*. París, 1909.

---. «Espagne. Le XIXe siècle. Deuxième partie: la renaissance musicale [noviembre 1919]». *Encyclopédie de la musique et dictionnaire du conservatoire*, dir. por A. Lavignac y L. de la Laurencie, I, vol. 4 (Espagne-Portugal). París: Librairie Delagrave, 1920, págs. 2470-2484.

---. «Un livre de Rimski et un livre de Cocteau: les Cinq Russes, les Six Français et Erik Satie». *Comœdia*, 2587, 16-01-1920.

---. «Les Six Français: Darius Milhaud, Louis Durey, Georges Auric, Arthur Honegger, Francis Poulenc et Germaine Tailleferre». *Comœdia*, 2594, 23-01-1920.

---. «Le crépuscule des Six». *Comœdia*, 3312, 09-01-1922.

COLLET, H.; LAPARRA, R. «Cordes et vents». *Le Ménestrel*, 4617 (año 86, n.º 43), 24-10-1924, pág. 433.

COLLET, H. *L'Essor de la musique espagnole au XXe siècle*. París: Éditions Max Eschig, 1929.

---. *L'Île de Barataria*. París: Albin Michel, 1929.

---. *Mémoires d'un musicien*. Manuscrito autógrafo, vol. 1 (París, Archives privées Clostre-Collet, dossier «Groupe des Six»).

COMADIRA, N. *Forma i prejudici: papers sobre el Noucentisme*. Barcelona: Editorial Empúries, 2006.

CRIVILLÉ i BARGALLÓ, J. *El folklore musical* (Historia de la música española 7, edit. por P. López de Osaba). Madrid: Alianza Editorial S.A., 1983, 1988.

---. *Música tradicional catalana I. Cançons Narratives*. Barcelona: Clivis, 2007.

DAHLHAUS, C. «Musical prose». *Schoenberg and the New Music*, trad. D. Puffet y A. Clayton. Cambridge: CUP, 1987, págs. 105-119.

DANUSER, H. [et al.] (eds.). *Igor Strawinsky – Trois pièces pour quatuor à cordes: Skizzen, Fassungen, Dokumente, Essays. Festgabe für Albi Rosenthal zum 80. Geburtstag*. Basilea: Paul Sacher Stiftung / Winterthur: Amadeus Verlag, 1994.

DEBUSSY, C. *Monsieur Croche et autres écrits* (Introduction et des notes de F. Lesure. Édition revue et augmentée). París: Gallimard, 1987.

DÍAZ MORLÁN, I. *La canción para voz y piano en el País Vasco, 1870-1939*. Madrid: Bubok, 2013.

DOÉ DE MAINDREVILLE, F. *Les quatuors à cordes français joués à la Société Nationale entre 1887 et 1910*. Tesis doctoral, Université de Paris-Sorbonne, 2004.

DUKAS, P. *Chroniques musicales sur deux siècles 1892-1932* [1948]. Préface de J.-V. Richard. París: Stock, 1980.

ELÍAS, A. «Bilbao. Sociedad de Música Clásica». *Revista Musical*, 12, diciembre de 1913.

EMMANUEL, M. *XXX chansons bourguignonnes du pays de Beaune, précédées d'une étude historique*. París: Durand, 1917.

ETCHARRY, S. «Un compositeur français face au folklore espagnol : Henri Collet (1885-1951)». *L'Éducation musicale*, I-487, diciembre de 2001, págs. 11-13; II-488, enero de 2002, págs. 18-21.

---. «Les mélodies castillanes d'Henri Collet (1885-1951) : une approche originale de l'Espagne dans la musique française». *La musique entre France et Espagne. Interactions stylistiques 1870-1939* (colección

«Musiques / Écritures»), edit. por L. Jambou. París: Presses de l'Université de Paris-Sorbonne, 2003, págs. 129-149.

---. *Henri Collet (1885-1951), compositeur : un itinéraire singulier dans l'hispanisme musical français*. Tesis doctoral, Université de Paris-Sorbonne, 2004 (microficha: Atelier National de Reproduction des Thèses, Université de Lille III, código 1054.42528/04, ISSN: 0294-1767).

---. *Henri Collet, un étudiant français en Espagne* (colección «Correspondance» dir. por L. Florin; lettres d'Henri Collet à Georges Baudin, choisies, présentées et annotées par S. Etcharry). [Montrem]: Les Amis de la musique française, 2005.

---. «Hispanisme et intertextualité dans l'œuvre musicale d'Henri Collet (1885-1951) : nature, modalité, sémantique». *Philomusica on-line*, 9-2 [en ligne <http://philomusica.unipv.it/index.php/phi>], Sezione III, Università degli Studi di Pavia – Facoltà di Musicologia. Cremona: Pavia University Press, 2010, págs. 1-18.

FALLA, M. *Escritos sobre musica y músicos*. Introducción y notas de F. Sopeña. Madrid: Austral, 1988.

---. *Ecrits sur la musique et sur les musiciens*, trad. del español y presentación francesa por J.-D. Krynen. Arles: Actes Sud, 1992.

FAUQUET, J.-M. *Les sociétés de musique de chambre à París de la Restauration à 1870*. París: Aux Amateurs de livres, 1986.

FERNÁNDEZ DE PINEDO, E.; HERNÁNDEZ MARCO, J. L. (eds.). *La industrialización del norte de España (Estado de la cuestión)*. Barcelona: Crítica, 1988.

FERNÁNDEZ DURÁN, D. *Sistemas de organización melódica en la música tradicional española*. Tesis doctoral, Universidad Complutense de Madrid, 2008 (publicada en CD-Rom, 2009).

FERNÁNDEZ-CID, A. *Eduardo Toldrà*. Madrid: Servicio de Publicaciones del Ministerio de Educación y Ciencia, 1977.

FISCHER, M. «Le Quatuor à cordes en sol mineur de Claude Debussy. De la contraction formelle à la polyvalence de l'idée génératrice». *Musurgia (Analyse et Pratique Musicales)*, VIII-3/4, 2001, págs. 33-59.

FLAMM, C. *Ottorino Respighi und die italienische Instrumentalmusik von der Jahrhundertwende bis zum Faschismus*, 2 vols. Laaber: Laaber, 2008.

FRITZ. *El Liberal*, 31-10-1920; 19 y 21-03-1922; 23-12-1922; 20-12-1925; 23-12-1925; 24-03-1926; 25-03-1926; 26-02-1932; 20-05-1932.

GABAUDAN, P. *El romanticismo en Francia (1800-1850)*. Salamanca: Universidad de Salamanca, 1979.

GARCÍA LABORDA, J. M. «Presencia y recepción de Mozart en España a comienzos del siglo XX (Mozart en la Sociedad Filarmónica de Madrid y la Asociación de Música de Cámara de Barcelona)». *En torno a Mozart: Reflexiones desde la universidad*, edit. por J. M. García Laborda y E. Arteaga Aldana. Salamanca: Ediciones Universidad de Salamanca, 2008, págs. 16-35.

GENETTE, G. *Seuils*. París: Seuil, 1987.

GIBERT, V. M. de. «Barcelona». *Revista Musical*, 2, febrero de 1912.

---. «Barcelona». *Revista Musical*, 3, marzo de 1912.

---. «Barcelona». *Revista Musical*, 12, diciembre de 1913.

GONNARD, H. *La musique modale en France de Berlioz à Debussy* (colección «Musique-Musicologie», 33, dir. por D. Pistone). París: Librairie Honoré Champion, 2000.

---. «L'impressionnisme, Manuel de Falla et Debussy». *Cruces de caminos. Intercambios musicales y artísticos en la Europa de la primera mitad del siglo XX*, edit. por G. Pérez Zalduondo y M.-I. Cabrera García. Granada: Editorial Universidad de Granada, 2010, págs. 151-165.

---. *Introduction à la musique tonale. Perspectives théoriques méthodologiques et analytiques*. París: Honoré Champion, 2011.

GORDON, T. «Streichquartett-Komposition 'wider Willen'. Aspekte der Entstehungsgeschichte». *Igor Strawinsky – Trois pièces pour quatuor à cordes...*, editado por H. Danuser [et al.]. Basilea: Paul Sacher Stiftung / Winterthur: Amadeus Verlag, 1994, págs. 29-38.

GRISSON, A. C. *Ermanno Wolf Ferrari*. Zúrich [et al.]: Amalthea, 1958.

GUT, S.; PISTONE, D. *La musique de chambre en France de 1870 à 1918* (colección «Musique-Musicologie» dir. por D. Pistone). Paris: Librairie Honoré Champion, 1985.

---. «Les phénomènes de stabilité et d'instabilité en harmonie». *Musicologie au fil des siècles, hommage à Serge Gut*. París: Presses de l'Université de Paris-Sorbonne, 1998, págs. 61-75.

---. «L'Échelle à double seconde augmentée : Origines et utilisation dans la musique occidentale». *Musurgia (Analyse et Pratique Musicales)*, VII-2, 2000, págs. 41-60.

HAMANN, P. *Die frühe Kammermusik Ermanno Wolf-Ferraris*. Tesis doctoral, Universität Erlangen, 1975.

---. «Betrachtungen zur Instrumentalmusik Wolf-Ferraris». *Ermanno Wolf-Ferrari* (Komponisten in Bayern, 8), edit. por P. Hamann, R. Maxym [et al.]. Tutzing: Schneider, 1986, págs. 85-105.

HEINE, C. «Ressenyes. Winkelmüller, Marie (2009). 'Die Drei Streichquartette' von Juan Crisóstomo de Arriaga». *Recerca Musicològica*, 20-21, 2013-2014, págs. 375-383.

HERRESTHAL, H.; REZNICEK, L. *Rhapsodie norvégienne*, trad. Ch. de Batz. Caen: Presses Universitaires de Caen, 1994.

HOFFMANN, E. T. A., citado en LOCKE, A. W. «Beethoven's instrumental music: Translated from E. T. A. Hoffmann's 'Kreisleriana' with an introductory note». *The Musical Quarterly*, 3-1, enero de 1917, págs. 123-133.

IMBERT, H. *Le Guide Musical*, 13-03-1898.

INDY, V. d'. «Quatuor à cordes». *Bulletin français de la Société Internationale de Musicologie,* marzo de 1909, pág. 232.

---. *Cours de composition musicale*, vol. II, 2ᵉ partie. París: Durand, 1933.

KIEFER, R. «Canzone (vokal)». *Die Musik in Geschichte und Gegenwart*, Sachteil 2, edit. por L. Finscher. Kassel [et al.]: Bärenreiter, ²1995, cols. 417-424.

KRUMMACHER, F. *Geschichte des Streichquartetts*, vol. 2 «Romantik und Moderne». Laaber: Laaber, 2005.

KUNZE, S. «Identität der Melodie. Über Richard Strauss und Mozart». *Mozart in der Musik des 20. Jahrhunderts. Formen ästhetischer und kompositionstechnischer Rezeption* (Schriften zur musikalischen Hermeneutik, 2), edit. por W. Gratzer y S. Mauser. Laaber: Laaber, 1992.

LAÍN ENTRALGO, P. *La generación del 98* (Colección «Austral», 405). Madrid: Editorial Espasa Calpe, 1/1947, 1997.

LAMY, F. *Joseph Guy-Ropartz: l'homme et l'œuvre*. París: Durand, 1948.

LAPARRA, R. «La musique et la danse populaires en Espagne». *Encyclopédie de la musique et dictionnaire du conservatoire*, dir. por A. Lavignac y L. de la Laurencie, I, vol. 4 (Espagne-Portugal). París: Librairie Delagrave, 1920, págs. 2353-2400.

---. «Le Mouvement musical à l'Étranger – Espagne». *Le Ménestrel*, 4481 (año 84, n.º 11), 17-03-1922.

LARRINAGA, I. *Francisco Escudero. Catálogo razonado de obras.* Errenteria (Gipuzkoa): Eresbil, 2013.

LÓPEZ-CHÁVARRI, E. «Valencia». *Revista Musical*, 1, enero de 1913.

LORENTE LORENTE, J. P. «Pensionados de entreguerras de la Academia Española en Roma». *Artigrama*, 5, 1988, págs. 213-230.

LORENTE, J. P. (ed.). *Historia de la crítica del arte: textos escogidos y comentados*. Zaragoza: Prensas Universitarias de Zaragoza, 2005.

MAGNARD, A. *Correspondance (1888-1894)*. Réunie et annotée par C. Vlach. París: Société Française de Musicologie, 1997.

M[ALIPIERO], G. F. [Prefacio (en italiano, alemán, inglés y francés)], reproducido en *G. F. Malipiero. Rispetti e Strambotti per quartetto d'archi*. Wiener Philharmonischer Verlag A.G., Viena (Philharmonia, 298), Londres: J. & W. Chester, 1921.

MALIPIERO, G. F., citado en ZANETTI, R. *La musica italiana nel novecento*, vol. 2. Milán: Bramante, 1985, págs. 702-709.

MANGEOT, A. *Le Monde Musical*, 30-04-1903.

MARAGALL, J. *Enllá*. Barcelona: L'Avenç, 1906.

---. *Seqüències*. Barcelona: L'Avenç, 1911.

MARTÍ i PÉREZ, J. «Cataluña [Catalunya]». *Diccionario de la música española e hispanoamericana*, vol. 3, edit. por E. Casares. Madrid: ICCMU, 1999, pág. 422.

MARTÍNEZ DEL FRESNO, B. «Nacionalismo e internacionalismo en la música española de la primera mitad del siglo XX». *Revista de Musicología*, 16-1, 1993, págs. 640-657.

---. «Música e identidad nacional en la España de entreguerras: los conciertos populares del Círculo de Bellas Artes (1914-1924)». *Quintana*, 10, 2011, págs. 29-63.

McCALLA, J. *Twentieth-century chamber music*. Nueva York / Londres: Routledge, 2003.

MEEUS, N. «Vecteurs harmoniques». *Musurgia (Analyse et Pratique Musicales)*, X-4, 2003, págs. 5-32.

MEYER, F. «Form und Struktur in den 'Trois pièces'. Analytische Annäherungen». *Igor Strawinsky – Trois pièces pour quatuor à cordes...*, edit. por H. Danuser [et al.]. Basilea: Paul Sacher Stiftung / Winterthur: Amadeus Verlag, 1994, págs. 47-60.

MIRIMÓ. «La Filarmónica de Granada». *El Noticiero Granadino*, 21-10-1921 y 30-10-1921.

MIRKA, D. *Metric manipulation in Haydn and Mozart. Chamber music for strings, 1787-1791* (Oxford Studies in Music Theory, 3). Oxford. CUP, 2009.

MORGAN, R. P. *La música del siglo XX*, trad. P. Sojo. Madrid: Akal, 1994.

NAGORE, M.; SÁNCHEZ DE ANDRÉS, L.; TORRES CLEMENTE, E. (eds.). *Música y cultura en la Edad de Plata 1915-1939*. Madrid: ICCMU, 2009.

NOMMICK, Y. «Un ejemplo de ambigüedad formal. El 'Allegro' del 'Concerto' de Manuel de Falla». *Revista de Musicología*, 21-1, 1998, págs. 11-36.

---. «Manuel de Falla y la Alhambra: medio siglo de fascinación». *Manuel de Falla y la Alhambra*, edit. por F. Baena e Y. Nommick. Granada: Patronato de la Alhambra y Generalife – Fundación Archivo Manuel de Falla, 2005, págs. 71-97.

OLÁBARRI GORTÁZAR, I. (dir.). *Revista Musical. Bilbao. 1909-1913*. Bilbao: Diputación Foral de Bizkaia, 2003.

OLANO, J. «Zaragoza. Cuarteto Capet». *Revista Musical*, 1, enero de 1913.

OLMEDA, F. *Folk-lore de Castilla o Cancionero popular de Burgos*. 3 vols. Sevilla: Librería editorial de María Auxiliadora, 1903 (I); Burgos: Publicaciones de la Excma. Diputación Provincial de Burgos, 1975 (II, facsímil) y 1992 (III, facsímil).

OLÁVEZAR, J. «Bilbao. Después de los conciertos de 'Música Clásica'». *Revista Musical*, 3, marzo de 1913.

ORTEGA, J. «Introducción». *Juan Crisóstomo de Arriaga. Obras completas*, vol. 1, edit. crítica por C. Rousset. Madrid: ICCMU, 2006, págs. XIII-XXI.

PALACIOS GAROZ, M.-Á. *Federico Olmeda, un maestro de capilla atípico*. Burgos: Ayuntamiento de Burgos, Instituto Municipal de Cultura, 2003.

PALACIOS, M. *La Renovación musical en Madrid durante la dictadura de Primo de Rivera. El Grupo de los Ocho (1923-1931)*. Madrid: SEdeM, 2008.

PEDARRA, P. *Il pianoforte nella produzione giovanile di Respighi*. Milán: Rugginenti, 1995.

PEDRELL, F. *Cancionero musical popular español*, 4 vols. Valls : Eduardo Castells, 1917-1922.

PÉREZ OLLO, F. [*Diario de Navarra*, 19-05-1973], citado en ANDRÉS VIERGE, M. «Fernando Remacha Villar (1898-1984)». *Fernando Remacha. Música de Cámara*, edit. por M. Andrés Vierge. [Pamplona]:

Gobierno de Navarra – Departamento de Cultura y Turismo – Institución Príncipe de Viana, D.L., 2003, pág. 19.

PÉREZ ZALDUONDO, G. «Apuntes para la evaluación de la actividad de las sociedades musicales en España». *Anuario Musical*, 51, 1996, págs. 203-216.

---. «El auge de la música en Sevilla durante los años veinte». *Revista de Musicología*, 20-1, enero-diciembre de 1997, págs. 654-668.

---. «Las sociedades musicales en Almería, Granada y Sevilla entre 1900 y 1936». *Cuadernos de Música Iberoamericana*, 8-9, 2001, págs. 323-335.

---. «Los 'concursos musicales' en las exposiciones de artes (1910-1914): post-romanticismo, nacionalismo y entramados institucionales». *Campo artístico y sociedad en España (1836-1936). La institucionalización del arte y sus modelos*, edit. por I. Henares y L. Caparrós. Granada: Editorial Universidad de Granada, CEDODAL – Ministerio de Economía y Competitividad, 2015, págs. 192-229.

PERRINO, F. *Giuseppe Martucci*, 3 vols. Novara: Centro Studi Martucciani, 1992.

PERSICHETTI, V. *Armonía del siglo XX*, trad. A. Santos Santos. Madrid: Real Musical, 1985.

PÍO X: *Motu Proprio tra le sollecitudini*. Vaticano, 1903 (Biblioteca del Vaticano: *La Santa Sede*).

PIQUER, R. *Clasicismo moderno, neoclasicismo y retorno en el pensamiento musical español (1915-1939)*. Sevilla: Doble J, 2010.

---. «El neoclasicismo musical francés según la *Revue Musicale*: un modelo para Adolfo Salazar y la crítica española». *Los señores de la crítica. Periodismo musical e ideología del modernismo en Madrid (1900-1950)*, edit. por T. Cascudo y M. Palacios. Sevilla: Doble J, 2012, págs. 95-122.

POZZI, P. «Canzone (instrumental): II. Die Canzone für Laute und Tasteninstrumente». *Die Musik in Geschichte und Gegenwart*, Personenteil 2, edit. por L. Finscher. Kassel [et al.]: Bärenreiter, ²1995, cols. 424-431.

PRIZER, W. F. «Performance practices in the frottola: An introduction to the repertory of early 16th-century Italian solo secular song with suggestions for the use of instruments on the other lines». *Early Music*, III-3, julio de 1975, págs. 227-235.

PUJOL, F. «Cromatismo modalitat i tonalitat en les cançons populars catalanes». *Materials. Obra del Cançoner Popular de Catalunya*, vol. 2, edit. por Fundació Concepció Rabell i Cibils. Barcelona: Fundació Concepció Rabell i Cibils, vda. Romaguera, 1928, págs. 169-240.

RABASEDA i MATAS, J. *Jaume Pahissa. Un cas d'anàlisi musical.* Tesis doctoral, Universitat Autònoma de Barcelona, 2006.

RAMEAU, J.-P. *Traité de l'harmonie* [París: Ballard, 1722], reprint París: Méridiens-Klincksieck, 1986.

RAMOS LÓPEZ, P. (ed.). *Discursos y prácticas musicales nacionalistas (1900-1970).* Logroño: Universidad de la Rioja, 2012.

REESE, G. *La Música en el Renacimiento* [1958], 2 vols., trad. J. M. Martín Triana. Madrid: Alianza Editorial S.A., 1995.

REMACHA, F., citado en HIDALGO, M.; ARANAZ, I. «Fernando Remacha, un músico navarro para la Historia». *Egin*, 20-12-1977.

RESPIGHI, O.; LUCIANI, S. A. *Orpheus. Iniziazione musicale, Storia della musica.* Firenze: G. Barbèra, 1925.

RODA, C. de. «Los Cuartetos de Arriaga». *Revista Musical*, 2, febrero de 1909.

RODAMILANS VELLIDO, R. *La Sociedad Filarmónica de Bilbao*, vol. II «Documentación». Bilbao: Fundación Bilbao Bizkaia Kutxa, 1998.

---. *En busca de Arriaga* (colección «Mínima», 1). Bilbao: Ikeder, 2006.

RODRÍGUEZ SUSO, C. «La leyenda de Arriaga». *Resurgimiento de las obras de Arriaga, por Juan de Eresalde.* Edición facsímil. Bilbao: Diputación Foral de Bizkaia, 2006, págs. 9-39.

RÖVENSTRUNCK, B. *Singularitats de la Cançó Popular Catalana.* Barcelona: Clivis, 1979.

ROY, J. *Le Groupe des Six* (colección «Solfèges»). París: Seuil, 1994.

RUWET, N. «Note sur les duplications dans l'œuvre de Debussy». *Langage, musique, poésie.* París: Seuil, 1972, págs. 70-99.

S. P. «El Real Orfeón Sevillano». *El Liberal*, 11-09-1923 y 11-11-1925.

SALVADOR, M. «Madrid. Sociedad Filarmónica». *Revista Musical*, 1, enero de 1911.

---. «Madrid. Cuarteto Español». *Revista Musical*, 5, mayo de 1912.

---. «Ateneo». *Revista Musical*, 4, abril de 1913.

SÁNCHEZ DE ANDRÉS, L. «España en música. La búsqueda imposible de una identidad musical nacional durante el siglo XIX». *Historia de la nación y del nacionalismo español*, dir. por A. Morales Moya, J. P. Fusi Aizpurúa y A. de Blas Guerrero. Barcelona: Galaxia Gutemberg, 2013, págs. 464-478.

SAUSSURE, F. *Cours de linguistique générale* [1916], edit. por C. Bally y A. Séchehaye. París: Payot & Rivages, 1995.

SCARPA, G. (ed.). *L'opera di Gian Francesco Malipiero: saggi di scrittori italiani e stranieri, con una introduzione di Guido M. Gatti*. Treviso: Edizioni di Treviso – Libreria Canova, 1952.

SCHAEFFNER, A. «Musique savante, musique populaire, musique nationale». *Variations sur la musique*. París: Fayard, 1998, págs. 55-80.

SCHMITZ-GROPENGIESSER, F. «Canzone, Canzonetta». *Handwörterbuch der musikalischen Terminologie*, edit. por H. H. Eggebrecht y A. Riethmüller. Freiburg: Franz Steiner Verlag, 1997, [págs. 1-2].

SEEDORF, T. *Studien zur kompositorischen Mozart-Rezeption im frühen 20. Jahrhundert* (Publikationen der Hochschule für Musik und Theater Hannover, 2). Laaber: Laaber, 1990.

SMALLMAN, B. *The Piano Quartet and Quintet*. Oxford: Clarendon Press, 1994, reprint 2006.

STOWELL, R. «Traditional and progressive nineteenth-century trends: France, Italy, Great Britain and America». *The Cambridge companion to the string quartet*, edit. por R. Stowell. Cambridge: CUP, 2003, págs. 250-265.

STREICHER, J. «Wolf Ferrari, Ermanno». *Die Musik in Geschichte und Gegenwart*, Personenteil 17, edit. por L. Finscher. Kassel [et al.]: Bärenreiter, ²2007, cols. 1106-1110.

TARUSKIN, R. «'...la belle et saine barbarie'. Über den russischen Hintergrund der 'Trois pièces'». *Igor Strawinsky – Trois pièces pour quatuor à cordes...*, edit. por H. Danuser [et al.]. Basilea: Paul Sacher Stiftung / Winterthur: Amadeus Verlag, 1994, págs. 17-28.

TIERSOT, J. *Le Ménestrel*, 09-02-1890.

TORRES, E. «Sociedad Sevillana de Conciertos». *El Noticiero Sevillano*, 22-10-1921.

TURINA, J. «París». *Revista Musical*, 3, marzo de 1912.

VALERO ABRIL, P. «La música en los cafés y en las asociaciones obreras: aproximación a un mapa sonoro de Murcia en el primer tercio del siglo XX». *Discursos y prácticas musicales nacionalistas (1900-1970)*, edit. por P. Ramos López. Logroño: Universidad de la Rioja, 2012, págs. 317-337.

VALLS, M. *La música catalana contemporània*. Barcelona: Editorial Selecta, 1960.

VIDAL i JANSÀ, M. *Teoría i crítica en el noucentisme: Joaquim Folch i Torres*. Barcelona: Publicacions de l'Abadia de Montserrat, 1991.

VILLAR, R. «Sociedad Nacional de Música». *Revista Musical*, 8, agosto de 1911.

VILLAR, R. *El sentimiento Nacional de la Música*. Madrid: Artes Gráficas «Mateu», 1918.

VITZTHUM, T. S. *'Nazionalismo e Internazionalismo' – Ottorino Respighi, Alfredo Casella und Gian Francesco Malipiero und die kulturpolitischen Debatten zwischen 1912 und 1938 in Italien*. Tesis doctoral, Universität Regensburg, 2007.

WATERHOUSE, J. C. G. «Malipiero, Gian Francesco». *The New Grove Dictionary of Music and Musicians*, vol. 11, edit. por S. Sadie. Londres, Nueva York: Macmillan Publishers, 1980, págs. 578-584.

---. «G. F. Malipiero's crisis years (1913-19)». *Proceedings of the Royal Musical Association*, 108, 1981-1982, págs. 126-140.

---. *Gian Francesco Malipiero (1882-1973). The life, times and music of a wayward genius*. Amsterdam: Harwood Academic Publishers, 1999.

---. «Wolf-Ferrari, Ermanno». *The New Grove Dictionary of Music and Musicians*, vol. 27, edit. por S. Sadie. Londres, Nueva York: Macmillan Publishers, ²2001, págs. 508-510.

WINKELMÜLLER, M. *Die 'Drei Streichquartette' von Juan Crisóstomo de Arriaga. Ein Beitrag zur Beethoven-Rezeption in París um 1825* (colección «Voces», 13). Friburgo / Berlín / Viena: Rombach, 2009.

WOLF FERRARI, E. *Briefe aus einem halben Jahrhundert*, edit. por M. Lothar. Munich / Viena: Langen Müller, 1982.

ZUBIALDE, I. «Filarmónica: Conciertos del 10 y 11 de Enero». *Revista Musical*, 1, enero de 1913.

Índice onomástico

Jongen, Joseph, 23
Kiefer, Reinhard, 183n, 204, 205, 206, 293
Krummacher, Friedhelm, In, 293
Kunze, Stefan, 182n, 293

Laín Entralgo, Pedro, 257n, 293
Lalo, Édouard, 19n
Lamote de Grignon, Joan, 67
Lamy, Fernand, 228, 293
Laparra, Raoul, 259, 260, 263, 272, 289, 293
Laporte, Corinne, 251n
Larrinaga Cuadra, Itziar, III, 35, 38n, 57n, 293
Lavignac, Albert, 256n, 260, 263, 289, 293
Laurencie, Lionel de la, 256n, 260n, 289, 293
Lazkano, Francisco de, 46
Lazkano, Ramón, 39, 59
Leiñena, Pello, 38n
Library of Congress (Washington), 41
Lliurat, Frederic, 73
Locke, Arthur Ware, 5n, 293
López-Chávarri, Eduardo, 4n, 10, 11n, 13, 16, 29, 30, 294
Lorente [Lorente], Jesús Pedro, 65n, 98n, 294
Lothar, Mark, 181n, 299
Luc, María Eugenia, 39
Luciani, Sebastiano, 177, 297

Machado, Antonio, 257
Magnard, Albéric, 224n, 227, 229, 232, 236, 243-245, 262, 294
Maillard, Jean-Christophe, 40
Malipiero, Gian Francesco, III, 97, 98, 99, 100, 111-118, 120, 123, 125, 126, 128, 129, 130, 131-158, 159, 160, 164, 169-177, 178, 179, 289, 294, 298, 299
Mangeot, Auguste, 225n, 294
Maragall, Joan, 68, 70, 71, 73-77, 83, 90, 91, 92, 93, 94, 294
Marcos Patiño, Cristina, 40
Mariani, Luis, 28, 29
Martí i Pérez, Josep, 84n, 86n, 89, 294
Martin, Laurent, 37
Martínez del Fresno, Beatriz, In, 1n, 2, 30, 294

Autoras y autores

Díaz Morlán, Isabel

Es Doctora en Musicología por la Universidad del País Vasco, Licenciada en Filología Hispánica por la Universidad de Deusto y Titulada Superior de Música (piano) por el Conservatorio Superior de Música J. C. Arriaga de Bilbao. Ha publicado varios artículos en revistas de investigación, una biografía sobre la compositora bilbaína Emma Chacón (Bilbao, BBK, 2000), y la monografía *La canción para voz y piano en el País Vasco, 1870-1939* que recoge lo fundamental de su tesis doctoral (Madrid, Bubok, 2013). En 2007 recibió el Premio Orfeón Donostiarra-UPV a la Investigación musical. Ha participado en varios proyectos de investigación, entre ellos «Recuperación de cuartetos de cuerda de autores vascos» (GARAT, 2003-2005) y «Música de cámara instrumental y vocal en España en los siglos XIX y XX...» (I+D+i, HAR2011-24295, 2012-2015). Desde 2002 enseña Historia de la música y Español para extranjeros en Musikene-Centro Superior de Música del País Vasco (San Sebastián), donde ha coordinado (de 2010 a 2015) la organización anual del DIMA (*Días de la Música Antigua*) y dirigido (de 2011 a 2015) el Departamento de Pedagogía, Cultura y pensamiento, y Técnicas corporales. Colabora, además, como directora de TFM en el programa de doctorado «Creación e interpretación en el arte» con la Facultad de Bellas Artes de la Universidad del País Vasco.

Doé de Maindreville, Florence

Doctora en Musicología por la Université de Paris-Sorbonne (Paris IV), es Profesora Titular (maître de conférences), desde el 2005, en el Département de Musique et Musicologie de la Université de Reims Champagne-Ardenne (Francia). Pertenece al «Centre d'Études et de Recherches en Histoire culturelle» (CERHIC-EA 2616, Université de Reims) y colabora con diferentes proyectos nacionales e internacionales, como «Patrimoines et Langages Musicaux» (PLM-EA 4087, Université de Paris-Sorbonne) y «Música de cámara instrumental y vocal en España...» (I+D+i, HAR2011-24295, Universidad de Granada). Sus líneas de investigación giran principalmente en torno a la música de cámara de origen francés en la bisagra del siglo XIX al XX, con énfasis en el género del cuarteto de cuerda, las sociedades musicales y la edición crítica de partituras. Entre sus publicaciones destacan los artículos «L'écriture de quatuor à cordes de Koechlin...» (en *Charles Koechlin, compositeur et humaniste*, París, Vrin, 2010), «Le 'Quatuor à cordes' de Maurice

Emmanuel, une œuvre atypique ?» (en *Maurice Emmanuel compositeur*, Praga, Bärenreiter, 2007) y «L'écriture de Quatuor à cordes : une approche analytique et quantitative» (*Musurgia,* VII-3, 2005, y XIII-1, 2006). Además, se ha hecho cargo de la primera edición de los tres Cuartetos a cuerda de Charles Gounod (Delatour-France, 2008) y de la Sonata para violoncello y piano de Marie Jaëll (*ibid.*, 2012). Es coeditora (junto a S. Etcharry) del libro *La Grande Guerre en musique. Vie et création musicales en France pendant la Première Guerre mondiale* (Bruselas, Peter Lang, 2014).

Etcharry, Stéphan

Doctor en Musicología por la Université de Paris-Sorbonne (Paris IV), es Profesor Titular (maître de conférences) en el Département de Musique et Musicologie de la Université de Reims Champagne-Ardenne (Francia). Asimismo imparte clases de análisis musical en el Conservatorio Jacques Ibert de París (distrito XIX). Sus líneas de investigación abordan la música de los siglos XIX y XX, con especial interés en el hispanismo musical francés, el exotismo musical, las transferencias culturales y el estudio crítico de la música vocal, instrumental y escénica del período (historia, estética, análisis, intertextualidad), destacando sus trabajos sobre Henri Collet y compositores del llamado «Groupe des Six», como F. Poulenc o A. Honegger. Forma parte de los correspondientes equipos investigadores del «Centre d'Études et de Recherches en Histoire culturelle» (CERHIC-EA 2616, Université de Reims) y de varios proyectos españoles, como «Les músiques en les societats contemporànies» (MUSC, Universitat Autònoma de Barcelona), «El Quijote en la cultura europea. Mito y representación» (CEMU-2012-017-C01, Universidad Autónoma de Madrid) y «Música de cámara instrumental y vocal en España...» (I+D+i, HAR2011-24295, Universidad de Granada). Ha participado como ponente y profesor invitado en numerosos congresos y reuniones científicas nacionales e internacionales, y es autor de una larga lista de artículos publicados en prestigiosas revistas de musicología y libros colectivos. Es editor de la correspondencia de H. Collet (*Henri Collet, un étudiant français en Espagne*, [Montrem], Les Amis de la musique française, 2005) y coeditor (junto a F. Doé de Maindreville) del libro *La Grande Guerre en musique. Vie et création musicales en France pendant la Première Guerre mondiale* (Bruselas, Peter Lang, 2014).

Flamm, Christoph
Doctor en Musicología por la Ruprecht-Karls-Universität Heidelberg (1996); Habilitación en 2007 por la Universität des Saarlandes in Saarbrücken. Catedrático en Musicología de la Musikhochschule Lübeck/ Alemania (desde 2014) y de la Alpen-Adria-Universität de Klagenfurt/ Austria (2013-14), ha sido Profesor asociado e invitado de la Universität der Künste Berlin (2011-2012), Universität des Saarlandes en Saarbrücken (2007-2011), Universidad de Granada (2009) y Hochschule für Musik in Frankfurt (2003-2007). Contratado por la Editorial Bärenreiter (Kassel) ha colaborado como redactor científico (1994-2001) en la edición de la enciclopedia alemana *Die Musik in Geschichte und Gegenwart*. Entre 2001 y 2004 desempeñó su trayectoria investigadora en Italia tras obtener un puesto como colaborador científico en la sección de musicología del Instituto Histórico Alemán de Roma. El abanico geográfico de sus líneas de investgación es muy amplio al comprender, aparte de la música austro-germana, la música italiana (siglo XX, dimensiones políticas) y rusa (fenómenos historiográficos y estéticos; identidad nacional en la música de la antigua Unión Soviética), estando en el foco de su interés la música para piano solo y de cámara de los siglos XIX y XX así como la música para instrumentos de viento del Renacimiento. Ha editado la integral de Sonatas para piano de A. Skrjabin (4 vols., Kassel, Bärenreiter, 2009-2014) y ha colaborado ocasionalmente en la edición de la obra completa de Max Reger. Es autor de numerosos artículos y del libro monográfico *Ottorino Respighi und die italienische Instrumentalmusik von der Jahrhundertwende bis zum Faschismus* (2 vols., Laaber: Laaber, 2008) así como coeditor de varias publicaciones colectivas, entre ellos *Musik des Mittelalters und der Renaissance. Festschrift K.-J. Sachs* (junto a R. Kleinertz y W. Frobenius; Olms, Hildesheim 2010), *Umbruchzeiten der italienischen Musikgeschichte* (junto a R. Pfeiffer; Kassel [et al.], Bärenreiter, 2013) y *Russian émigré culture: Conservatism or Evolution?* (junto a H. Keazor y R. Marti; Cambridge: CUP, 2013).

García Gil, Desirée
Doctora Europea en Historia y Ciencias de la Música por la Universidad de Granada con un estudio sobre las canciones líricas del compositor Frederic Mompou y su relación con el contexto francés del siglo XX, es además Licenciada en Teoría de la Literatura y Literatura Comparada, Diplomada en Educación Musical y Profesora Superior de Piano. Sus líneas de investigación se ocupan del análisis de la producción lírica de compositores catalanes así como de cuestiones relacionadas con los intercambios

artísticos entre España y Francia del tardío siglo XIX y temprano siglo XX. Ha participado en varios proyectos de investigación competitivos (I+D+i), concedidos por organismos nacionales e internacionales como el Ministerio de Educación, Ministerio de Economía y Competividad del Gobierno de España y la Junta de Andalucía, además de la Agence Nationale de la Recherche de Francia (Sorbonne, Paris VIII). Sus resultados de investigación han visto la luz en diversas reuniones académicas y científicas de ámbito europeo, publicándose además en revistas (*Revista de Musicología, Musiker-Cuadernos de Música, Revista del Ateneo de Madrid*) y editoriales nacionales (Universidad de Granada, Centro de Documentación Musical de Andalucía, Sociedad Española de Musicología). Colabora habitualmente con las fundaciones-archivo Frederic Mompou y Manuel Blancafort (Barcelona) además de con la Fundación Albéniz (Madrid). Actualmente es profesora en el Departamento de Expresión Musical y Corporal (Facultad de Educación) de la Universidad Complutense de Madrid.

Gonnard, Henri

Doctor en Musicología por la la Université Lumière-Lyon 2 (1988); Habilitación («à diriger des recherches») por la Université de Lille 3 (2001); estudios musicales en los conservatorios de Grenoble y Lyon (instrumento, música de cámara, análisis musical, armonía, contrapunto y fuga). Fue Profesor asociado en la Universidad de Lyon 2, y desde 1990 es Profesor Titular (maître de conférences) del Département de Musique et Musicologie de la Université François-Rabelais de Tours (Francia), del cual ha sido director entre 1998 y 2000. Ha colaborado con numerosos proyectos de investigación internacionales de índole interdisciplinaria, y forma parte de los respectivos equipos de «Unité Interactions culturelles et discursives» (ICD, EA 6297, Université de Tours) y «Música de cámara instrumental y vocal en España...» (I+D+i, HAR2011-24295, Universidad de Granada). Sus líneas de investigación abarcan la música occidental (especialmente de origen francés) del romanticismo hasta el surrealismo, con preferencia de la teoría musical, el análisis musical, la historia de las ideas y la relación musica-literatura. Sus publicaciones más relevantes están consagradas a la modalidad post-tonal y, en extensión de ésta, a la tonalidad: *La musique modale en France de Berlioz à Debussy* (París, Honoré Champion, 2000) e *Introduction à la musique tonale. Perspectives théoriques, méthodologiques et analytiques* (*ibid.*, 2011), sumándose a éstos el libro colectivo editado por él, *Regards sur la tonalité* ([Sampzon], Delatour, France, 2013).

Heine, Christiane
Doctora en Musicología, Historia Medieval y Filología Hispánica por la Friedrich-Alexander Universität de Erlangen-Nuremberg en Alemania (1992), es Profesora Titular del Departamento de Historia y Ciencias de la Música de la Universidad de Granada en la especialidad de análisis musical. Obtuvo becas de investigación por parte de DAAD (1987-1988), CSIC (1988-1989), Junta de Andalucía (1996-1997 y 2004), MECD (2004) y Paul Sacher Stiftung (2005), y fue coordinadora para España de la enciclopedia alemana *Die Musik in Geschichte und Gegenwart - Personenteil* (1998-2007). Ha organizado e impartido, desde 2000, numerosos seminarios, cursos de doctorado y reuniones científicos (Congreso en 2014) en torno al cuarteto de cuerda de origen español, género musical que ocupa un lugar preferente en sus líneas de investigación. Entre 2012 y 2015 ha coordinando el Proyecto I+D+i «Música de cámara instrumental y vocal en España en los siglos XIX y XX: recuperación, recepción, análisis crítico y estudio comparativo del género en el contexto europeo» (HAR2011-24295), financiado por el Ministerio de Economía y Competividad del Gobierno de España. Sus publicaciones en libros (Peter Lang/Frankfurt, PUPS/París, Hermann Éditeurs/París, Doble J/Sevilla, Delatour France/Sampzon, Olms/Hildesheim, Brepols/Turnhout) y revistas científicas (*Acta Musicologica, Recerca Musicològica, Musiker, Revista de Musicología, Anuario Musical, Nassarre, Imafronte, Cuadernos de Música Iberoamericana, Itamar, Cuadernos de Arte*) abordan en su mayor parte la música instrumental española de los siglos XIX y XX desde una perspectiva analítica y dentro del contexto de la creación europea. Su interés en la música dodecafónica se plasma en artículos recientes: «Zwölftonkomposition im Nachkriegsspanien am Beispiel von Gerardo Gombaus 'Música 3+1' für Streichquartett (1967)» (en *Music and Francoism*, edit. por G. Pérez Zalduondo y G. Gan, Turnhout, Brepols, 2013) y «Structural functions of the twelve-tone-row in René Leibowitz's 'Trois pièces pour piano' op. 19» (*Acta Musicologica*, 87-1, 2015).

Larrinaga Cuadra, Itziar
Doctora en Historia y Ciencias de la Música por la Universidad de Oviedo, obtiene en 2009 el Premio Orfeón Donostiarra-UPV a la investigación musical y en 2010 el Premio Extraordinario de Doctorado. Está contribuyendo junto con diferentes instituciones y medios en la investigación y promoción del patrimonio musical vasco, particularmente con

Eresbil-Archivo Vasco de la Música. Colabora con la editorial Tritó en la edición de las obras de Francisco Escudero, con la Orquesta Sinfónica de Euskadi en conferencias previas a los conciertos y la grabación de la ópera *Gernika* de éste (Decca, 2008), y con la Orquesta Sinfónica de Bilbao a través del Aula de Música de la Universidad del País Vasco. Ha sido Presidenta de la Sección de Música de la Sociedad de Estudios Vascos y Directora de la revista de investigación *Musiker*. Es autora de numerosos artículos aparecidos en enciclopedias de prestigio, como *The New Grove Dictionary of Music and Musicians, Die Musik in Geschichte und Gegenwart, Encyclopedia of Romantic Nationalism in Europe* y *Auñamendi-Euskal Entziklopedia*. Entre sus publicaciones recientes destacan el libro *Francisco Escudero. Catálogo razonado de obras* (Eresbil, 2013) y el capítulo «*Dura lex: sed lex...*» incluido en el libro *Music and Francoism* (Turnhout, Brepols, 2013). Es Profesora y Coordinadora de investigación en Musikene-Centro Superior de Música del País Vasco (San Sebastián).

Pérez Zalduondo, Gemma
Doctora en Historia del Arte (Musicología), es Profesora Titular de la Universidad de Granada. Sus líneas de investigación son: las relaciones de la música con la ideología, la política y el poder en España en las primeras décadas del franquismo (1938-1958); los procesos de transformación de los discursos musicales heredados del siglo XIX durante y después de la Guerra Civil, y sus nexos de unión con el contexto europeo. Ha explorado el rol de la música en los regímenes totalitarios y trabajado sobre distintos aspectos de la música en España en el primer tercio del siglo XX, como el fenómeno asociacionista, los discursos identitarios y la crítica musical. Es responsable del Grupo del Plan Andaluz de Investigación «Música en España en los siglos XIX y XX» (HUM617, Universidad de Granada) y ha sido investigadora principal de varios proyectos I+D+i, de carácter interdisciplinar, del Plan Nacional del Gobierno de España: «Relaciones musicales entre España y Europa occidental en el contexto artístico-cultural durante la primera mitad del siglo XX» (HUM2006-07832/ARTE), «Música, ideología y política en la cultura artística durante el franquismo (1938-1975)» (HAR2010-17968) y «Música durante la Guerra Civil y el franquismo (1939-1960): culturas populares, vida musical e intercambios hispano-americanos» (HAR2013-48658). Ha publicado en editoriales españolas y europeas, así como en revistas nortemericanas, ofreciendo una recopilación de sus artículos más destacados bajo el título *Una nueva*

*música para el 'Nuevo Estado': música, ideología y política en el primer fran-
quismo* (Editorial Libargo, 2013). Su último trabajo de edición (junto a G.
Gan Quesada) es el volumen *Music and Francoism* (Turnhout, Brepols,
2013).

Ramos Contioso, Sara
Obtención, en 2000, de dos Títulos de Profesor Superior en Solfeo,
Teoría de la música, Transposición y Acompañamiento, y en Armonía,
Contrapunto, Composición e Instrumentación, así como del Título de
Profesor en Piano por el Conservatorio Superior Manuel Castillo de Sevilla.
Vinculada como doctoranda al Departamento de Historia y Ciencias de
la Música de la Universidad de Granada (DEA en 2004), ha participado
en diferentes proyectos de investigación competitivos, coordinados por G.
Pérez Zalduondo y C. Heine, respectivamente, y subvencionados por organismos nacionales como la Junta de Andalucía y el Ministerio de Economía
y Competividad del Gobierno de España (I+D+i). Becada por el DAAD,
ha realizado en 2007, durante tres meses, una estancia de investigación en
la Humboldt Universität de Berlín. Ha participado en reuniones y publicaciones científicas con trabajos sobre música sacra española y música de
cámara desde el siglo XVIII hasta el XX. Actualmente imparte clases en el
Real Conservatorio Superior de Música Victoria Eugenia de Granada. Es
compositora de numerosas obras musicales para diferentes agrupaciones,
entre ellas un Cuarteto de cuerda, que han sido estrenadas en el marco de
diferentes festivales.

Winkelmüller, Marie
Doctora en Musicología, Filología Germánica y Filología Hispánica por
la Albert-Ludwigs-Universität Freiburg (Alemania) con una tesis doctoral
sobre los Cuartetos de cuerda de J. C. de Arriaga (*Die 'Drei Streichquartette'
von Juan Crisóstomo de Arriaga. Ein Beitrag zur Beethoven-Rezeption in Paris
um 1825*, Freiburg [et al.], Rombach, 2009). Estancia de investigación en
España y colaboración con Eresbil-Archivo Vasco de la Musica, Errentería,
con el fin de recuperar la figura de Arriaga y para preparar la edición crítica
de dichos cuartetos (Barcelona, Tritó, 2013). Una de sus principales líneas
de investigación gira en torno a la recepción en París de L. van Beethoven
a principios del siglo XIX que queda plasmada en varias publicaciones destinadas al análisis de los cuartetos de Arriaga y de G. Onslow. Otra línea de
investigación, emprendida en el transcurso de su proyecto de Habilitación
sobre *Die Introitus der altrömischen Gesangstradition* (desde 2008), aborda

la música vocal antigua. Ha participado en el proyecto de investigación de la DFG «Gemeinschaftsbegriffe im lateinischen Schrifttum des Mittelalters» (Universität zu Gießen, desde 2010) y forma parte del proyecto internacional «Música de cámara instrumental y vocal en España...» (I+D+i, HAR2011-24295, Universidad de Granada). Ha sido Profesora asociada e invitada en diversas universidades y conservatorios superiores de Gießen, Colonia, Mannheim, Dresden y Granada.

Printed in Great Britain
by Amazon